2016
中国新闻出版统计资料汇编

国家新闻出版广电总局规划发展司　编

中国书籍出版社
China Book Press

目　录

二、期刊出版

三、报纸出版

四、音像、电子出版物出版

五、出版物发行

六、出版物印刷

二〇一五年全国新闻出版业基本情况

2015 年，全国共出版图书、期刊、报纸、音像制品和电子出版物 550.57 亿册（份、盒、张），较 2014 年降低 5.64%。其中，出版图书 86.62 亿册（张），增长 5.83%，占全部数量的 15.73%；期刊 28.78 亿册，降低 6.99%，占 5.23%；报纸 430.09 亿份，降低 7.29%，占 78.12%；音像制品 2.94 亿盒（张），降低 10.42%，占 0.53%；电子出版物 2.14 亿张，降低 38.83%，占 0.39%。全国出版图书、期刊、报纸总印张为 2465.90 亿印张，折合用纸量 570.49 万吨，较 2014 年降低 12.21%，其中：图书用纸量占总量的 30.62%，提高 5.17 个百分点；期刊用纸占总量 6.69%，提高 0.15 个百分点；报纸用纸占总量 62.69%，降低 5.32 个百分点。

图　书

截至 2015 年年底，全国共有出版社 584 家（包括副牌社 33 家），其中中央级出版社 219 家（包括副牌社 13 家），地方出版社 365 家（包括副牌社 20 家）。

一、图书出版总量

2015 年全国共出版图书 475768 种（初版 260426 种，重版、重印 215342 种），总印数 86.62 亿册（张），总印张 743.19 亿印张，折合用纸量 174.66 万吨，定价总金额 1476.09 亿元。与上年相比，图书品种增长 6.10%（初版增长 1.77%，重版、重印增长 11.84%），总印数增长 5.84%，总印张增长 5.53%，定价总金额增长 8.26%。其中：

1. 书籍 384521 种（初版 229490 种，重版、重印 155031 种），总印数 53.21 亿册（张），总印张 479.12 亿印张，折合用纸量 112.59 万吨，定价总金额 1112.95 亿元。与上年相比，种数增长 8.13%（初版增长 3.62%，重版、重印增长 15.57%），总印数增长 14.31%，总印张增长 11.72%，定价总金额增长 12.49%。

2. 课本 90718 种（初版 30702 种，重版、重印 60016 种），总印数 33.19 亿册（张），总印张 263.09 亿印张，折合用纸量 61.83 万吨，定价总金额 358.34 亿元。与上年相比，种数下降 1.79%（初版下降 10.09%，重版、重印增长 3.08%），总印数下降 5.15%，总印张下降 3.98%，定价总金额下降 2.52%。

3. 图片 529 种（初版 234 种，重版、重印 295 种），总印数 0.03 亿册（张），总印张 0.09 亿印张，折合用纸量 0.03 万吨，定价总金额 0.59 亿元。与上年相比，种数增长 17.56%（初版下降 14.29%，重版、重印增长 66.67%），总印数下降 26.90%，总印张下降 22.05%，定价总金额增长 9.01%。

4. 附录总印数 0.18 亿册（张），总印张 0.89 亿印张，折合用纸量 0.21 万吨，定价总金额 4.20 亿元。

二、各类图书出版情况

在使用中国标准书号的22类出版物中：

1. 马列主义、毛泽东思想类730种（初版538种）、1407万册（张）、240029千印张、总定价40541万元，占总品种0.15%（初版占0.21%）、总印数0.16%、总印张0.32%、总定价0.27%。与上年相比，种数下降6.41%（初版增长3.07%），总印数下降26.64%，总印张下降25.08%，总定价下降29.18%。

2. 哲学类8890种（初版5995种）、6192万册（张）、825556千印张、总定价229413万元，占总品种1.87%（初版占2.30%）、总印数0.71%、总印张1.11%、总定价1.55%。与上年相比，种数增长4.93%（初版增长3.58%），总印数增长14.94%，总印张下降0.02%，总定价增长3.73%。

3. 社会科学总论类5618种（初版3398种）、2974万册（张）、473233千印张、总定价118652万元，占总品种1.18%（初版占1.30%）、总印数0.34%、总印张0.64%、总定价0.80%。与上年相比，种数增长0.14%（初版下降7.41%），总印数增长11.18%，总印张增长4.08%，总定价增长9.43%。

4. 政治、法律类19051种（初版13851种）、18543万册（张）、2199281千印张、总定价525646万元，占总品种4.00%（初版占5.32%）、总印数2.14%、总印张2.96%、总定价3.56%。与上年相比，种数增长5.81%（初版增长3.23%），总印数增长4.69%，总印张增长6.85%，总定价增长6.52%。

5. 军事类1619种（初版1218种）、937万册（张）、133348千印张、总定价37623万元，占总品种0.34%（初版占0.47%）、总印数0.11%、总印张0.18%、总定价0.25%。与上年相比，种数增长14.99%（初版增长10.03%），总印数增长21.37%，总印张增长18.26%，总定价增长27.00%。

6. 经济类32606种（初版20416种）、15214万册（张）、2558187千印张、总定价664005万元，占总品种6.85%（初版占7.84%）、总印数1.76%、总印张3.44%、总定价4.50%。与上年相比，种数增长3.10%（初版增长2.22%），总印数增长2.91%，总印张增长0.46%，总定价增长4.77%。

7. 文化、科学、教育、体育类192592种（初版83341种）、667976万册（张）、48849520千印张、总定价7924907万元，占总品种40.48%（初版占32.00%）、总印数77.11%、总印张65.73%、总定价53.69%。与上年相比，种数增长10.80%（初版增长4.44%），总印数增长6.98%，总印张增长8.15%，总定价增长15.35%。

8. 语言、文字类21469种（初版10316种）、20302万册（张）、3172042千印张、总定价665785万元，占总品种4.51%（初版占3.96%）、总印数2.34%、总印张4.27%、总定价4.51%。与上年相比，种数增长1.96%（初版下降4.11%），总印数增长2.84%，总印张下降1.04%，总定价增长3.42%。

9. 文学类49656种（初版34736种）、55655万册（张）、5828251千印张、总定价1424860万元，占总品种10.44%（初版占13.34%）、总印数6.42%、总印张7.84%、总定价9.65%。与上年相比，种数增长5.88%（初版增长3.43%），总印数增长9.42%，总印张增长3.56%，总定价增长0.88%。

10. 艺术类26652种（初版17898种）、17387万册（张）、1426206千印张、总定价651743万

元，占总品种5.60%（初版占6.87%）、总印数2.01%、总印张1.92%、总定价4.42%。与上年相比，种数下降0.54%（初版下降6.95%），总印数下降5.90%，总印张增长1.49%，总定价下降5.69%。

11. 历史、地理类18205种（初版13961种）、13250万册（张）、1673413千印张、总定价557048万元，占总品种3.83%（初版占5.36%）、总印数1.53%、总印张2.25%、总定价3.77%。与上年相比，种数增长7.12%（初版增长10.85%），总印数增长4.31%，总印张增长6.89%，总定价下降5.65%。

12. 自然科学总论类780种（初版497种）、525万册（张）、58814千印张、总定价18183万元，占总品种0.16%（初版占0.19%）、总印数0.06%、总印张0.08%、总定价0.12%。与上年相比，种数下降6.47%（初版增长7.34%），总印数下降6.08%，总印张下降5.59%，总定价增长0.61%。

13. 数理科学、化学类8180种（初版3121种）、3766万册（张）、596215千印张、总定价120414万元，占总品种1.72%（初版占1.20%）、总印数0.43%、总印张0.80%、总定价0.82%。与上年相比，种数增长2.71%（初版下降5.02%），总印数下降2.51%，总印张下降4.10%，总定价增长1.69%。

14. 天文学、地球科学类2723种（初版1784种）、1136万册（张）、134010千印张、总定价42653万元，占总品种0.57%（初版占0.69%）、总印数0.13%、总印张0.18%、总定价0.29%。与上年相比，种数增长5.42%（初版增长0.11%），总印数下降1.90%，总印张增长9.80%，总定价下降0.41%。

15. 生物科学类3255种（初版1866种）、1908万册（张）、219471千印张、总定价66886万元，占总品种0.68%（初版占0.72%）、总印数0.22%、总印张0.30%、总定价0.45%。与上年相比，种数增长21.00%（初版增长15.97%），总印数增长17.06%，总印张增长22.47%，总定价增长38.11%。

16. 医药、卫生类21069种（初版13672种）、11605万册（张）、1896533千印张、总定价510671万元，占总品种4.43%（初版占5.25%）、总印数1.34%、总印张2.55%、总定价3.46%。与上年相比，种数增长11.18%（初版增长13.15%），总印数增长2.34%，总印张增长9.44%，总定价增长13.68%。

17. 农业科学类5316种（初版3315种）、1928万册（张）、206835千印张、总定价62689万元，占总品种1.12%（初版占1.27%）、总印数0.22%、总印张0.28%、总定价0.42%。与上年相比，种数增长4.60%（初版增长1.75%），总印数下降17.96%，总印张下降9.10%，总定价增长0.39%。

18. 工业技术类45187种（初版22919种）、16955万册（张）、2873288千印张、总定价741230万元，占总品种9.50%（初版占8.80%）、总印数1.96%、总印张3.87%、总定价5.02%。与上年相比，种数下降3.91%（初版下降9.46%），总印数下降9.64%，总印张下降10.14%，总定价下降6.23%。

19. 交通运输类5155种（初版2671种）、2792万册（张）、380490千印张、总定价108569万元，占总品种1.08%（初版占1.03%）、总印数0.32%、总印张0.51%、总定价0.74%。与上年相比，种数下降2.68%（初版下降2.77%），总印数下降10.25%，总印张下降8.84%，总定价下降5.63%。

20. 航空、航天类521种（初版331种）、167万册（张）、22057千印张、总定价8359万元，占总品种0.11%（初版占0.13%）、总印数0.02%、总印张0.03%、总定价0.06%。与上年相比，种数增长11.32%（初版增长0.30%），总印数增长1.21%，总印张下降2.16%，总定价增长6.13%。

21. 环境科学类2182种（初版1515种）、879万册（张）、84806千印张、总定价25866万元，占总品种0.46%（初版占0.58%）、总印数0.10%、总印张0.11%、总定价0.18%。与上年相比，种数增长5.56%（初版下降0.98%），总印数增长3.53%，总印张下降4.61%，总定价下降0.85%。

22. 综合性图书类3783种（初版2833种）、2552万册（张）、369387千印张、总定价167205万元，占总品种0.80%（初版占1.09%）、总印数0.29%、总印张0.50%、总定价1.13%。与上年相比，种数增长6.62%（初版增长2.42%），总印数增长12.18%，总印张增长13.99%，总定价增长19.77%。

三、各类课本出版情况

1. 大专及以上课本62334种（初版22757种）、32048万册（张）、5611339千印张、总定价1106992万元。与上年相比，种数增长5.27%（初版下降3.48%），总印数下降3.52%，总印张下降4.36%，总定价下降0.49%。

2. 中专、技校课本7644种（初版2813种）、7471万册（张）、934275千印张、总定价174717万元。与上年相比，种数下降1.60%（初版增长6.11%），总印数下降1.42%，总印张下降1.72%，总定价增长2.27%。

3. 中学课本6877种（初版1250种）、153674万册（张）、11736558千印张、总定价1231387万元。与上年相比，种数下降22.11%（初版下降42.18%），总印数下降8.19%，总印张下降6.33%，总定价下降6.93%。

4. 小学课本6251种（初版1521种）、132566万册（张）、7154995千印张、总定价858879万元。与上年相比，种数下降7.84%（初版下降12.64%），总印数下降1.47%，总印张增长1.96%，总定价增长3.77%。

5. 业余教育课本3617种（初版1585种）、3489万册（张）、518175千印张、总定价130351万元。与上年相比，种数下降30.43%（初版下降38.25%），总印数下降13.92%，总印张下降19.28%，总定价下降17.14%。

6. 扫盲课本4种（初版3种）、67万册（张）、7283千印张、总定价3107万元。

7. 教学用书3991种（初版773种）、2616万册（张）、346073千印张、总定价77973万元。与上年相比，种数下降12.71%（初版下降46.62%），总印数下降17.06%，总印张下降11.41%，总定价下降7.99%。

四、少年儿童读物出版情况

2015年，全国共出版少年儿童读物36633种（初版22114种）、55564万册（张）、3387086千印张、总定价1136776万元。与上年相比，种数增长11.99%（初版增长11.15%），总印数增长11.81%，总印张增长9.55%，总定价增长20.24%。

期　　刊

一、期刊出版总量

2015 年全国共出版期刊 10014 种，平均期印数 14628.25 万册，总印数 28.78 亿册，总印张 167.78 亿印张，定价总金额 242.97 亿元。与上年相比，种数增长 0.48%，平均期印数下降 6.60%，总印数下降 6.99%，总印张下降 8.60%，定价总金额下降 2.57%。

二、各类期刊出版情况

各类期刊的出版数量、所占比重及与上年相比增减百分比如下：

1. 综合类期刊 366 种，平均期印数 912 万册，总印数 19694 万册，总印张 1048803 千印张；占期刊总品种 3.65%，总印数 6.84%，总印张 6.25%。与上年相比，种数增长 0.27%，平均期印数下降 17.28%，总印数下降 13.97%，总印张下降 12.99%。

2. 哲学、社会科学类期刊 2635 种，平均期印数 7023 万册，总印数 131424 万册，总印张 6871711 千印张；占期刊总品种 26.31%，总印数 45.66%，总印张 40.96%。与上年相比，种数增长 0.65%，平均期印数下降 3.31%，总印数下降 4.29%，总印张下降 5.48%。

3. 自然科学、技术类期刊 4983 种，平均期印数 2648 万册，总印数 39551 万册，总印张 3353139 千印张；占期刊总品种 49.76%，总印数 13.74%，总印张 19.98%。与上年相比，种数增长 0.18%，平均期印数下降 7.15%，总印数下降 7.13%，总印张下降 2.58%。

4. 文化、教育类期刊 1377 种，平均期印数 2830 万册，总印数 64777 万册，总印张 3526762 千印张；占期刊总品种 13.75%，总印数 22.50%，总印张 21.02%。与上年相比，种数增长 1.03%，平均期印数下降 9.29%，总印数下降 9.21%，总印张下降 18.30%。

5. 文学、艺术类期刊 653 种，平均期印数 1215 万册，总印数 32388 万册，总印张 1978076 千印张；占期刊总品种 6.52%，总印数 11.25%，总印张 11.79%。与上年相比，种数增长 1.08%，平均期印数下降 8.20%，总印数下降 8.27%，总印张下降 6.87%。

三、少年儿童期刊出版情况

2015 年全国共出版少年儿童期刊 209 种，平均期印数 1890 万册，总印数 54164 万册，总印张 2014412 千印张；占期刊总品种 2.09%，总印数 18.82%，总印张 12.01%。与上年相比，种数与上年持平，平均期印数增长 5.26%，总印数增长 4.20%，总印张增长 0.98%。

四、画刊出版情况

2015 年全国共出版画刊（不含面向少年儿童的画刊）53 种，平均期印数 61 万册，总印数 938 万册，总印张 92366 千印张；占期刊总品种 0.53%，总印数 0.33%，总印张 0.55%。与上年相比，种数下降 13.11%，平均期印数下降 15.66%，总印数下降 20.66%，总印张下降 15.14%。

五、动漫期刊出版情况

2015 年全国共出版动漫期刊 36 种，平均期印数 342 万册，总印数 12118 万册，总印张 820761 千印张；占期刊总品种 0.36%，总印数 4.21%，总印张 4.89%。与上年相比，种数增长 12.50%，平均期印数下降4.65%，总印数下降6.17%，总印张下降6.69%。

报　纸

一、报纸出版总量

2015年全国共出版报纸1906种，平均期印数20968.37万份，总印数430.09亿份，总印张1554.93亿印张，定价总金额434.25亿元，折合用纸量357.64万吨。与上年相比，种数下降0.31%，平均期印数下降5.82%，总印数下降7.29%，总印张下降19.11%，定价总金额下降2.12%。

二、各级报纸出版情况

1. 全国性和省级报纸1005种，平均期印数15695.56万份，总印数289.25亿份，总印张1012.39亿印张。占报纸总品种52.73%，总印数67.25%，总印张65.11%。与上年相比种数下降0.79%，平均期印数下降5.38%，总印数下降7.53%，总印张下降19.95%。其中：

全国性报纸218种，平均期印数3098.35万份，总印数79.44亿份，总印张227.47亿印张；占报纸总品种11.44%，总印数18.47%，总印张14.63%。与上年相比种数下降1.36%，平均期印数下降3.38%，总印数下降1.23%，总印张下降3.31%。

省级报纸787种，平均期印数12597.22万份，总印数209.81亿份，总印张784.93亿印张；占报纸总品种41.29%，总印数48.78%，总印张50.48%。与上年相比种数下降0.63%，平均期印数下降5.87%，总印数下降9.71%，总印张下降23.76%。

2. 地、市级报纸882种，平均期印数5242.70万份，总印数140.00亿份，总印张540.80亿印张；占报纸总品种46.27%，总印数32.55%，总印张34.78%。与上年相比种数增长0.23%，平均期印数下降7.14%，总印数下降6.83%，总印张下降17.56%。

3. 县级报纸19种，平均期印数30.11万份，总印数0.84亿份，总印张1.74亿印张；占报纸总品种1.00%，总印数0.19%，总印张0.11%。与上年相比种数持平，平均期印数下降1.83%，总印数增长1.08%，总印张增长9.19%。

三、各类报纸出版情况

1. 综合报纸846种，平均期印数8508.31万份，总印数284.41亿份，总印张1261.00亿印张；占报纸总品种44.39%，总印数66.13%，总印张81.10%。

2. 专业报纸712种，平均期印数9366.83万份，总印数110.88亿份，总印张214.08亿印张；占报纸总品种37.36%，总印数25.78%，总印张13.77%。

3. 生活服务报纸221种，平均期印数1416.73万份，总印数12.53亿份，总印张45.09亿印张；占报纸总品种11.59%，总印数2.91%，总印张2.90%。

4. 读者对象报纸105种，平均期印数1295.51万份，总印数17.37亿份，总印张27.98亿印张；占报纸总品种5.51%，总印数4.04%，总印张1.80%。

5. 文摘报纸22种，平均期印数380.99万份，总印数4.89亿份，总印张6.77亿印张；占报纸总品种1.15%，总印数1.14%，总印张0.44%。

音像制品与电子出版物

截至2015年年底，全国共有音像制品出版单位368家，电子出版物出版单位292家。

一、录音制品出版情况

2015年，全国共出版录音制品9860种，出版数量2.34亿盒（张），发行数量2.14亿盒（张），发行总金额7.34亿元。与上年相比，品种增长3.73%，出版数量增长4.46%，发行数量下降24.11%，发行总金额下降41.09%。

各类录音制品的出版数量及占总量的比重如下：

1. 录音带（AT）1675种，13770.19万盒（新出295种、795.88万盒，再版1380种、12974.31万盒）。与上年相比，品种下降20.54%，数量下降13.71%。少年儿童录音带224种、数量961.46万盒。

2. 激光唱盘（CD）5964种，7286.97万张（新出2488种、1776.77万张，再版3476种、5510.2万张）。与上年相比，品种增长4.76%，数量增长51.08%。少年儿童激光唱盘（CD）827种、数量352.19万张。

3. 高密度激光唱盘及其他载体2221种，2326.31万张（新出661种、620.89万张，再版1560种、1705.42万张）。与上年相比，品种增长30.34%，数量增长44.97%。少年儿童高密度激光唱盘及其他载体61种、数量20.66万张。

二、录像制品出版情况

2015年，全国共出版录像制品5512种，出版数量0.60亿盒（张），发行数量0.61亿盒（张），发行总金额3.81亿元。与上年相比，品种下降5.78%，出版数量下降42.86%，发行数量下降22.78%，发行总金额下降50.39%。

各类录像制品的出版数量及占总量的比重如下：

1. 录像带（VT）及其他105种，59.94万盒（新出95种、55.9万盒）。与上年相比，品种下降19.23%，数量下降9.16%。少年儿童节目3种、0.15万盒。

2. 数码激光视盘（VCD）1297种，1418.54万张（新出320种、428.95万张，再版977种、989.59万张）。与上年相比，品种增长21.67%，数量下降22.86%。少年儿童数码激光视盘（VCD）64种，数量272.21万张。

3. 高密度激光视盘（DVD-V）4110种，4556.27万张（新出2910种、3314.16万张，再版1200种、1242.11万张）。与上年相比，品种下降11.69%，数量下降46.7%。少年儿童高密度激光视盘（DVD-V）379种，数量403.03万张。

三、电子出版物出版情况

2015年，全国共出版电子出版物10091种、21438.38万张。与上年相比，品种下降14.65%，数量下降38.83%。其中：只读光盘（CD-ROM）5692种、17456万张，与上年相比，品种下降15.87%，数量下降42.17%。高密度只读光盘（DVD-ROM）3296种、2912.82万张，与上年相比，品种下降8.11%，数量上升10.43%。交互式光盘（CD-I）及其他1103种、1069.56万张，与上年相比，品种下降24.97%，数量下降51.90%。

出版物发行

一、发行网点与从业人员情况

2015 年，全国共有出版物发行网点 163650 处，与上年相比下降 3.52%。其中新华书店及其发行网点 8918 处，与上年相比下降 0.04%；供销社发行网点 537 处，与上年相比下降 23.29%；出版社自办发行网点 425 处，与上年相比下降 4.28%；邮政系统发行网点 37586 处；上述系统外批发网点 8368 处；集个体零售网点 107816 处。

2015 年，全国出版物发行网点从业人员 69.63 万人，与上年相比下降 3.20%。其中新华书店及其发行网点从业人员 13.02 万人，与上年相比下降 0.23%；邮政系统发行网点从业人员 9.29 万人；上述系统外批发点从业人员 16.50 万人；集个体零售网点从业人员 29.67 万人。

二、出版物购进情况

2015 年，全国新华书店系统、出版社自办发行单位出版物总购进 203.09 亿册（张、份、盒）、2669.38 亿元，与上年相比数量增长 1.62%，金额增长 9.05%。其中：新华书店系统购进 139.41 亿册（张、份、盒），比上年增长 6.14%，购进金额 1522.84 亿元，比上年增长 12.47%。

三、出版物销售情况

（一）总销售情况

2015 年全国新华书店系统、出版社自办发行单位出版物总销售 199.45 亿册（张、份、盒）、2563.74 亿元，与上年相比数量增长 0.20%，金额增长 6.14%。其中：新华书店系统销售 137.21 亿册（张、份、盒）、1480.13 亿元，与上年相比数量增长 3.88%，金额增长 9.75%。其中：

1. 居民和社会团体零售总额 751.59 亿元，比上年增长 4.70%。其中城市零售 633.91 亿元，农村零售 117.68 亿元，城乡零售比为 5.39：1。

2. 出版物批发销售总额 1809.96 亿元，比上年增长 6.77%，批零比为 2.41：1。其中：批给市、县批发、零售出版物发行企业 1783.86 亿元，比上年增长 8.94%；批给县以下单位或个人 26.11 亿元，比上年增长 12.20%。

3. 出口总额 2.19 亿元，比上年下降 8.75%。

（二）纯销售情况

2015 年，全国新华书店系统、出版社自办发行单位纯销售 67.30 亿册（张、份、盒）、779.89 亿元，与上年相比数量下降 3.66%，金额增长 0.24%。

（三）各类出版物零售情况

2015 年，全国新华书店系统、出版社自办发行单位，各类出版物的零售数量和金额、所占零售总量的比重如下：

1. 图书 63.71 亿册、714.46 亿元，占零售数量 98.40%、零售金额 95.06%。其中：

（1）哲学、社会科学类图书 2.55 亿册、48.50 亿元，占零售数量 3.93%、零售金额 6.45%。

（2）文化、教育类图书 51.63 亿册、518.24 亿元，占零售数量 79.74%、零售金额 68.95%。其中，中小学课本及教参 25.17 亿册、217.55 亿元，占零售数量 38.87%、零售金额 28.95%；教辅读物 18.48 亿册，199.14 亿元，占零售数量 28.53%、零售金额 26.50%。

（3）文学、艺术类图书2.46亿册、44.86亿元，占零售数量3.79%、零售金额5.97%。

（4）自然科学、技术类图书1.52亿册、34.79亿元，占零售数量2.35%、零售金额4.63%。

（5）综合类图书5.55亿册、68.07亿元，占零售数量8.58%、零售金额9.06%。

此外，少年儿童读物图书1.94亿册、26.87亿元，占零售数量3.00%、零售金额3.58%；大中专教材、业余教育及教参1.22亿册、24.39亿元，占零售数量1.89%、零售金额3.24%。

2. 期刊0.28亿册、12.00亿元，占零售数量0.44%、零售金额1.60%。

3. 报纸0.12亿份、1.26亿元，占零售数量0.18%、零售金额0.17%。

4. 音像制品0.48亿盒张、9.44亿元，占零售数量0.74%、零售金额1.26%。

5. 电子出版物0.16亿张、9.52亿元，占零售数量0.24%、零售金额1.27%。

6. 数字出版物（电子书等，不包含电子阅读器等硬件）4.92亿元，占零售金额0.65%。

四、出版物库存情况

全国新华书店系统、出版社自办发行单位年末库存67.83亿册（张、份、盒）、1082.44亿元，与上年相比数量增长2.17%，金额增长7.16%。

五、非出版物商品销售

非出版物商品销售金额242.64亿元（不含在销售总额之内）。

印刷复制

一、印刷复制总体情况

2015年印刷复制（包括出版物印刷、包装装潢印刷、其他印刷品印刷、专项印刷、打字复印、复制和印刷物资供销）实现营业收入12245.52亿元，增长4.30%；增加值3226.95亿元，增加4.79%；利润总额871.97亿元，增长7.0%。

二、出版物印刷（含专项印刷）

2015年全国出版物印刷企业（含专项印刷）8910家，职工年末平均人数48.29万人，与上年相比下降了1.15%，职工工资总额194.70亿元，与上年相比增长了5.30%，人均年工资4.03万元，与上年相比增长了6.60%。

（一）出版物印刷厂产量（含专项印刷）

1. 图书、报纸、其他出版物黑白印刷产量30944.92万令，比上年下降3.10%。彩色印刷产量219634.12万对开色令，比上年下降13.07%。

2. 装订产量31629.67万令，比上年下降1.05%。

3. 印刷用纸量60698.24万令（包含平版纸和卷筒纸），比上年下降7.20%。

（二）出版物印刷厂主要经济指标（含专项印刷）

1. 资产合计年末数2401.65亿元，比上年增长13.50%。

2. 年末负债合计1202.88亿元，比上年增长8.02%。

3. 所有者权益合计年末数1196.91亿元，比上年增长19.32%。

4. 主营业务收入1507.92亿元，比上年下降0.42%。

5. 利润总额 129. 77 亿元，比上年下降 0. 61% 。

6. 增加值 520. 12 亿元，比上年增长 1. 55% 。

三、包装装潢印刷厂主要经济指标

1. 营业收入 9251. 21 亿元。比上年增长 5. 55% 。

2. 增加值 2260. 63 亿元。比上年增长 6. 97% 。

3. 利润总额 600. 22 亿元。比上年增长 12. 96% 。

四、其他印刷品印刷厂主要经济指标

1. 营业收入 1093. 47 亿元。比上年增长 1. 44% 。

2. 增加值 357. 72 亿元。比上年增长 2. 38% 。

3. 利润总额 99. 35 亿元。比上年下降 8. 07% 。

出版物进出口

一、图书、报纸、期刊出口

2015 年，全国累计出口[①]图书、报纸、期刊 2112. 45 万册（份）、7942. 60 万美元，与上年相比，数量下降 1. 19% ，金额增长 1. 43% 。其中，全国出版物进出口经营单位累计出口 1552. 63 万册（份）、5726. 74 万美元，与上年相比，数量下降 8. 10% ，金额增长 1. 36% 。全国出版物进出口经营单位累计出口构成如下：

1. 图书出口 1278. 75 万册、5221. 67 万美元，数量下降 12. 75% ，金额增长 3. 18% 。

2. 期刊出口 240. 35 万册、461. 64 万美元，数量增长 27. 79% ，金额下降 15. 19% 。

3. 报纸出口 33. 53 万份、43. 43 万美元，数量下降 5. 81% ，金额下降 2. 88% 。

全国出版物进出口经营单位各类图书出口的数量、金额及所占全国出版物进出口经营单位图书出口总量的比重如下：

1. 哲学、社会科学类 129. 06 万册、1589. 45 万美元，占图书出口数量 10. 09% 、金额 30. 44% 。

2. 文化、教育类 172. 72 万册、798. 88 万美元，占图书出口数量 13. 51% 、金额 15. 30% 。

3. 文学、艺术类 162. 81 万册、939. 98 万美元，占图书出口数量 12. 73% 、金额 18. 00% 。

4. 自然、科学技术类 48. 85 万册、317. 32 万美元，占图书出口数量 3. 82% 、金额 6. 08% 。

5. 少儿读物类 556. 11 万册、482. 41 万美元，占图书出口数量 43. 49% 、金额 9. 24% 。

6. 综合类 209. 20 万册、1093. 63 万美元，占图书出口数量 16. 36% 、金额 20. 94% 。

二、图书、报纸、期刊进口

2015 年，全国出版物进出口经营单位累计进口图书、报纸、期刊 2811. 75 万册（份）、30557. 53 万美元，与上年相比，数量增长 10. 75% ，金额增长 7. 67% 。其中：

1. 图书进口 1418. 78 万册、14499. 25 万美元，数量增长 45. 10% ，金额增长 15. 18% 。

2. 期刊进口 357. 66 万册、14323. 10 万美元，数量下降 9. 84% ，金额增长 0. 64% 。

---

① 包括全国出版物进出口经营单位的出口和部分出版单位、发行单位的出口，系不完全统计。后同。

3. 报纸进口 1035.31 万份、1735.18 万美元，数量下降 11.08%，金额增长 11.15%。

各类图书进口的数量、金额及所占图书进口总量的比重如下：

1. 哲学、社会科学类 52.20 万册、1849.17 万美元，占图书进口数量 3.68%、金额 12.75%。

2. 文化、教育类 229.66 万册、3017.71 万美元，占图书进口数量 16.19%、金额 20.81%。

3. 文学、艺术类 180.92 万册、2147.42 万美元，占图书进口数量 12.75%、金额 14.81%。

4. 自然、科学技术类 47.47 万册、2238.68 万美元，占图书进口数量 3.35%、金额 15.44%。

5. 少儿读物类 487.48 万册、1614.04 万美元，占图书进口数量 34.36%、金额 11.13%。

6. 综合类 421.05 万册、3632.23 万美元，占图书进口数量 29.68%、金额 25.05%。

三、音像制品、电子出版物与数字出版物出口

2015 年，全国累计出口音像制品、电子出版物与数字出版物 11.98 万盒（张）、2542.97 万美元，与上年相比，数量增长 25.14%，金额增长 14.84%。其中：全国出版物进出口经营单位累计出口 0.94 万盒（张）、136.76 万美元，与上年相比，数量下降 54.53%，金额下降 12.59%。全国出版物进出口经营单位累计出口构成如下：

1. 录音带（AT）77 盒、0.05 万美元，占出口数量 0.82%、金额 0.04%。

2. 激光唱片（CD）1057 盒、0.64 万美元，占出口数量 11.23%、金额 0.47%。

3. 数码激光唱盘（DVD-A）4269 张、6.84 万美元，占出口数量 45.37%、金额 5.00%。

4. 录像带（VT）11 盒、0.02 万美元，占出口数量 0.12%、金额 0.01%。

5. 高密度激光视盘（DVD-V）3711 张、2.34 万美元，占出口数量 39.44%、金额 1.71%。

6. 电子出版物 284 张、14.77 万美元，占出口数量 3.02%、金额 10.80%。

7. 数字出版物 112.10 万美元，占出口金额 99.55%。

四、音像制品、电子出版物与数字出版物进口

2015 年，全国出版物进出口经营单位累计进口音像制品、电子出版物与数字出版物 11.62 万盒（张）、24207.67 万美元，与上年相比，数量下降 13.52%，金额增长 15.27%。其中：

1. 激光唱盘（CD）108666 张、99.54 万美元，占进口数量 93.51%、金额 0.41%。与上年相比，数量下降 16.90%，金额增长 0.22%。

2. 高密度激光视盘（DVD-V）7547 张、9.19 万美元，占进口数量 6.49%、金额 0.04%。与上年相比，数量增长 109.00%，金额增长 76.05%。

3. 数字出版物 24098.94 万美元，占进口金额 81.97%。与上年相比，金额增长 15.33%。

版权管理与版权贸易

一、版权管理

（一）受理、查处案件

2015 年，全国各级版权行政管理机关共检查经营单位 846140 家，取缔违法经营单位 9340 家，查获地下窝点 392 个，行政处罚 3477 起，移送司法机关案件 160 件。

（二）收缴盗版品

2015 年，全国各地方版权行政管理机关共收缴各类盗版品 1142.09 万件，其中查缴的盗版书刊 539.68 万册，盗版音像制品 373.48 万盒（张），盗版电子出版物 17.75 万张，盗版软件 36.85 万张，

其他各类盗版品 66.92 万件，未分类盗版品 107.42 万件。

（三）版权合同登记

2015 年，全国版权合同登记 19030 份，其中图书 15964 份，期刊 121 份，音像制品 1688 份，电子出版物 190 份，软件 762 份，电影 2 份，电视节目 4 份，其他 299 份。

（四）作品自愿登记

2015 年，全国作品自愿登记 1349552 份，其中文字作品 485539 份，口述作品 4 份，音乐作品 2839 份，曲艺 90 份，舞蹈 119 份，杂技 5 份，美术作品 279884 份，摄影作品 540722 份，建筑 163 份，影视 13820 份，设计图 4003 份，地图 309 份，模型 144 份，其他 21911 份。

二、版权贸易

（一）版权引进

1. 总体情况

2015 年，全国共引进版权 16467 种，其中图书 15458 种，录音制品 133 种，录像制品 90 种，电子出版物 292 种。

版权引进地情况如下：

美国 5251 种，英国 2802 种，德国 815 种，法国 999 种，俄罗斯 87 种，加拿大 153 种，新加坡 242 种，日本 1771 种，韩国 883 种，中国香港地区 333 种，中国澳门地区 1 种，中国台湾省 1117 种，其他地区 2013 种。

2. 出版物版权引进情况

2015 年，全国共引进图书、音像制品和电子出版物版权 15973 种。其中，图书版权引进地情况如下：

美国 4840 种，英国 2677 种，德国 783 种，法国 959 种，俄罗斯 86 种，加拿大 151 种，新加坡 240 种，日本 1724 种，韩国 826 种，中国香港地区 159 种，中国澳门地区 1 种，中国台湾省 1052 种，其他地区 1960 种。

（二）版权输出

1. 总体情况

2015 年，全国共输出版权 10471 种，其中图书 7998 种，录音制品 217 种，录像制品 0 种，电子出版物 650 种。

版权输出地情况如下：

美国 1185 种，英国 708 种，德国 467 种，法国 199 种，俄罗斯 135 种，加拿大 144 种，新加坡 555 种，日本 313 种，韩国 654 种，中国香港地区 499 种，中国澳门地区 99 种，中国台湾省 1857 种，其他地区 3656 种。

2. 出版物版权输出情况

2015 年，全国共输出图书、音像制品和电子出版物版权 8865 种。其中，图书版权输出地情况如下：

美国 887 种，英国 546 种，德国 380 种，法国 138 种，俄罗斯 135 种，加拿大 81 种，新加坡 262 种，日本 285 种，韩国 619 种，中国香港地区 311 种，中国澳门地区 31 种，中国台湾省 1643 种，其他地区 2680 种。

（说明：统计数据未包含香港、澳门、台湾地区有关统计机构数据。）

一、图书出版

全国各类图书出版数量及与上年相比增减百分比

（一）种　数

	本版图书种数（种）			与上年相比增减%			租型图书种数（种）	与上年相比增减%
	合计	初版	重印	合计	初版	重印		
图书总计	**475768**	**260426**	**215342**	**6.10**	**1.77**	**11.84**	**10847**	**5.24**
（一）使用《中国标准书号》部分合计	475239	260192	215047	6.08	1.79	11.79	10847	5.24
A 马克思主义、列宁主义、毛泽东思想	730	538	192	-6.41	3.07	-25.58		-100.00
B 哲学	8890	5995	2895	4.93	3.58	7.86		-100.00
C 社会科学总论	5618	3398	2220	0.14	-7.41	14.43	2	100.00
D 政治、法律	19051	13851	5200	5.81	3.23	13.36	5	25.00
E 军事	1619	1218	401	14.99	10.03	33.22		
F 经济	32606	20416	12190	3.10	2.22	4.60	2	-33.33
G 文化、科学、教育、体育	192592	83341	109251	10.80	4.44	16.19	10800	5.56
H 语言、文字	21469	10316	11153	1.96	-4.11	8.29		-100.00
I 文学	49656	34736	14920	5.88	3.43	12.07	12	-7.69
J 艺术	26652	17898	8754	-0.54	-6.95	15.75	15	87.50
K 历史、地理	18205	13961	4244	7.12	10.85	-3.57	2	-71.43
N 自然科学总论	780	497	283	-6.47	7.34	-23.72		-100.00
O 数理科学、化学	8180	3121	5059	2.71	-5.02	8.14	1	-80.00
P 天文学、地球科学	2723	1784	939	5.42	0.11	17.23		
Q 生物科学	3255	1866	1389	21.00	15.97	28.49	1	-50.00
R 医药、卫生	21069	13672	7397	11.18	13.15	7.70	2	-80.00
S 农业科学	5316	3315	2001	4.60	1.75	9.70	4	
T 工业技术	45187	22919	22268	-3.91	-9.46	2.57	1	-66.67
U 交通运输	5155	2671	2484	-2.68	-2.77	-2.59		
V 航空、航天	521	331	190	11.32	0.30	37.68		
X 环境科学	2182	1515	667	5.56	-0.98	24.21		
Z 综合性图书	3783	2833	950	6.62	2.42	21.48		-100.00
（二）不使用《中国标准书号》部分合计	529	234	295	17.56	-14.29	66.67		
1. 图片	529	234	295	17.56	-14.29	66.67		
2. 国标(GB)、部标(BB)等标准类文件印品								
3. 活页文选、活页歌篇、小件印品等								

全国各类图书出版数量及与上年相比增减百分比（续表1）

（二）总印数

	本年图书总印数（万册、张）				与上年相比增减%	
	合计	初版	重印	租型	合计	租型
图书总计	**866233**	**250308**	**461518**	**154408**	**5.84**	**5.40**
（一）使用《中国标准书号》部分合计	864050	248948	460695	154408	5.96	5.40
A 马克思主义、列宁主义、毛泽东思想	1407	1223	184		-26.64	
B 哲学	6192	3139	3053		14.94	-100.00
C 社会科学总论	2974	1401	1572	1	11.18	
D 政治、法律	18543	13400	5098	45	4.69	87.50
E 军事	937	637	300		21.37	
F 经济	15214	8729	6484	1	2.91	-50.00
G 文化、科学、教育、体育	667976	141640	371998	154338	6.98	5.43
H 语言、文字	20302	6829	13473		2.84	-100.00
I 文学	55655	31295	24355	5	9.42	-72.22
J 艺术	17387	9497	7883	7	-5.90	-12.50
K 历史、地理	13250	8807	4442	1	4.31	-66.67
N 自然科学总论	525	254	271		-6.08	
O 数理科学、化学	3766	1186	2580		-2.51	-100.00
P 天文学、地球科学	1136	645	491		-1.90	
Q 生物科学	1908	1086	821	1	17.06	
R 医药、卫生	11605	6733	4872		2.34	-100.00
S 农业科学	1928	1054	865	9	-17.96	350.00
T 工业技术	16955	8134	8821		-9.64	-100.00
U 交通运输	2792	1026	1766		-10.25	
V 航空、航天	167	86	81		1.21	
X 环境科学	879	550	329		3.53	
Z 综合性图书	2552	1596	956		12.18	
（二）不使用《中国标准书号》部分合计	2183	1360	823		-27.26	
1. 图片	337	182	155		-26.90	
2. 国标(GB)、部标(BB)等标准类文件印品	1396	878	518		-36.34	
3. 活页文选、活页歌篇、小件印品等	450	300	150		29.68	

全国各类图书出版数量及与上年相比增减百分比（续表2）

（三）总印张

	本年图书总印张（千印张）				与上年相比增减%	
	合计	初版	重印	租型	合计	租型
图书总计	**74318834**	**25458142**	**37812900**	**11047792**	**5.53**	**5.59**
（一）使用《中国标准书号》部分合计	74220972	25401518	37771662	11047792	5.60	5.59
A 马克思主义、列宁主义、毛泽东思想	240029	211723	28306		-25.08	-100.00
B 哲学	825556	453656	371900		-0.02	-100.00
C 社会科学总论	473233	217907	255255	71	4.08	16.39
D 政治、法律	2199281	1521546	677217	518	6.85	-43.39
E 军事	133348	94096	39252		18.26	
F 经济	2558187	1435628	1122184	375	0.46	44.79
G 文化、科学、教育、体育	48849520	12023140	25781252	11045128	8.15	5.67
H 语言、文字	3172042	898955	2273087		-1.04	-100.00
I 文学	5828251	3222134	2605235	882	3.56	-43.46
J 艺术	1426206	797283	628700	223	1.49	-70.11
K 历史、地理	1673413	1182126	491228	59	6.89	-82.12
N 自然科学总论	58814	29348	29466		-5.59	-100.00
O 数理科学、化学	596215	176774	419427	14	-4.10	-93.52
P 天文学、地球科学	134010	72552	61458		9.80	
Q 生物科学	219471	102026	117365	80	22.47	15.94
R 医药、卫生	1896533	1095779	800697	57	9.44	-94.46
S 农业科学	206835	114035	92434	366	-9.10	49.39
T 工业技术	2873288	1293099	1580170	19	-10.14	-91.48
U 交通运输	380490	138746	241744		-8.84	
V 航空、航天	22057	13107	8950		-2.16	
X 环境科学	84806	54879	29927		-4.61	
Z 综合性图书	369387	252979	116408		13.99	
（二）不使用《中国标准书号》部分合计	97862	56624	41238		-29.97	
1. 图片	8803	4788	4015		-22.05	
2. 国标(GB)、部标(BB)等标准类文件印品	58106	32562	25544		-43.30	
3. 活页文选、活页歌篇、小件印品等	30953	19274	11679		19.14	

全国各类图书出版数量及与上年相比增减百分比（续表3）

（四）图书总定价

	图书总定价（万元）				
	合计	增减%	初版	重印	租型
图书总计	**14760911**	**8.26**	**6710595**	**6884311**	**1166005**
（一）使用《中国标准书号》部分合计	14712948	8.42	6681565	6865378	1166005
A 马克思主义、列宁主义、毛泽东思想	40541	-29.18	35064	5477	
B 哲学	229413	3.73	144784	84629	
C 社会科学总论	118652	9.43	64434	54205	13
D 政治、法律	525646	6.52	379269	146217	160
E 军事	37623	27.00	29645	7978	
F 经济	664005	4.77	418030	245867	108
G 文化、科学、教育、体育	7924907	15.35	2508982	4250546	1165379
H 语言、文字	665785	3.42	225304	440481	
I 文学	1424860	0.88	866741	557973	146
J 艺术	651743	-5.69	474781	176915	47
K 历史、地理	557048	-5.65	432587	124442	19
N 自然科学总论	18183	0.61	9456	8727	
O 数理科学、化学	120414	1.69	41288	79124	2
P 天文学、地球科学	42653	-0.41	28098	14555	
Q 生物科学	66886	38.11	40386	26487	13
R 医药、卫生	510671	13.68	337160	173501	10
S 农业科学	62689	0.39	40997	21588	104
T 工业技术	741230	-6.23	405854	335372	4
U 交通运输	108569	-5.63	45103	63466	
V 航空、航天	8359	6.13	5628	2731	
X 环境科学	25866	-0.85	18501	7365	
Z 综合性图书	167205	19.77	129473	37732	
（二）不使用《中国标准书号》部分合计	47963	-25.89	29030	18933	
1. 图片	5930	9.01	4360	1570	
2. 国标(GB)、部标(BB)等标准类文件印品	35448	-33.04	21998	13450	
3. 活页文选、活页歌篇、小件印品等	6585	3.93	2672	3913	

中央出版单位各类图书出版数量及与上年相比增减百分比

（一）种　数

	本版图书种数（种）			与上年相比增减%			租型图书种数（种）	与上年相比增减%
	合计	初版	重印	合计	初版	重印		
图书总计	**194085**	**108279**	**85806**	**5.79**	**1.07**	**12.42**	**24**	**-60.66**
（一）使用《中国标准书号》部分合计	193869	108172	85697	5.72	1.01	12.32	24	-60.66
A 马克思主义、列宁主义、毛泽东思想	483	360	123	-5.29	13.56	-36.27		
B 哲学	5123	3357	1766	12.99	12.01	14.90		
C 社会科学总论	3536	2049	1487	4.80	-2.61	17.09		
D 政治、法律	14501	10243	4258	8.72	4.39	20.76		
E 军事	1058	827	231	11.84	4.95	46.20		
F 经济	22631	13910	8721	4.30	3.60	5.45		
G 文化、科学、教育、体育	36812	16388	20424	13.78	-0.11	28.07	24	-60.66
H 语言、文字	11706	5015	6691	2.56	-6.85	10.96		
I 文学	14638	10835	3803	3.93	1.15	12.75		
J 艺术	8115	5243	2872	-0.86	-7.27	13.47		
K 历史、地理	8920	6504	2416	9.13	11.62	2.94		
N 自然科学总论	298	193	105	-2.30	0.52	-7.08		
O 数理科学、化学	5514	1929	3585	6.43	1.58	9.23		
P 天文学、地球科学	1680	1170	510	12.22	10.80	15.65		
Q 生物科学	1798	933	865	22.48	19.46	25.91		
R 医药、卫生	12855	7621	5234	14.73	20.60	7.12		
S 农业科学	3540	1982	1558	7.14	-2.08	21.72		
T 工业技术	33599	15512	18087	-4.10	-11.18	2.93		
U 交通运输	3800	1837	1963	-5.00	-2.44	-7.27		
V 航空、航天	381	255	126	23.30	9.91	63.64		
X 环境科学	1519	980	539	7.73	-2.87	34.41		
Z 综合性图书	1362	1029	333	28.49	28.14	29.57		
（二）不使用《中国标准书号》部分合计	216	107	109	208.57	167.50	263.33		
1. 图片	216	107	109	208.57	167.50	263.33		
2. 国标(GB)、部标(BB)等标准类文件印品								
3. 活页文选、活页歌篇、小件印品等								

中央出版单位各类图书出版数量及与上年相比增减百分比（续表1）

（二）总印数

	本年图书总印数（万册、张）				与上年相比增减%	
	合计	初版	重印	租型	合计	租型
图书总计	**222043**	**81497**	**140358**	**188**	**1.44**	**-7.59**
（一）使用《中国标准书号》部分合计	220399	80461	139750	188	1.84	-6.64
A 马克思主义、列宁主义、毛泽东思想	1323	1180	143		-23.66	-4.61
B 哲学	3649	1844	1805		18.32	14.68
C 社会科学总论	2093	921	1172		23.85	17.77
D 政治、法律	15953	11622	4331		7.77	7.79
E 军事	560	450	110		31.46	32.35
F 经济	11474	6595	4879		8.22	9.62
G 文化、科学、教育、体育	117803	23735	93880	188	-0.13	-23.96
H 语言、文字	12210	3607	8603		7.88	-6.41
I 文学	13056	8403	4653		4.60	0.55
J 艺术	4892	2956	1936		-2.22	-9.85
K 历史、地理	7852	5082	2770		0.99	7.42
N 自然科学总论	157	88	69		6.08	8.64
O 数理科学、化学	2507	771	1736		-1.84	-8.21
P 天文学、地球科学	535	327	208		0.56	8.28
Q 生物科学	726	390	336		12.91	8.94
R 医药、卫生	7653	4473	3180		18.76	29.69
S 农业科学	1183	601	582		-7.43	-13.53
T 工业技术	12944	5729	7215		-7.36	-12.59
U 交通运输	2300	719	1581		-10.19	-8.06
V 航空、航天	93	62	31		20.78	10.71
X 环境科学	436	292	144		-6.03	-5.50
Z 综合性图书	1000	614	386		13.90	10.23
（二）不使用《中国标准书号》部分合计	1644	1036	608		-33.36	-48.48
1. 图片	193	120	73		4.89	-30.23
2. 国标(GB)、部标(BB)等标准类文件印品	1267	750	517		-40.46	-56.04
3. 活页文选、活页歌篇、小件印品等	184	166	18		18.71	24.81

中央出版单位各类图书出版数量及与上年相比增减百分比（续表2）

（三）总印张

	本年图书总印张（千印张）				与上年相比增减%	
	合计	初版	重印	租型	合计	租型
图书总计	**24982469**	**10383141**	**14585838**	**13490**	**2.70**	**-4.35**
（一）使用《中国标准书号》部分合计	24908621	10335923	14559208	13490	2.88	-3.94
A 马克思主义、列宁主义、毛泽东思想	226611	204284	22327		-23.41	-2.89
B 哲学	523078	271077	252001		14.51	16.02
C 社会科学总论	333775	139607	194168		14.56	0.79
D 政治、法律	1877884	1295254	582630		11.55	3.36
E 军事	83983	65068	18915		24.91	21.91
F 经济	1949746	1091323	858423		5.84	2.86
G 文化、科学、教育、体育	9580057	2467570	7098997	13490	0.27	-18.21
H 语言、文字	2161125	551515	1609610		5.35	-2.00
I 文学	1641151	994321	646830		5.60	-1.43
J 艺术	490660	291414	199246		5.14	-0.39
K 历史、地理	991577	704344	287233		11.31	21.64
N 自然科学总论	22863	12363	10500		3.12	11.58
O 数理科学、化学	436627	116428	320199		-5.13	-18.30
P 天文学、地球科学	73955	42428	31527		19.45	18.97
Q 生物科学	114908	44610	70298		18.35	12.76
R 医药、卫生	1415438	773393	642045		16.00	23.01
S 农业科学	141750	71105	70645		0.14	-4.94
T 工业技术	2312966	968787	1344179		-7.49	-17.68
U 交通运输	313173	94685	218488		-10.42	-11.35
V 航空、航天	14491	10016	4475		12.81	8.39
X 环境科学	57749	36467	21282		-0.87	0.32
Z 综合性图书	145054	89864	55190		9.27	1.90
（二）不使用《中国标准书号》部分合计	73848	47218	26630		-35.17	-50.26
1. 图片	3567	2603	964		24.59	1.01
2. 国标(GB)、部标(BB)等标准类文件印品	55839	30428	25411		-43.33	-62.33
3. 活页文选、活页歌篇、小件印品等	14442	14187	255		15.41	22.49

中央出版单位各类图书出版数量及与上年相比增减百分比（续表3）

（四）图书总定价

	图书总定价（万元）				
	合计	增减%	初版	重印	租型
图书总计	**5465205**	**0.56**	**2845388**	**2618400**	**1417**
（一）使用《中国标准书号》部分合计	5424500	0.84	2818786	2604297	1417
A 马克思主义、列宁主义、毛泽东思想	37518	-27.96	33216	4302	
B 哲学	144601	3.98	87225	57376	
C 社会科学总论	82589	16.97	42572	40017	
D 政治、法律	446802	10.31	319756	127046	
E 军事	25797	29.54	21713	4084	
F 经济	506494	11.02	313376	193118	
G 文化、科学、教育、体育	1486473	2.61	473068	1011988	1417
H 语言、文字	444076	8.21	135170	308906	
I 文学	389824	-19.65	265600	124224	
J 艺术	235533	-6.64	176902	58631	
K 历史、地理	323364	-12.96	245055	78309	
N 自然科学总论	7578	21.40	4622	2956	
O 数理科学、化学	86604	1.65	27929	58675	
P 天文学、地球科学	24939	16.17	17797	7142	
Q 生物科学	30911	24.86	16931	13980	
R 医药、卫生	365021	17.10	232146	132875	
S 农业科学	40342	5.55	24147	16195	
T 工业技术	570503	-3.67	289209	281294	
U 交通运输	91277	-6.02	34017	57260	
V 航空、航天	5744	17.37	4564	1180	
X 环境科学	16714	-0.05	12120	4594	
Z 综合性图书	61796	-11.48	41651	20145	
（二）不使用《中国标准书号》部分合计	40705	-26.36	26602	14103	
1. 图片	3558	152.16	3059	499	
2. 国标(GB)、部标(BB)等标准类文件印品	34693	-33.06	21277	13416	
3. 活页文选、活页歌篇、小件印品等	2454	20.29	2266	188	

地方出版单位各类图书出版数量及与上年相比增减百分比

（一）种　数

	本版图书种数（种）			与上年相比增减%			租型图书种数（种）	与上年相比增减%
	合计	初版	重印	合计	初版	重印		
图书总计	**281683**	**152147**	**129536**	**6.31**	**2.28**	**11.46**	**10823**	**5.63**
（一）使用《中国标准书号》部分合计	281370	152020	129350	6.34	2.35	11.44	10823	5.63
A 马克思主义、列宁主义、毛泽东思想	247	178	69	-8.52	-13.17	6.15		-100.00
B 哲学	3767	2638	1129	-4.34	-5.48	-1.57		-100.00
C 社会科学总论	2082	1349	733	-6.89	-13.86	9.40	2	100.00
D 政治、法律	4550	3608	942	-2.51	0.06	-11.22	5	25.00
E 军事	561	391	170	21.43	22.57	18.88		
F 经济	9975	6506	3469	0.45	-0.61	2.51	2	-33.33
G 文化、科学、教育、体育	155780	66953	88827	10.11	5.61	13.77	10776	5.96
H 语言、文字	9763	5301	4462	1.24	-1.36	4.52		-100.00
I 文学	35018	23901	11117	6.72	4.50	11.84	12	-7.69
J 艺术	18537	12655	5882	-0.40	-6.81	16.89	15	87.50
K 历史、地理	9285	7457	1828	5.26	10.20	-11.00	2	-71.43
N 自然科学总论	482	304	178	-8.88	12.18	-31.01		-100.00
O 数理科学、化学	2666	1192	1474	-4.20	-14.06	5.59	1	-80.00
P 天文学、地球科学	1043	614	429	-3.96	-15.43	19.17		
Q 生物科学	1457	933	524	19.23	12.68	32.99	1	-50.00
R 医药、卫生	8214	6051	2163	6.04	4.98	9.13	2	-80.00
S 农业科学	1776	1333	443	-0.11	8.02	-18.57	4	
T 工业技术	11588	7407	4181	-3.33	-5.64	1.06	1	-66.67
U 交通运输	1355	834	521	4.47	-3.47	20.32		
V 航空、航天	140	76	64	-11.95	-22.45	4.92		
X 环境科学	663	535	128	0.91	2.69	-5.88		
Z 综合性图书	2421	1804	617	-2.69	-8.10	17.52		
（二）不使用《中国标准书号》部分合计	313	127	186	-17.63	-45.49	26.53		
1. 图片	313	127	186	-17.63	-45.49	26.53		
2. 国标(GB)、部标(BB)等标准类文件印品								
3. 活页文选、活页歌篇、小件印品等								

地方出版单位各类图书出版数量及与上年相比增减百分比（续表1）

（二）总印数

	本年图书总印数（万册、张）				与上年相比增减%	
	合计	初版	重印	租型	合计	租型
图书总计	**644190**	**168811**	**321160**	**154220**	**7.44**	**5.58**
（一）使用《中国标准书号》部分合计	643651	168487	320945	154220	7.45	5.58
A 马克思主义、列宁主义、毛泽东思想	84	43	41		-54.59	
B 哲学	2543	1295	1248		10.42	-100.00
C 社会科学总论	881	480	400	1	-10.56	
D 政治、法律	2590	1778	767	45	-10.97	87.50
E 军事	377	187	190		8.96	
F 经济	3740	2134	1605	1	-10.57	-50.00
G 文化、科学、教育、体育	550173	117905	278118	154150	8.64	5.62
H 语言、文字	8092	3222	4870		-3.93	-100.00
I 文学	42599	22892	19702	5	10.99	-72.22
J 艺术	12495	6541	5947	7	-7.27	-12.50
K 历史、地理	5398	3725	1672	1	9.54	-66.67
N 自然科学总论	368	166	202		-10.46	
O 数理科学、化学	1259	415	844		-3.82	-100.00
P 天文学、地球科学	601	318	283		-3.99	
Q 生物科学	1182	696	485	1	19.76	
R 医药、卫生	3952	2260	1692		-19.28	-100.00
S 农业科学	745	453	283	9	-30.50	350.00
T 工业技术	4011	2405	1606		-16.28	-100.00
U 交通运输	492	307	185		-10.55	
V 航空、航天	74	24	50		-15.91	
X 环境科学	443	258	185		15.06	
Z 综合性图书	1552	982	570		11.10	
（二）不使用《中国标准书号》部分合计	539	324	215		0.94	
1. 图片	144	62	82		-48.01	
2. 国标(GB)、部标(BB)等标准类文件印品	129	128	1		98.46	
3. 活页文选、活页歌篇、小件印品等	266	134	132		38.54	

地方出版单位各类图书出版数量及与上年相比增减百分比（续表2）

（三）总印张

	本年图书总印张（千印张）				与上年相比增减%	
	合计	初版	重印	租型	合计	租型
图书总计	**49336365**	**15075001**	**23227062**	**11034302**	**7.02**	**-1.45**
（一）使用《中国标准书号》部分合计	49312351	15065595	23212454	11034302	7.03	-1.39
A 马克思主义、列宁主义、毛泽东思想	13418	7439	5979		-45.27	-57.60
B 哲学	302478	182579	119899		-18.02	-22.84
C 社会科学总论	139458	78300	61087	71	-14.60	-23.81
D 政治、法律	321397	226292	94587	518	-14.25	-12.42
E 军事	49365	29028	20337		8.45	3.03
F 经济	608441	344305	263761	375	-13.61	-15.30
G 文化、科学、教育、体育	39269463	9555570	18682255	11031638	10.27	6.44
H 语言、文字	1010917	347440	663477		-12.39	-35.35
I 文学	4187100	2227813	1958405	882	2.78	-9.65
J 艺术	935546	505869	429454	223	-0.32	-13.81
K 历史、地理	681836	477782	203995	59	1.04	1.34
N 自然科学总论	35951	16985	18966		-10.40	-0.35
O 数理科学、化学	159588	60346	99228	14	-1.20	-12.10
P 天文学、地球科学	60055	30124	29931		-0.13	-10.40
Q 生物科学	104563	57416	47067	80	27.35	6.79
R 医药、卫生	481095	322386	158652	57	-6.17	-7.67
S 农业科学	65085	42930	21789	366	-24.30	-20.72
T 工业技术	560322	324312	235991	19	-19.64	-20.26
U 交通运输	67317	44061	23256		-0.71	2.35
V 航空、航天	7566	3091	4475		-21.99	-25.79
X 环境科学	27057	18412	8645		-11.70	-12.39
Z 综合性图书	224333	163115	61218		17.26	18.65
（二）不使用《中国标准书号》部分合计	24014	9406	14608		-7.03	-49.39
1. 图片	5236	2185	3051		-37.89	-28.38
2. 国标(GB)、部标(BB)等标准类文件印品	2267	2134	133		-42.37	-42.28
3. 活页文选、活页歌篇、小件印品等	16511	5087	11424		22.60	-57.02

地方出版单位各类图书出版数量及与上年相比增减百分比（续表3）

（四）图书总定价

	图书总定价（万元）				
	合计	增减%	初版	重印	租型
图书总计	**9295706**	**13.36**	**3865207**	**4265911**	**1164588**
（一）使用《中国标准书号》部分合计	9288448	13.40	3862779	4261081	1164588
A 马克思主义、列宁主义、毛泽东思想	3023	-41.53	1848	1175	
B 哲学	84812	3.30	57559	27253	
C 社会科学总论	36063	-4.65	21862	14188	13
D 政治、法律	78844	-10.85	59513	19171	160
E 军事	11826	21.78	7932	3894	
F 经济	157511	-11.29	104654	52749	108
G 文化、科学、教育、体育	6438434	18.76	2035914	3238558	1163962
H 语言、文字	221709	-5.00	90134	131575	
I 文学	1035036	11.63	601141	433749	146
J 艺术	416210	-5.15	297879	118284	47
K 历史、地理	233684	6.75	187532	46133	19
N 自然科学总论	10605	-10.36	4834	5771	
O 数理科学、化学	33810	1.79	13359	20449	2
P 天文学、地球科学	17714	-17.07	10301	7413	
Q 生物科学	35975	51.95	23455	12507	13
R 医药、卫生	145650	5.93	105014	40626	10
S 农业科学	22347	-7.74	16850	5393	104
T 工业技术	170727	-13.90	116645	54078	4
U 交通运输	17292	-3.47	11086	6206	
V 航空、航天	2615	-12.31	1064	1551	
X 环境科学	9152	-2.27	6381	2771	
Z 综合性图书	105409	51.02	87822	17587	
（二）不使用《中国标准书号》部分合计	7258	-23.11	2428	4830	
1. 图片	2372	-41.13	1301	1071	
2. 国标(GB)、部标(BB)等标准类文件印品	755	-32.29	721	34	
3. 活页文选、活页歌篇、小件印品等	4131	-3.84	406	3725	

全国出版图书用纸量

	图书总计		书　　籍		课　　本		图　　片		附　　录	
	印张数（千印张）	合吨数（吨）	印张数（千印张）	合吨数（吨）	印张数（千印张）	合吨数（吨）	印张数（千印张）	合吨数（吨）	印张数（千印张）	合吨数（吨）
全　国	74318834	1746618	47912274	1125938	26308698	618254	8803	333	89059	2093
中　央	24982469	587139	15481594	363817	9427027	221535	3567	135	70281	1652
地　方	49336365	1159479	32430680	762121	16881671	396719	5236	198	18778	441

注：从 1982 年开始，书籍、课本、附录按每千印张 0.0235 吨计算，图片按每千印张 0.0378 吨计算。

全国出版图书用纸量与上年相比增减百分比

	图书总计		书　　籍		课　　本		图　　片		附　　录	
	印张数	吨数	印张数	吨数	印张数	吨数	印张数	吨数	印张数	吨数
全　国	5.53	5.53	11.72	11.72	-3.98	-3.98	-22.05	-22.07	-30.67	-30.67
中　央	2.70	2.70	11.57	11.57	-8.78	-8.78	24.59	24.85	-36.71	-36.71
地　方	7.02	7.02	11.79	11.79	-1.07	-1.07	-37.89	-37.96	7.91	7.91

使用《中国标准书号》图书出版数量中各类图书所占百分比

	种数		租型种数	总印数		总印张		定价总金额	
	合计	初版		合计	租型	合计	租型	合计	租型
使用《中国标准书号》部分合计	**100.00**	**100.00**	**100.00**	**100.00**	**100.00**	**100.00**	**100.00**	**100.00**	**100.00**
A 马克思主义、列宁主义、毛泽东思想	0.15	0.21		0.16		0.32		0.28	
B 哲学	1.87	2.30		0.72		1.11		1.56	
C 社会科学总论	1.18	1.31	0.02	0.34		0.64		0.81	
D 政治、法律	4.01	5.32	0.05	2.15	0.03	2.96		3.57	0.01
E 军事	0.34	0.47		0.11		0.18		0.26	
F 经济	6.86	7.85	0.02	1.76		3.45		4.51	0.01
G 文化、科学、教育、体育	40.54	32.02	99.55	77.32	99.96	65.83	99.99	53.84	99.96
H 语言、文字	4.52	3.96		2.35		4.27		4.53	
I 文学	10.45	13.35	0.11	6.44		7.85	0.01	9.68	0.01
J 艺术	5.61	6.88	0.14	2.01		1.92		4.43	
K 历史、地理	3.83	5.37	0.02	1.53		2.25		3.79	
N 自然科学总论	0.16	0.19		0.06		0.08		0.12	
O 数理科学、化学	1.72	1.20	0.01	0.44		0.80		0.82	
P 天文学、地球科学	0.57	0.69		0.13		0.18		0.29	
Q 生物科学	0.68	0.72	0.01	0.22		0.30		0.45	
R 医药、卫生	4.43	5.25	0.02	1.34		2.56		3.47	
S 农业科学	1.12	1.27	0.04	0.22	0.01	0.28		0.43	0.01
T 工业技术	9.51	8.81	0.01	1.96		3.87		5.04	
U 交通运输	1.08	1.03		0.32		0.51		0.74	
V 航空、航天	0.11	0.13		0.02		0.03		0.06	
X 环境科学	0.46	0.58		0.10		0.11		0.18	
Z 综合性图书	0.80	1.09		0.30		0.50		1.14	

全国各地区图书出版总量

	图书总计											
	种数（种）		租型种数（种）	总印数（万册、张）			总印张（千印张）			定价总金额（万元）		
	合计	初版		合计	初版	租型	合计	初版	租型	合计	初版	租型
全国总计	**475768**	**260426**	**10847**	**866233**	**250308**	**154408**	**74318834**	**25458142**	**11047792**	**14760911**	**6710595**	**1166005**
中　　央	**194085**	**108279**	**24**	**222043**	**81497**	**188**	**24982469**	**10383141**	**13490**	**5465205**	**2845388**	**1417**
地　　方	**281683**	**152147**	**10823**	**644190**	**168811**	**154220**	**49336365**	**15075001**	**11034302**	**9295706**	**3865207**	**1164588**
北　　京	11907	7118		22446	11767		2114956	1183604		510638	313447	
天　　津	6421	4173	106	5520	2505	549	513678	243971	42233	150252	89649	4263
河　　北	6817	2436	329	21617	3680	6744	1608699	299194	494696	258538	62528	48715
山　　西	3812	2281	178	12441	4022	4446	1266909	604974	346399	198899	92327	37285
内 蒙 古	3125	1725	422	6544	924	3587	489788	80974	281870	63080	18774	29114
辽　　宁	10964	5806	9	12557	4902	40	983630	389207	2595	205615	98135	261
吉　　林	23823	13560	600	24792	10938	3676	2042104	935707	259686	477715	273237	30832
黑 龙 江	6087	4712	442	7170	2628	3199	626257	270871	237207	103248	50056	25601
上　　海	24492	12752	1	32875	10707		3001864	1050946	50	754424	341516	7
江　　苏	26503	14646	179	62397	18522	8844	4357526	1586718	548738	782329	364082	58661
浙　　江	13701	6940	394	36756	9441	7938	2607113	794762	568220	511491	225013	58180
安　　徽	8902	4832	741	27329	6098	9429	2076500	479776	710596	337327	118894	72015
福　　建	3395	2318	184	8800	2715	3197	700447	242988	234302	116504	53592	21683
江　　西	6729	4424	230	19175	4845	5947	1326086	352454	474892	232804	100439	44995
山　　东	14760	6823	945	53169	12123	15456	2975980	774710	867147	560521	197634	108060
河　　南	7410	4118	276	23224	2985	9437	1714897	245687	749357	249290	70550	70525
湖　　北	15543	8932	481	26300	8264	7320	2250020	809695	547949	498019	262710	64992
湖　　南	11815	5333	451	48545	12328	9889	3765544	1084677	635740	674030	229944	76001
广　　东	10088	6092	173	31287	6652	7308	2434970	615171	577732	371523	153580	52473
广　　西	7532	3367	547	29978	4486	7396	2165681	391316	563918	341108	101587	54633
海　　南	3198	1088	288	5551	925	1425	410031	85343	81657	76643	21273	9553
重　　庆	6156	2495	235	14587	3431	2584	946832	281375	168741	186607	70264	22141
四　　川	10038	6074	455	24806	4530	7313	1933378	430010	554705	305599	109655	57275
贵　　州	738	564	638	9636	559	7933	652506	42308	559080	78215	9982	60204
云　　南	8465	4503	298	19020	3818	5471	1540820	345201	432168	269673	85134	40526
西　　藏	648	258	309	1441	111	777	100925	11619	55075	15418	2725	6255
陕　　西	10459	5441	550	20625	4797	5106	1819268	545208	375702	347009	126940	40286
甘　　肃	3412	2161	241	6562	1724	2999	555760	165750	230288	100549	47238	21576
青　　海	779	351	201	1115	167	651	92738	17256	50736	11722	4656	4830
宁　　夏	2686	1430	214	4861	1009	1776	449423	113396	129474	89346	25468	15332
新　　疆	10981	5097	706	22767	6911	3783	1781751	569849	253349	406156	132764	28314
兵　　团	297	297		297	297		30284	30284		11414	11414	

全国各地区各类图书出版数量

	(一) 使用《中国标准书号》部分合计											
	种数（种）		租型种数（种）	总印数（万册、张）			总印张（千印张）			定价总金额（万元）		
	合计	初版		合计	初版	租型	合计	初版	租型	合计	初版	租型
全国总计	**475239**	**260192**	**10847**	**864050**	**248947**	**154408**	**74220972**	**25401518**	**11047792**	**14712948**	**6681565**	**1166005**
中　　央	**193869**	**108172**	**24**	**220399**	**80461**	**188**	**24908621**	**10335923**	**13490**	**5424500**	**2818786**	**1417**
地　　方	**281370**	**152020**	**10823**	**643651**	**168486**	**154220**	**49312351**	**15065595**	**11034302**	**9288448**	**3862779**	**1164588**
北　　京	11903	7114		22442	11763		2114925	1183573		510588	313397	
天　　津	6421	4173	106	5520	2505	549	513678	243971	42233	150252	89649	4263
河　　北	6817	2436	329	21617	3680	6744	1608699	299194	494696	258538	62528	48715
山　　西	3812	2281	178	12441	4022	4446	1266909	604974	346399	198899	92327	37285
内 蒙 古	3125	1725	422	6544	924	3587	489788	80974	281870	63080	18774	29114
辽　　宁	10961	5806	9	12556	4902	40	983594	389185	2595	205603	98135	261
吉　　林	23819	13560	600	24790	10938	3676	2042068	935707	259686	477704	273237	30832
黑 龙 江	6087	4712	442	7170	2628	3199	626257	270871	237207	103248	50056	25601
上　　海	24459	12724	1	32754	10588		3001501	1050608	50	753997	341143	7
江　　苏	26346	14640	179	62300	18493	8844	4352757	1585104	548738	780824	363570	58661
浙　　江	13625	6864	394	36500	9285	7938	2590866	788978	568220	506858	223912	58180
安　　徽	8901	4831	741	27324	6093	9429	2076450	479726	710596	337314	118882	72015
福　　建	3395	2318	184	8800	2715	3197	700447	242988	234302	116504	53592	21683
江　　西	6729	4424	230	19175	4845	5947	1326086	352454	474892	232804	100439	44995
山　　东	14742	6817	945	53148	12119	15456	2975224	774355	867147	560327	197522	108060
河　　南	7410	4118	276	23224	2985	9437	1714897	245687	749357	249290	70550	70525
湖　　北	15543	8932	481	26300	8264	7320	2250020	809695	547949	498019	262710	64992
湖　　南	11815	5333	451	48539	12323	9889	3764338	1083577	635740	673788	229722	76001
广　　东	10088	6092	173	31287	6652	7308	2434970	615171	577732	371523	153580	52473
广　　西	7531	3367	547	29977	4486	7396	2165675	391316	563918	341084	101587	54633
海　　南	3192	1088	288	5529	925	1425	409675	85343	81657	76559	21273	9553
重　　庆	6156	2495	235	14587	3431	2584	946832	281375	168741	186607	70264	22141
四　　川	10038	6074	455	24806	4530	7313	1933378	430010	554705	305599	109655	57275
贵　　州	738	564	638	9636	559	7933	652506	42308	559080	78215	9982	60204
云　　南	8459	4501	298	19018	3816	5471	1540703	345118	432168	269641	85117	40526
西　　藏	648	258	309	1441	111	777	100925	11619	55075	15418	2725	6255
陕　　西	10455	5437	550	20625	4797	5106	1819239	545178	375702	346981	126911	40286
甘　　肃	3412	2161	241	6562	1724	2999	555760	165750	230288	100549	47238	21576
青　　海	779	351	201	1115	167	651	92738	17256	50736	11722	4656	4830
宁　　夏	2686	1430	214	4861	1009	1776	449423	113396	129474	89346	25468	15332
新　　疆	10981	5097	706	22767	6911	3783	1781739	569849	253349	406153	132764	28314
兵　　团	297	297		297	297		30284	30284		11414	11414	

全国各地区各类图书出版数量（续表1）

	A 马克思主义、列宁主义、毛泽东思想											
	种数（种）		租型种数（种）	总印数（万册、张）			总印张（千印张）			定价总金额（万元）		
	合计	初版		合计	初版	租型	合计	初版	租型	合计	初版	租型
全国总计	**730**	**538**		**1407**	**1223**		**240029**	**211723**		**40541**	**35064**	
中　央	**483**	**360**		**1323**	**1180**		**226611**	**204284**		**37518**	**33216**	
地　方	**247**	**178**		**84**	**43**		**13418**	**7439**		**3023**	**1848**	
北　京	9	5		3	1		376	147		80	34	
天　津	8	8		3	3		403	403		72	72	
河　北	2	2					75	75		16	16	
山　西	1	1					68	68		16	16	
内蒙古	5	4		2	1		434	356		53	44	
辽　宁	19	14		3	3		531	397		138	85	
吉　林	15	10		7	2		908	373		186	83	
黑龙江	14	12		1	1		374	328		92	86	
上　海	21	16		5	4		1170	720		289	187	
江　苏	25	19		10	5		1437	747		325	153	
浙　江	12	11		5	5		688	680		163	162	
安　徽	7	7		1	1		89	89		25	25	
福　建	3	2		1			86	30		22	9	
江　西	2	2		1	1		91	91		15	15	
山　东	10	6		4	3		342	170		217	170	
河　南	5	5		1	1		188	188		50	50	
湖　北	9	6		4	1		667	124		124	29	
湖　南	17	10		6	4		1026	702		219	160	
广　东	8	3		2	1		221	115		47	23	
广　西	8	6		3	1		327	89		84	24	
海　南	2			1			191			39		
重　庆	2			1			112			21		
四　川	17	13		6	4		1588	1026		325	236	
贵　州												
云　南	3	3					32	32		10	10	
西　藏												
陕　西	20	10		13	1		1755	250		344	108	
甘　肃												
青　海												
宁　夏												
新　疆	3	3		1	1		240	240		50	50	
兵　团												

全国各地区各类图书出版数量（续表2）

	B 哲学											
	种数（种）		租型种数（种）	总印数（万册、张）			总印张（千印张）			定价总金额（万元）		
	合计	初版		合计	初版	租型	合计	初版	租型	合计	初版	租型
全国总计	**8890**	**5995**		**6192**	**3139**		**825556**	**453656**		**229413**	**144784**	
中　央	**5123**	**3357**		**3649**	**1844**		**523078**	**271077**		**144601**	**87225**	
地　方	**3767**	**2638**		**2543**	**1295**		**302478**	**182579**		**84812**	**57559**	
北　京	363	291		263	202		36809	28106		8609	6483	
天　津	124	83		165	66		22717	8929		5605	2319	
河　北	13	7		5	1		928	161		191	39	
山　西	24	17		14	9		1364	933		373	286	
内蒙古	14	10		3	1		451	156		85	40	
辽　宁	109	87		43	28		7051	4946		1416	989	
吉　林	211	165		149	114		19732	15560		5757	4821	
黑龙江	79	75		26	24		3446	3211		905	865	
上　海	786	427		426	147		58017	21597		16385	7998	
江　苏	306	204		201	138		26198	16260		6409	4581	
浙　江	128	87		63	35		8610	4884		2388	1468	
安　徽	29	12		10	4		1425	551		329	112	
福　建	59	52		28	19		4252	3186		1384	1206	
江　西	99	70		62	44		7593	5418		1698	1241	
山　东	80	57		32	19		2874	1421		1165	688	
河　南	150	109		64	50		6610	4722		1892	1488	
湖　北	211	131		129	86		17921	11434		4237	2960	
湖　南	42	33		28	24		3197	2777		633	535	
广　东	142	113		51	39		7565	5373		1854	1444	
广　西	125	100		149	98		13086	6303		4562	2612	
海　南	78	36		39	17		7423	2881		1555	665	
重　庆	29	12		9	5		1231	672		304	188	
四　川	136	107		42	33		7076	5682		2613	2342	
贵　州	51	43		433	11		6748	1322		2035	510	
云　南	36	35		8	8		1444	1415		564	559	
西　藏	63	44		18	10		2733	1544		669	477	
陕　西	155	127		40	29		7618	5966		2294	1951	
甘　肃	30	30		9	9		1810	1810		7965	7965	
青　海	33	20		9	5		1445	854		304	199	
宁　夏	36	34		13	12		2633	2549		362	355	
新　疆	26	20		12	7		12472	11955		269	173	
兵　团												

全国各地区各类图书出版数量（续表3）

	C 社会科学总论											
	种数（种）		租型种数（种）	总印数（万册、张）			总印张（千印张）			定价总金额（万元）		
	合计	初版		合计	初版	租型	合计	初版	租型	合计	初版	租型
全国总计	**5618**	**3398**	**2**	**2974**	**1401**	**1**	**473233**	**217907**	**71**	**118652**	**64434**	**13**
中　　央	**3536**	**2049**		**2093**	**921**		**333775**	**139607**		**82589**	**42572**	
地　　方	**2082**	**1349**	**2**	**881**	**480**	**1**	**139458**	**78300**	**71**	**36063**	**21862**	**13**
北　　京	80	56		48	33		8021	5717		1807	1358	
天　　津	37	22		25	10		4455	2010		1126	545	
河　　北	29	28		10	9		1878	1745		444	410	
山　　西	10	9		2	1		264	245		63	60	
内 蒙 古	27	20		18	5		2888	922		595	257	
辽　　宁	173	63		56	14		9380	2591		1933	588	
吉　　林	60	49		31	19		4519	2876		1374	967	
黑 龙 江	33	26		12	9		2226	1550		432	325	
上　　海	341	198	1	160	89	1	29868	17331	50	7262	4353	8
江　　苏	160	103		98	57		14046	8187		3432	2208	
浙　　江	213	111		114	53		17803	7945		5553	2628	
安　　徽	33	20		8	4		1094	613		248	147	
福　　建	28	24		11	9		1425	913		347	265	
江　　西	19	12		6	3		696	333		163	79	
山　　东	82	65		35	28		2932	2386		1482	1271	
河　　南	33	26		6	4		734	579		209	163	
湖　　北	124	80		41	27		6461	4040		1913	1371	
湖　　南	34	19		11	5		1816	951		435	259	
广　　东	94	66		30	23		4869	3649		1213	969	
广　　西	59	48		42	16		5743	2324		1550	678	
海　　南	20	12	1	11	5		2265	919	21	500	205	5
重　　庆	56	21		14	6		2473	959		550	234	
四　　川	124	80		34	17		4546	2617		1085	692	
贵　　州	5	5		1	1		60	60		23	23	
云　　南	99	99		14	14		2715	2715		1026	1026	
西　　藏	1	1					26	26		5	5	
陕　　西	59	42		16	9		2596	1386		550	297	
甘　　肃	27	25		20	4		1572	776		492	255	
青　　海	3	2		1	1		136	39		21	8	
宁　　夏	10	9		3	3		1428	1410		101	96	
新　　疆	8	7		3	2		371	333		97	90	
兵　　团	1	1		1	1		152	152		31	31	

全国各地区各类图书出版数量（续表4）

	D 政治、法律											
	种数（种）		租型种数（种）	总印数（万册、张）			总印张（千印张）			定价总金额（万元）		
	合计	初版		合计	初版	租型	合计	初版	租型	合计	初版	租型
全国总计	**19051**	**13851**	**5**	**18543**	**13400**	**45**	**2199281**	**1521546**	**518**	**525646**	**379269**	**160**
中　　央	**14501**	**10243**		**15953**	**11622**		**1877884**	**1295254**		**446802**	**319756**	
地　　方	**4550**	**3608**	**5**	**2590**	**1778**	**45**	**321397**	**226292**	**518**	**78844**	**59513**	**160**
北　　京	100	77		43	31		6106	5004		1413	1211	
天　　津	131	103		28	18		4828	3075		1098	728	
河　　北	32	30		14	14		968	913		257	248	
山　　西	63	58		34	21		4125	3356		1216	1031	
内 蒙 古	34	32		9	9		1881	1729		485	450	
辽　　宁	224	157		64	38		10521	6286		2330	1545	
吉　　林	236	181		144	109		18299	14474		4830	3799	
黑 龙 江	77	70		20	16		3363	2773		727	628	
上　　海	739	557		344	169		55888	28631		15226	9326	
江　　苏	355	260	1	161	116	1	20936	14426	17	6493	4887	4
浙　　江	154	111	1	111	43	15	13397	5479	189	3264	1626	53
安　　徽	78	49		60	12		4633	1653		1058	478	
福　　建	121	98		48	32		7892	5836		1921	1478	
江　　西	69	61		20	17		2980	2555		777	708	
山　　东	111	99		101	98		6558	5907		2099	1906	
河　　南	117	95	1	53	34	4	5586	3696	50	1763	1274	14
湖　　北	352	251	1	227	72	23	21832	12229	230	6198	4831	80
湖　　南	145	122		107	88		9775	8199		2386	2032	
广　　东	275	223		79	61		13886	10481		3444	2776	
广　　西	173	138		257	209		31295	24025		5932	4530	
海　　南	26	23		21	14		2548	1636		581	401	
重　　庆	26	16		16	14		2289	2003		459	404	
四　　川	337	281		129	108		20650	17675		5239	4609	
贵　　州	34	32		5	4		816	653		266	238	
云　　南	145	135		41	39		5867	5534		1877	1797	
西　　藏	27	23		7	6		998	911		266	249	
陕　　西	178	147		397	348		35699	31017		5184	4556	
甘　　肃	58	54		12	11		2780	2452		729	644	
青　　海	21	20		4	4		449	441		115	113	
宁　　夏	38	36		12	6		2420	1307		601	438	
新　　疆	60	55	1	18	15	2	1621	1427	32	427	389	9
兵　　团	14	14		3	3		510	510		184	184	

全国各地区各类图书出版数量（续表5）

	E 军事											
	种数（种）		租型种数（种）	总印数（万册、张）			总印张（千印张）			定价总金额（万元）		
	合计	初版		合计	初版	租型	合计	初版	租型	合计	初版	租型
全国总计	**1619**	**1218**		**937**	**637**		**133348**	**94096**		**37623**	**29645**	
中　　央	**1058**	**827**		**560**	**450**		**83983**	**65068**		**25797**	**21713**	
地　　方	**561**	**391**		**377**	**187**		**49365**	**29028**		**11826**	**7932**	
北　　京	25	18		28	21		4246	3503		1130	1013	
天　　津	13	7		5	2		717	356		291	79	
河　　北	3	3		1	1		163	163		93	93	
山　　西	8	6		3	2		429	363		147	137	
内 蒙 古	5	4		2	2		294	257		58	51	
辽　　宁	19	16		8	6		1632	1344		568	522	
吉　　林	58	38		29	20		3320	2381		1031	757	
黑 龙 江	32	28		11	8		1760	1321		319	261	
上　　海	55	41		26	16		3825	2797		1119	865	
江　　苏	35	21		32	7		3707	1506		901	447	
浙　　江	7	3		34	1		2138	82		348	77	
安　　徽	12	7		22	10		2738	1068		534	262	
福　　建	2	1		10			2339	32		329	8	
江　　西	15	12		11	10		1214	1071		213	193	
山　　东	20	17		40	18		4269	2515		1012	643	
河　　南	32	23		20	11		2111	1424		483	341	
湖　　北	51	25		29	11		3970	1883		844	467	
湖　　南	28	21		10	8		1705	1394		388	315	
广　　东	53	45		20	15		3812	3255		974	854	
广　　西	6	5		1	1		117	100		30	27	
海　　南	6	6		2	2		128	128		52	52	
重　　庆	2			2			268			59		
四　　川	25	13		10	5		1495	925		305	193	
贵　　州	2	2					3	3		1	1	
云　　南	5	5		6	6		311	311		47	47	
西　　藏												
陕　　西	38	21		15	4		2530	734		527	208	
甘　　肃	1						12			3		
青　　海	1	1					23	23		5	5	
宁　　夏	1	1		1	1		72	72		12	12	
新　　疆												
兵　　团	1	1					16	16		3	3	

全国各地区各类图书出版数量（续表6）

	F 经济											
	种数（种）		租型种数（种）	总印数（万册、张）			总印张（千印张）			定价总金额（万元）		
	合计	初版		合计	初版	租型	合计	初版	租型	合计	初版	租型
全国总计	**32606**	**20416**	**2**	**15214**	**8729**	**1**	**2558187**	**1435628**	**375**	**664005**	**418030**	**108**
中　　央	**22631**	**13910**		**11474**	**6595**		**1949746**	**1091323**		**506494**	**313376**	
地　　方	**9975**	**6506**	**2**	**3740**	**2134**	**1**	**608441**	**344305**	**375**	**157511**	**104654**	**108**
北　　京	508	298		219	130		33105	22571		8674	6529	
天　　津	275	191		70	48		13060	9047		3724	2960	
河　　北	34	24		13	3		1434	657		270	135	
山　　西	119	112		37	35		5680	5481		1982	1948	
内 蒙 古	24	24		2	2		460	460		122	122	
辽　　宁	1065	397		459	89		81852	14925		15487	3955	
吉　　林	257	217		88	63		11825	9262		3402	2862	
黑 龙 江	209	154		68	55		6281	4294		1636	1309	
上　　海	2047	1203		1037	532		174923	88563		41173	24120	
江　　苏	759	462		220	128		34209	20503		9936	7055	
浙　　江	385	216		220	98		33336	15515		9944	4785	
安　　徽	163	110		38	20		5900	3468		1739	1249	
福　　建	167	136		50	40		8997	6717		2558	2179	
江　　西	102	92		25	23		3842	3605		917	872	
山　　东	163	123		51	26		6770	3202		1891	1167	
河　　南	175	136		51	41		6033	4856		2080	1711	
湖　　北	698	473		255	186		38120	25971		14133	11949	
湖　　南	165	118		42	32		6731	4941		1787	1414	
广　　东	745	581		215	170		40822	33144		10197	8455	
广　　西	150	136		43	28		10261	5765		2845	1964	
海　　南	46	36	2	16	10	1	3593	2015	375	780	455	108
重　　庆	181	90		40	22		6556	3569		1390	812	
四　　川	918	627		334	230		50391	34353		13495	9937	
贵　　州	14	14		3	3		221	221		92	92	
云　　南	111	108		32	32		5285	5218		1729	1688	
西　　藏	5	5		1	1		134	134		23	23	
陕　　西	333	270		73	54		12081	9832		3077	2623	
甘　　肃	39	39		5	5		965	965		275	275	
青　　海	7	7		3	3		272	272		51	51	
宁　　夏	55	51		14	9		2540	2017		764	620	
新　　疆	17	17		8	8		897	897		239	239	
兵　　团	39	39		7	7		1865	1865		1098	1098	

全国各地区各类图书出版数量（续表7）

	G 文化、科学、教育、体育											
	种数（种）		租型种数（种）	总印数（万册、张）			总印张（千印张）			定价总金额（万元）		
	合计	初版		合计	初版	租型	合计	初版	租型	合计	初版	租型
全国总计	**192592**	**83341**	**10800**	**667976**	**141640**	**154338**	**48849520**	**12023140**	**11045128**	**7924907**	**2508982**	**1165379**
中　　央	**36812**	**16388**	**24**	**117803**	**23735**	**188**	**9580057**	**2467570**	**13490**	**1486473**	**473068**	**1417**
地　　方	**155780**	**66953**	**10776**	**550173**	**117905**	**154150**	**39269463**	**9555570**	**11031638**	**6438434**	**2035914**	**1163962**
北　　京	6106	2937		15337	7304		1328090	704214		305311	170967	
天　　津	1890	1056	106	2612	886	549	208787	59669	42233	46873	20864	4263
河　　北	5469	1663	328	20200	3110	6744	1494877	237728	494531	221182	46092	48686
山　　西	2470	1061	178	11835	3495	4446	1194156	542089	346399	175056	70326	37285
内 蒙 古	1785	566	422	6178	623	3587	437931	39176	281870	48979	6550	29114
辽　　宁	4613	1948	9	9381	3362	40	618761	222268	2595	107451	42351	261
吉　　林	15289	6949	600	19266	6872	3676	1501598	548560	259686	324049	151953	30832
黑 龙 江	2806	2006	441	6405	1997	3199	518137	185832	237200	77076	28039	25600
上　　海	8127	3451		20651	6136		1423412	477797		350144	147379	
江　　苏	15345	7307	178	54103	13494	8843	3467756	1057942	548721	532267	191444	58656
浙　　江	7616	3375	393	28237	5706	7923	1855356	442966	568031	287002	91642	58128
安　　徽	5249	2421	741	24746	4571	9429	1804402	312188	710596	261366	66317	72015
福　　建	1665	897	184	7760	2022	3197	584885	160656	234302	82083	26448	21683
江　　西	3538	2381	230	15731	3244	5947	1025540	193749	474892	150317	51518	44995
山　　东	9902	3603	945	47960	9305	15456	2685026	615997	867147	441256	119736	108060
河　　南	3723	1317	266	21634	1935	9429	1562778	136643	748596	190557	23817	70400
湖　　北	7565	3996	479	21720	5928	7297	1631127	518418	547700	330706	162634	64908
湖　　南	7815	2849	451	43759	9826	9889	3180393	777477	635740	526100	144961	76001
广　　东	5097	2173	169	28516	4836	7298	2108301	373426	577354	258848	62275	52369
广　　西	4350	1270	547	26070	2790	7396	1728747	209615	563918	216163	39247	54633
海　　南	2160	399	281	4897	577	1423	326823	39863	81170	53414	7987	9412
重　　庆	2600	680	235	10869	1707	2584	605797	109262	168741	100556	19136	22141
四　　川	4468	2267	455	22332	2832	7313	1643139	223953	554705	223167	47048	57275
贵　　州	233	120	638	8916	300	7933	626185	25161	559080	68487	3073	60204
云　　南	6308	2541	298	18267	3228	5471	1440205	266528	432168	234324	53934	40526
西　　藏	292	49	308	1309	60	777	86930	3917	55043	11994	619	6250
陕　　西	5573	1955	549	18271	3382	5105	1514108	351035	375662	260932	71086	40278
甘　　肃	1870	891	241	5684	1219	2999	451976	102826	230288	70229	23981	21576
青　　海	426	77	201	1008	88	651	79499	6900	50736	7481	960	4830
宁　　夏	1918	744	214	4638	831	1776	416293	85756	129474	79911	17516	15332
新　　疆	9354	3846	689	21623	5981	3773	1694467	499978	253061	387044	117907	28250
兵　　团	158	158		258	258		23982	23982		8108	8108	

全国各地区各类图书出版数量（续表8）

	H 语言、文字											
	种数（种）		租型种数（种）	总印数（万册、张）			总印张（千印张）			定价总金额（万元）		
	合计	初版		合计	初版	租型	合计	初版	租型	合计	初版	租型
全国总计	**21469**	**10316**		**20302**	**6829**		**3172042**	**898955**		**665785**	**225304**	
中　央	**11706**	**5015**		**12210**	**3607**		**2161125**	**551515**		**444076**	**135170**	
地　方	**9763**	**5301**		**8092**	**3222**		**1010917**	**347440**		**221709**	**90134**	
北　京	470	275		799	485		84694	53294		17320	12375	
天　津	224	138		79	53		9777	6616		2356	1666	
河　北	122	20		175	12		7738	1866		3095	391	
山　西	44	42		12	11		1349	1246		319	302	
内蒙古	61	32		24	6		3759	741		640	206	
辽　宁	567	287		279	134		31387	13354		7562	3297	
吉　林	1112	899		798	667		63308	49326		17409	14053	
黑龙江	271	202		49	30		6283	3559		1308	812	
上　海	2746	1029		3217	511		493811	65989		99428	17357	
江　苏	721	413		425	253		52551	28979		11375	6905	
浙　江	375	173		407	184		38080	16947		8139	4153	
安　徽	153	77		92	45		10491	5204		4131	2968	
福　建	75	48		25	17		3495	2316		821	600	
江　西	135	89		107	62		9655	5411		2030	1362	
山　东	150	94		141	49		12273	5457		4005	1803	
河　南	268	191		149	117		17115	12402		6195	4141	
湖　北	398	194		198	108		23838	10957		5263	2620	
湖　南	83	55		42	32		7483	5810		1601	1270	
广　东	285	188		134	83		17283	9026		4592	2595	
广　西	93	55		97	47		14118	6365		2919	1483	
海　南	20	18		4	4		491	464		144	127	
重　庆	135	70		46	26		6545	3579		1477	882	
四　川	309	199		148	74		22928	14621		4759	2915	
贵　州	5	5		2	2		125	125		79	79	
云　南	70	67		20	14		2747	2069		953	793	
西　藏	36	13		24	3		1539	433		275	80	
陕　西	425	206		197	78		29154	12431		6666	2830	
甘　肃	299	162		360	94		35448	6309		6009	1459	
青　海	10	5		2	1		151	69		33	20	
宁　夏	18	14		6	6		880	797		201	181	
新　疆	81	39		33	15		2397	1654		599	403	
兵　团	2	2					25	25		7	7	

全国各地区各类图书出版数量（续表9）

	I 文学											
	种数（种）		租型种数（种）	总印数（万册、张）			总印张（千印张）			定价总金额（万元）		
	合计	初版		合计	初版	租型	合计	初版	租型	合计	初版	租型
全国总计	**49656**	**34736**	**12**	**55655**	**31295**	**5**	**5828251**	**3222134**	**882**	**1424860**	**866741**	**146**
中　　央	**14638**	**10835**		**13056**	**8403**		**1641151**	**994321**		**389824**	**265600**	
地　　方	**35018**	**23901**	**12**	**42599**	**22892**	**5**	**4187100**	**2227813**	**882**	**1035036**	**601141**	**146**
北　　京	1879	1373		3483	2205		336591	185302		81443	50333	
天　　津	1189	708		1450	699		122465	67291		39335	22098	
河　　北	637	359	1	792	441	1	64921	43704	165	18267	10023	29
山　　西	440	415		186	157		24431	20734		7103	6395	
内 蒙 古	648	557		179	159		25161	22071		5794	5049	
辽　　宁	1118	802		1309	612		114591	55393		26784	13991	
吉　　林	2526	1831		1940	1523		195695	141429		49568	39502	
黑 龙 江	691	598	1	172	144		25802	20843	8	5285	4505	1
上　　海	2715	1763		2625	1285		295613	143083		75309	38633	
江　　苏	2826	1903		3459	1917		392125	212369		87922	54099	
浙　　江	1629	811		4503	1887		387293	161450		87201	41559	
安　　徽	1211	805		1301	746		135400	81426		30857	19301	
福　　建	514	422		458	266		44702	31476		11366	8024	
江　　西	1463	897		2108	992		149224	85169		37384	20257	
山　　东	1688	1137		2845	1669		141265	80829		51391	32566	
河　　南	878	741	7	490	280	4	41967	32968	607	12210	9831	96
湖　　北	1973	1152		2212	932		313704	112150		68566	26830	
湖　　南	1637	995		3253	1712		419629	214934		97532	53766	
广　　东	1059	938	1	761	558		89534	71421	21	22526	18077	4
广　　西	1152	644		2401	859		262711	83801		64604	25249	
海　　南	511	283	1	414	197		47698	24177	49	14033	7094	11
重　　庆	1931	1057		3181	1443		268179	137282		67384	40672	
四　　川	886	625		601	396		65923	43921		16799	11683	
贵　　州	167	162		168	162		8401	7774		2829	2671	
云　　南	688	590		391	263		46254	28020		10426	7446	
西　　藏	86	40	1	32	10		3242	1724	32	596	350	5
陕　　西	913	660		684	350		71039	40074		19643	12552	
甘　　肃	536	497		193	166		22095	20077		5181	4691	
青　　海	128	94		33	24		4541	3252		1078	822	
宁　　夏	369	323		109	98		12634	11166		3301	2821	
新　　疆	904	693		858	732		53003	41236		12972	9903	
兵　　团	26	26		9	9		1266	1266		348	348	

全国各地区各类图书出版数量（续表 10）

	J 艺术										
	种数（种）		租型种数（种）	总印数（万册、张）			总印张（千印张）			定价总金额（万元）		
	合计	初版		合计	初版	租型	合计	初版	租型	合计	初版	租型
全国总计	**26652**	**17898**	**15**	**17387**	**9497**	**7**	**1426206**	**797283**	**223**	**651743**	**474781**	**47**
中　　央	**8115**	**5243**		**4892**	**2956**		**490660**	**291414**		**235533**	**176902**	
地　　方	**18537**	**12655**	**15**	**12495**	**6541**	**7**	**935546**	**505869**	**223**	**416210**	**297879**	**47**
北　　京	711	593		394	305		38627	29371		22135	19463	
天　　津	910	762		434	368		33115	28816		23017	20433	
河　　北	207	101		246	27		9784	2467		8768	1746	
山　　西	151	127		69	53		8166	5169		2857	2383	
内 蒙 古	104	102		48	47		3970	3796		1213	1176	
辽　　宁	1129	779		227	152		23268	16279		14709	11601	
吉　　林	1071	756		1083	637		74177	39688		22712	15824	
黑 龙 江	422	401		59	56		4809	4437		1933	1853	
上　　海	2899	1368		2533	630		224728	63018		64505	31197	
江　　苏	1747	1323		1756	1175		86505	55423		37305	27185	
浙　　江	1406	916		582	361		57691	38895		39188	33098	
安　　徽	771	568		315	171		28607	18104		14694	11496	
福　　建	174	162		44	40		4459	4165		3179	3082	
江　　西	447	339		237	142		16960	11588		10363	8774	
山　　东	1073	584		1032	356		46206	19516		25268	17101	
河　　南	485	363		225	149		15865	11735		11191	10075	
湖　　北	817	635		438	312		34807	25227		19821	17351	
湖　　南	904	406		879	330		77077	30775		25824	12160	
广　　东	720	583		846	474		50419	32424		19711	14445	
广　　西	428	318		252	183		28283	17070		14408	9811	
海　　南	101	100		33	33		2503	2440		1191	1161	
重　　庆	411	195		180	100		21373	9120		6523	3645	
四　　川	628	520		280	232		18666	15748		9987	8936	
贵　　州	35	27		8	5		690	554		719	619	
云　　南	181	175		53	48		4968	4757		3589	3525	
西　　藏	33	12		16	3		1067	414		493	201	
陕　　西	214	174		53	31		8204	6500		5575	4774	
甘　　肃	71	69		15	14		2511	2434		1528	1482	
青　　海	41	32		16	7		1267	928		581	523	
宁　　夏	47	43		12	11		1258	1184		937	876	
新　　疆	192	115	15	124	81	7	5256	3568	223	1843	1438	47
兵　　团	7	7		7	7		259	259		444	444	

全国各地区各类图书出版数量（续表11）

	K 历史、地理											
	种数（种）		租型种数（种）	总印数（万册、张）			总印张（千印张）			定价总金额（万元）		
	合计	初版		合计	初版	租型	合计	初版	租型	合计	初版	租型
全国总计	**18205**	**13961**	**2**	**13250**	**8807**	**1**	**1673413**	**1182126**	**59**	**557048**	**432587**	**19**
中　　央	**8920**	**6504**		**7852**	**5082**		**991577**	**704344**		**323364**	**245055**	
地　　方	**9285**	**7457**	**2**	**5398**	**3725**	**1**	**681836**	**477782**	**59**	**233684**	**187532**	**19**
北　　京	544	432		415	292		59980	42228		16674	13222	
天　　津	221	171		94	66		15844	12072		4704	3369	
河　　北	39	35		8	5		1980	1756		973	944	
山　　西	218	209		83	80		12883	12544		5398	5300	
内 蒙 古	188	160		35	26		6559	5809		2821	2677	
辽　　宁	328	262		191	160		17724	13569		4356	3559	
吉　　林	599	437		325	228		43393	31683		14799	12202	
黑 龙 江	319	295		134	128		16413	15852		5399	5191	
上　　海	1117	854		667	437		87706	53797		34386	27007	
江　　苏	777	633		408	267		54518	40189		20527	17408	
浙　　江	472	370		784	505		79972	41407		22348	13865	
安　　徽	222	206		67	60		8936	7480		4336	3931	
福　　建	198	175		107	73		11604	9433		3766	3305	
江　　西	247	170		345	117		43017	16368		10257	4684	
山　　东	340	297		219	172		17821	13606		7407	6664	
河　　南	312	250		133	94		16003	12208		6898	6055	
湖　　北	450	354		159	122		22766	16820		9010	7734	
湖　　南	190	180		121	117		14065	13575		5976	5819	
广　　东	559	404		223	140		35806	27067		11589	9367	
广　　西	340	269		175	114		31772	19842		10337	7554	
海　　南	116	104	1	43	38		8879	7202	19	2158	1831	11
重　　庆	40	26		22	10		2186	1292		860	584	
四　　川	447	307		293	191		19903	16945		8740	7401	
贵　　州	103	85		61	49		5797	4408		2246	1730	
云　　南	221	214		45	43		10393	10074		4768	4655	
西　　藏	56	35		20	11		2394	1402		610	376	
陕　　西	315	271	1	110	94	1	16117	14727	40	6868	6324	8
甘　　肃	135	102		64	45		8836	6494		2468	1906	
青　　海	38	28		10	7		1804	1537		941	879	
宁　　夏	75	72		18	16		4188	4031		1281	1245	
新　　疆	53	44		15	13		2111	1901		547	508	
兵　　团	6	6		4	4		465	465		237	237	

全国各地区各类图书出版数量（续表12）

	N 自然科学总论											
	种数（种）		租型种数（种）	总印数（万册、张）			总印张（千印张）			定价总金额（万元）		
	合计	初版		合计	初版	租型	合计	初版	租型	合计	初版	租型
全国总计	**780**	**497**		**525**	**254**		**58814**	**29348**		**18183**	**9456**	
中　　央	**298**	**193**		**157**	**88**		**22863**	**12363**		**7578**	**4622**	
地　　方	**482**	**304**		**368**	**166**		**35951**	**16985**		**10605**	**4834**	
北　　京	51	41		72	48		9690	6910		2094	1373	
天　　津	10	4		4	2		417	196		121	54	
河　　北	2	2					28	28		15	15	
山　　西	13	10		2	1		189	44		42	15	
内 蒙 古	22	22		9	9		811	811		161	161	
辽　　宁	15	11		5	4		661	536		181	155	
吉　　林	23	17		11	8		1023	572		259	160	
黑 龙 江	3	2		1	1		186	155		35	31	
上　　海	58	40		19	10		2627	1351		689	446	
江　　苏	26	21		15	13		1319	1013		388	324	
浙　　江	33	13		25	7		3385	871		835	330	
安　　徽	18	18		7	7		428	428		124	124	
福　　建	6	6		2	2		277	277		138	138	
江　　西	21	2		25	3		2634	323		605	75	
山　　东	6	3		3	1		246	140		159	33	
河　　南	5	2		3	1		259	89		64	36	
湖　　北	30	14		11	5		1216	516		349	160	
湖　　南	7	7		6	6		339	339		141	141	
广　　东	15	14		4	3		332	315		125	123	
广　　西	49	4		104	2		7644	311		2969	81	
海　　南	2	2		1	1		145	145		31	31	
重　　庆	2						70			25		
四　　川	13	10		22	21		603	502		541	508	
贵　　州	2	2					31	31		7	7	
云　　南	8	8		1	1		151	151		41	41	
西　　藏	1						12			2		
陕　　西	8	5		6	4		284	176		194	52	
甘　　肃	25	16		6	3		684	497		205	156	
青　　海	1	1					40	40		15	15	
宁　　夏												
新　　疆	7	7		3	3		219	219		49	49	
兵　　团												

全国各地区各类图书出版数量（续表13）

	O 数理科学、化学										
	种数（种）		租型种数（种）	总印数（万册、张）			总印张（千印张）			定价总金额（万元）		
	合计	初版		合计	初版	租型	合计	初版	租型	合计	初版	租型
全国总计	**8180**	**3121**	**1**	**3766**	**1186**		**596215**	**176774**	**14**	**120414**	**41288**	**2**
中　　央	**5514**	**1929**		**2507**	**771**		**436627**	**116428**		**86604**	**27929**	
地　　方	**2666**	**1192**	**1**	**1259**	**415**		**159588**	**60346**	**14**	**33810**	**13359**	**2**
北　　京	59	20		146	23		16070	3214		2817	556	
天　　津	138	33		155	18		7187	1345		1962	321	
河　　北	8	5		15			1875	20		248	4	
山　　西	5	2		1			124	31		21	7	
内 蒙 古	19	13		3	2		383	274		63	47	
辽　　宁	139	55		47	21		6924	3161		1294	560	
吉　　林	111	76		44	27		4894	3407		1190	819	
黑 龙 江	215	146		36	24		7019	4735		1494	1083	
上　　海	366	168		143	53		24459	9065		5153	2036	
江　　苏	280	98		92	32		14312	5982		2685	1087	
浙　　江	112	29		46	7		4292	1115		989	282	
安　　徽	164	72		84	24		11655	3895		2234	902	
福　　建	13	6		4	2		686	364		124	69	
江　　西	50	15		59	26		6305	2798		1364	625	
山　　东	57	26		20	6		3217	975		556	180	
河　　南	54	24		17	7		2478	832		469	188	
湖　　北	250	95		83	29		13438	5147		2514	1091	
湖　　南	64	41		27	19		4079	2671		921	629	
广　　东	48	21		11	6		1411	596		326	174	
广　　西	18	11		5	3		596	368		156	99	
海　　南	10	6	1	4	2		470	224	14	116	57	2
重　　庆	63	37		20	14		2884	1878		616	434	
四　　川	165	74		52	27		5310	2570		1274	667	
贵　　州	1	1					10	10		2	2	
云　　南	7	6		1			114	80		25	17	
西　　藏												
陕　　西	208	98		115	33		15854	4661		4404	1224	
甘　　肃	38	11		29	9		3385	869		761	183	
青　　海	2	1		1			119	20		23	5	
宁　　夏	1	1					9	9		3	3	
新　　疆	1	1					30	30		7	7	
兵　　团												

全国各地区各类图书出版数量（续表14）

	P 天文学、地球科学											
	种数（种）		租型种数（种）	总印数（万册、张）			总印张（千印张）			定价总金额（万元）		
	合计	初版		合计	初版	租型	合计	初版	租型	合计	初版	租型
全国总计	**2723**	**1784**		**1136**	**645**		**134010**	**72552**		**42653**	**28098**	
中　　央	**1680**	**1170**		**535**	**327**		**73955**	**42428**		**24939**	**17797**	
地　　方	**1043**	**614**		**601**	**318**		**60055**	**30124**		**17714**	**10301**	
北　　京	69	34		96	21		7976	1606		2295	976	
天　　津	29	7		9	1		783	73		243	30	
河　　北												
山　　西	11	10		3	3		275	248		135	128	
内 蒙 古	4	4		3	3		273	273		27	27	
辽　　宁	14	11		4	3		326	243		103	82	
吉　　林	75	37		50	26		4126	1383		1388	642	
黑 龙 江	17	12		1	1		178	134		42	33	
上　　海	41	32		23	18		1979	1107		866	687	
江　　苏	113	55		29	10		3555	1839		883	465	
浙　　江	14	10		6	3		657	374		289	199	
安　　徽	31	23		98	94		10236	9909		2528	2434	
福　　建	16	14		9	9		570	560		247	242	
江　　西	36	8		50	9		5715	961		1265	253	
山　　东	55	35		33	9		3753	1160		849	389	
河　　南	81	50		30	20		2991	1623		693	419	
湖　　北	197	101		62	25		8919	3581		2514	1312	
湖　　南	9	8		1	1		102	80		51	46	
广　　东	44	43		12	12		820	781		377	370	
广　　西	12	8		7	5		460	280		147	106	
海　　南	8	6		4	2		417	227		219	121	
重　　庆	9	2		3	1		402	163		117	71	
四　　川	78	41		25	16		2254	1181		560	320	
贵　　州	8	8		9	9		430	430		308	308	
云　　南	15	12		7	7		966	788		207	183	
西　　藏	2	1		1			23	20		6	4	
陕　　西	39	27		19	3		1219	465		1053	157	
甘　　肃	8	8		1	1		280	280		75	75	
青　　海	2	1					26	9		6	2	
宁　　夏	3	3		1	1		78	78		21	21	
新　　疆	2	2					27	27		7	7	
兵　　团	1	1		4	4		240	240		192	192	

全国各地区各类图书出版数量（续表15）

	Q 生物科学											
	种数（种）		租型种数（种）	总印数（万册、张）			总印张（千印张）			定价总金额（万元）		
	合计	初版		合计	初版	租型	合计	初版	租型	合计	初版	租型
全国总计	**3255**	**1866**	**1**	**1908**	**1086**	**1**	**219471**	**102026**	**80**	**66886**	**40386**	**13**
中　　央	**1798**	**933**		**726**	**390**		**114908**	**44610**		**30911**	**16931**	
地　　方	**1457**	**933**	**1**	**1182**	**696**	**1**	**104563**	**57416**	**80**	**35975**	**23455**	**13**
北　　京	133	85		291	139		30012	15504		7818	5114	
天　　津	60	24		36	21		3375	2081		987	555	
河　　北	8	6		6	3		573	286		189	92	
山　　西	6	6		3	3		356	356		161	161	
内 蒙 古	9	9		1	1		181	181		66	66	
辽　　宁	53	36		15	10		1122	807		404	303	
吉　　林	257	182		236	178		16253	11155		7868	6405	
黑 龙 江	45	40		5	4		475	404		200	188	
上　　海	109	80		43	33		3678	2316		1517	1195	
江　　苏	40	16		28	10		3775	1337		1670	1079	
浙　　江	63	29		42	25		2990	1120		1264	639	
安　　徽	68	38		47	41		4574	3957		1203	1026	
福　　建	12	11		5	3		548	314		237	176	
江　　西	67	17		96	17		11088	2102		2395	463	
山　　东	32	24		16	11		1026	618		525	430	
河　　南	48	36	1	24	20	1	1341	924	80	680	589	13
湖　　北	105	46		43	19		4853	2264		1389	700	
湖　　南	8	5		1	1		157	93		52	36	
广　　东	74	58		62	23		4883	2112		1742	778	
广　　西	42	35		45	35		3774	2459		1316	759	
海　　南	9	7		3	2		186	159		84	59	
重　　庆	20	10		7	4		991	667		472	327	
四　　川	75	45		42	33		2941	2130		898	688	
贵　　州	1	1					12	12		10	10	
云　　南	24	24		6	6		811	811		639	639	
西　　藏	1						13			4		
陕　　西	66	46		72	50		4101	2912		2069	887	
甘　　肃	13	12		3	3		260	242		66	62	
青　　海	4	2		1			71	37		23	16	
宁　　夏	1						2			2		
新　　疆	4	3		2	1		142	56		24	12	
兵　　团												

全国各地区各类图书出版数量（续表16）

	R 医药、卫生											
	种数（种）		租型种数（种）	总印数（万册、张）			总印张（千印张）			定价总金额（万元）		
	合计	初版		合计	初版	租型	合计	初版	租型	合计	初版	租型
全国总计	**21069**	**13672**	**2**	**11605**	**6733**		**1896533**	**1095779**	**57**	**510671**	**337160**	**10**
中　　央	**12855**	**7621**		**7653**	**4473**		**1415438**	**773393**		**365021**	**232146**	
地　　方	**8214**	**6051**	**2**	**3952**	**2260**		**481095**	**322386**	**57**	**145650**	**105014**	**10**
北　　京	269	198		210	149		31171	23347		7971	6278	
天　　津	628	507		158	106		36981	22490		10055	7110	
河　　北	61	46		71	19		14291	3278		2478	787	
山　　西	153	125		136	128		9461	8567		2585	2428	
内 蒙 古	65	64		7	7		1034	998		478	474	
辽　　宁	272	189		101	50		10724	7117		4945	3543	
吉　　林	1156	1127		189	171		33429	30797		9498	8909	
黑 龙 江	121	119		30	29		6433	6417		1406	1402	
上　　海	901	551		343	201		48081	28800		16022	11172	
江　　苏	821	491		523	397		75601	56528		21667	16809	
浙　　江	252	159		810	118		19124	8137		6717	2919	
安　　徽	129	59		73	46		10013	4980		2339	1277	
福　　建	108	81		147	125		12371	10137		3912	3276	
江　　西	153	102		99	70		16554	12950		7052	6299	
山　　东	217	151		142	83		9616	4788		5998	3439	
河　　南	270	185	1	70	50		5986	4080	23	3424	2494	2
湖　　北	503	329		147	93		20100	12886		5490	3701	
湖　　南	289	208		83	33		15330	6395		4154	2439	
广　　东	227	152		118	66		14831	9464		4692	3194	
广　　西	120	68		50	21		6782	2895		2053	1056	
海　　南	20	12		10	5		1963	1068		461	282	
重　　庆	36	19		14	6		1631	713		397	199	
四　　川	143	110		59	42		9050	6874		2634	2000	
贵　　州	33	18		19	4		1853	668		657	248	
云　　南	111	99		33	28		3092	2572		1135	865	
西　　藏	21	16		6	4		1246	604		334	228	
陕　　西	844	598		246	161		55546	37925		14965	10402	
甘　　肃	78	78		14	14		2389	2389		647	647	
青　　海	8	8		2	2		304	304		88	88	
宁　　夏	18	12		3	2		257	193		107	85	
新　　疆	183	166	1	40	29		5656	3832	34	1206	880	8
兵　　团	4	4					194	194		84	84	

全国各地区各类图书出版数量（续表17）

	S 农业科学											
	种数（种）		租型种数（种）	总印数（万册、张）			总印张（千印张）			定价总金额（万元）		
	合计	初版		合计	初版	租型	合计	初版	租型	合计	初版	租型
全国总计	**5316**	**3315**	**4**	**1928**	**1054**	**9**	**206835**	**114035**	**366**	**62689**	**40997**	**104**
中　　央	**3540**	**1982**		**1183**	**601**		**141750**	**71105**		**40342**	**24147**	
地　　方	**1776**	**1333**	**4**	**745**	**453**	**9**	**65085**	**42930**	**366**	**22347**	**16850**	**104**
北　　京	31	25		31	19		3066	2193		875	755	
天　　津	32	29		6	5		816	774		329	320	
河　　北	34	22		6	3		697	389		151	94	
山　　西	14	13		5	5		629	616		281	279	
内 蒙 古	49	48		11	10		1294	1270		683	674	
辽　　宁	47	35		20	9		1523	839		496	334	
吉　　林	77	53		37	22		3890	2892		879	677	
黑 龙 江	45	41		4	4		584	530		196	186	
上　　海	65	51		19	17		2062	1751		875	778	
江　　苏	164	96		103	64		8447	5513		4069	2815	
浙　　江	65	38		21	10		1815	903		780	563	
安　　徽	37	21		18	13		1789	1384		415	298	
福　　建	51	43		23	17		2521	1833		811	642	
江　　西	34	22		42	7		3616	818		873	348	
山　　东	119	81		51	20		3612	1542		1154	568	
河　　南	142	113		58	42		4117	3227		1556	1352	
湖　　北	83	61		28	20		3372	2524		1376	1125	
湖　　南	55	38		58	16		4451	1253		913	337	
广　　东	52	41	3	28	11	9	1906	983	357	790	558	100
广　　西	65	45		13	7		1104	786		516	440	
海　　南	3	3	1	1	1		166	157	9	47	43	4
重　　庆	21	10		5	3		704	443		200	132	
四　　川	78	46		24	14		1804	1049		524	375	
贵　　州	7	5		2			174	31		67	14	
云　　南	109	77		23	16		2107	1709		875	773	
西　　藏	3	3					94	94		20	20	
陕　　西	102	96		18	16		2034	1879		900	863	
甘　　肃	102	98		49	48		2739	2665		803	786	
青　　海	29	28		22	22		1687	1651		418	413	
宁　　夏	42	36		12	7		1595	804		311	171	
新　　疆	18	14		8	5		665	423		162	117	
兵　　团	1	1					6	6		1	1	

全国各地区各类图书出版数量（续表18）

	T 工业技术										
	种数（种）		租型种数（种）	总印数（万册、张）			总印张（千印张）			定价总金额（万元）		
	合计	初版		合计	初版	租型	合计	初版	租型	合计	初版	租型
全国总计	**45187**	**22919**	**1**	**16955**	**8134**		**2873288**	**1293099**	**19**	**741230**	**405854**	**4**
中　　央	**33599**	**15512**		**12944**	**5729**		**2312966**	**968787**		**570503**	**289209**	
地　　方	**11588**	**7407**	**1**	**4011**	**2405**		**560322**	**324312**	**19**	**170727**	**116645**	**4**
北　　京	278	203		270	178		37576	25211		10885	7939	
天　　津	371	238		117	75		19161	11096		6128	4218	
河　　北	23	13		13	2		1208	240		242	86	
山　　西	31	29		12	12		1830	1807		518	509	
内 蒙 古	23	16		3	2		473	312		122	97	
辽　　宁	745	458		213	122		30931	16761		11187	8076	
吉　　林	445	386		208	146		25632	18946		6408	4877	
黑 龙 江	471	310		98	65		16721	10703		3273	2239	
上　　海	976	650		332	216		50795	34144		16465	12545	
江　　苏	1558	985		548	334		78186	45351		25486	18199	
浙　　江	433	242		120	60		17347	7788		5250	2875	
安　　徽	295	183		89	58		13925	8893		3244	2218	
福　　建	150	108		60	35		8324	3979		2751	2012	
江　　西	134	105		64	35		10364	4673		2995	1911	
山　　东	500	321		358	209		22383	9999		10317	5859	
河　　南	531	362		175	111		19066	10438		7048	4808	
湖　　北	1482	812	1	424	220		72143	35374	19	20389	13275	4
湖　　南	264	168		87	54		14276	8944		3813	2635	
广　　东	386	261		111	71		16178	10128		4667	3457	
广　　西	137	99		84	32		10116	4441		5471	3385	
海　　南	39	25		19	11		2798	1213		854	498	
重　　庆	531	227		146	65		21021	8945		4782	2373	
四　　川	761	452		210	131		31767	20435		7263	4869	
贵　　州	7	7		2	2		200	200		110	110	
云　　南	110	101		24	20		3634	3255		2637	2430	
西　　藏	13	10		3	2		363	313		89	70	
陕　　西	803	555		199	123		31438	18672		7400	4222	
甘　　肃	22	14		7	2		761	400		219	146	
青　　海	9	8		1	1		363	341		112	109	
宁　　夏	16	16		2	2		357	357		347	347	
新　　疆	39	38		9	8		710	676		186	180	
兵　　团	5	5		2	2		276	276		70	70	

全国各地区各类图书出版数量（续表19）

	U 交通运输											
	种数（种）		租型种数（种）	总印数（万册、张）			总印张（千印张）			定价总金额（万元）		
	合计	初版		合计	初版	租型	合计	初版	租型	合计	初版	租型
全国总计	**5155**	**2671**		**2792**	**1026**		**380490**	**138746**		**108569**	**45103**	
中　　央	**3800**	**1837**		**2300**	**719**		**313173**	**94685**		**91277**	**34017**	
地　　方	**1355**	**834**		**492**	**307**		**67317**	**44061**		**17292**	**11086**	
北　　京	18	12		23	13		2198	1904		754	528	
天　　津	27	19		6	4		813	554		251	160	
河　　北	6	6		1	1		64	64		46	46	
山　　西	4	4		1	1		123	123		45	45	
内 蒙 古	3	3		1	1		95	95		18	18	
辽　　宁	234	130		74	34		11145	5231		2782	1195	
吉　　林	42	34		21	17		1756	1174		505	368	
黑 龙 江	72	41		11	6		1582	881		349	206	
上　　海	120	67		22	12		3941	2181		1056	686	
江　　苏	99	69		34	25		5634	3971		1993	1627	
浙　　江	15	8		21	2		1504	201		519	78	
安　　徽	33	23		35	32		4096	3661		972	869	
福　　建	4	4		1	1		184	184		118	118	
江　　西	7	5		1			86	33		17	7	
山　　东	41	33		13	11		1631	1289		414	327	
河　　南	24	21		5	4		743	510		183	144	
湖　　北	96	66		20	12		2432	1545		580	382	
湖　　南	37	30		12	10		1719	1395		391	321	
广　　东	33	22		9	7		1079	751		322	253	
广　　西	8	3		2	1		188	70		76	50	
海　　南												
重　　庆	52	18		12	4		1910	655		373	135	
四　　川	305	154		125	90		19685	14877		3723	2725	
贵　　州												
云　　南	20	20		5	5		755	755		253	253	
西　　藏												
陕　　西	48	35		36	13		3698	1702		1476	469	
甘　　肃	1	1					32	32		8	8	
青　　海												
宁　　夏	4	4		1	1		73	73		33	33	
新　　疆	2	2		1	1		151	151		36	36	
兵　　团												

全国各地区各类图书出版数量（续表20）

	V 航空、航天											
	种数（种）		租型种数（种）	总印数（万册、张）			总印张（千印张）			定价总金额（万元）		
	合计	初版		合计	初版	租型	合计	初版	租型	合计	初版	租型
全国总计	**521**	**331**		**167**	**86**		**22057**	**13107**		**8359**	**5628**	
中　　央	**381**	**255**		**93**	**62**		**14491**	**10016**		**5744**	**4564**	
地　　方	**140**	**76**		**74**	**24**		**7566**	**3091**		**2615**	**1064**	
北　　京	9	3		14	2		840	70		241	39	
天　　津	4	1		3	2		800	735		217	198	
河　　北	1	1					13	13		8	8	
山　　西	2			1			55			9		
内 蒙 古												
辽　　宁	2	1		1	1		53	27		17	11	
吉　　林	7	6		5	4		183	123		225	210	
黑 龙 江	6	3		1			171	108		45	30	
上　　海	12	10		2	2		336	278		119	102	
江　　苏	3	1		1	1		107	29		25	6	
浙　　江	2	1		2	1		263	20		60	13	
安　　徽	3	3		1	1		62	62		18	18	
福　　建	1			2			251			74		
江　　西	6			10			1110			242		
山　　东	1	1					40	40		12	12	
河　　南	4	2		2	1		215	42		47	18	
湖　　北	7			3			316			80		
湖　　南	5	5		1	1		114	114		38	38	
广　　东	2	2		1	1		34	34		18	18	
广　　西	1	1		1	1		63	63		48	48	
海　　南	1	1					21	21		9	9	
重　　庆												
四　　川	23	6		4	1		662	60		138	17	
贵　　州												
云　　南												
西　　藏												
陕　　西	34	24		17	3		1158	553		806	150	
甘　　肃	4	4		3	3		699	699		118	118	
青　　海												
宁　　夏												
新　　疆												
兵　　团												

全国各地区各类图书出版数量（续表21）

	X 环境科学											
	种数（种）		租型种数（种）	总印数（万册、张）			总印张（千印张）			定价总金额（万元）		
	合计	初版		合计	初版	租型	合计	初版	租型	合计	初版	租型
全国总计	**2182**	**1515**		**879**	**550**		**84806**	**54879**		**25866**	**18501**	
中　　央	**1519**	**980**		**436**	**292**		**57749**	**36467**		**16714**	**12120**	
地　　方	**663**	**535**		**443**	**258**		**27057**	**18412**		**9152**	**6381**	
北　　京	21	14		17	7		1903	916		499	289	
天　　津	22	19		36	35		1461	1270		459	413	
河　　北	10	10		5	5		413	413		134	134	
山　　西	1	1		1	1		32	32		9	9	
内 蒙 古	5	5		2	2		128	128		46	46	
辽　　宁	22	17		37	37		1003	850		643	615	
吉　　林	40	33		34	24		2231	1645		746	549	
黑 龙 江	23	17		4	3		642	449		142	115	
上　　海	74	65		50	46		1928	1529		839	711	
江　　苏	65	52		13	10		2051	1567		509	390	
浙　　江	27	14		96	5		1958	400		582	123	
安　　徽	15	10		33	11		1939	1276		502	316	
福　　建	10	10		2	2		158	158		55	55	
江　　西	6	4		2	1		332	146		110	70	
山　　东	20	8		5	1		351	134		136	48	
河　　南	18	13		5	3		416	261		122	91	
湖　　北	72	56		16	11		2271	1592		650	491	
湖　　南	8	6		3	1		281	166		105	80	
广　　东	50	44		16	13		2000	1750		495	429	
广　　西	21	17		9	7		861	666		257	211	
海　　南	2	1					112	10		19	2	
重　　庆	8	5		1	1		198	172		41	34	
四　　川	44	42		15	15		712	691		446	442	
贵　　州	10	10		2	2		248	248		105	105	
云　　南	18	17		8	8		892	880		200	198	
西　　藏	6	4		2	1		81	54		25	16	
陕　　西	25	23		12	2		775	413		622	117	
甘　　肃	2	2					33	33		6	6	
青　　海	4	4		1	1		111	111		133	133	
宁　　夏	6	4		14			1203	118		403	29	
新　　疆	7	7		3	3		315	315		103	103	
兵　　团	1	1					18	18		10	10	

全国各地区各类图书出版数量（续表22）

	Z 综合性图书											
	种数（种）		租型种数（种）	总印数（万册、张）			总印张（千印张）			定价总金额（万元）		
	合计	初版		合计	初版	租型	合计	初版	租型	合计	初版	租型
全国总计	**3783**	**2833**		**2552**	**1596**		**369387**	**252979**		**167205**	**129473**	
中　　央	**1362**	**1029**		**1000**	**614**		**145054**	**89864**		**61796**	**41651**	
地　　方	**2421**	**1804**		**1552**	**982**		**224333**	**163115**		**105409**	**87822**	
北　　京	170	124		239	156		37776	23243		9742	6561	
天　　津	78	43		25	19		5713	5071		1298	1137	
河　　北	77	53		37	21		4791	3229		1474	1125	
山　　西	24	24		4	4		922	922		563	563	
内 蒙 古	31	30		6	6		1328	1160		573	543	
辽　　宁	54	51		17	16		2483	2261		815	777	
吉　　林	152	77		94	60		11876	8002		3622	2798	
黑 龙 江	116	114		22	20		3373	2353		956	671	
上　　海	144	103		67	26		12652	4761		5172	2361	
江　　苏	121	108		43	41		5783	5444		4555	4393	
浙　　江	212	137		247	170		43169	31799		24033	20830	
安　　徽	180	99		182	122		14017	9437		4418	3113	
福　　建	18	18		2	2		423	423		261	261	
江　　西	79	19		73	24		7470	2293		1752	685	
山　　东	75	52		44	27		3015	2664		3015	2524	
河　　南	55	54		10	9		2295	2239		1474	1464	
湖　　北	70	55		52	44		5747	5014		1874	1698	
湖　　南	9	9		3	3		594	594		329	329	
广　　东	120	117		40	39		18980	18876		22974	22945	
广　　西	174	87		169	25		7626	3680		4640	2171	
海　　南	12	8		6	4		854	391		271	193	
重　　庆	1						12			2		
四　　川	58	55		18	17		2285	2175		1083	1053	
贵　　州	20	17		4	3		505	398		174	143	
云　　南	170	165		32	29		7960	7444		4315	4238	
西　　藏	2	2					30	30		8	8	
陕　　西	55	47		16	7		2232	1869		1429	1058	
甘　　肃	53	48		88	75		16492	13501		2762	2393	
青　　海	12	12		1	1		429	429		296	296	
宁　　夏	28	27		4	4		1503	1474		648	620	
新　　疆	20	18		5	4		989	930		285	273	
兵　　团	31	31		3	3		1008	1008		597	597	

全国各地区各类图书出版数量（续表23）

	（二）不使用《中国标准书号》部分——图片合计											
	种数（种）		租型种数（种）	总印数（万册、张）			总印张（千印张）			定价总金额（万元）		
	合计	初版		合计	初版	租型	合计	初版	租型	合计	初版	租型
全国总计	**529**	**234**		**337**	**182**		**8803**	**4788**		**5930**	**4360**	
中　央	**216**	**107**		**193**	**120**		**3567**	**2603**		**3558**	**3059**	
地　方	**313**	**127**		**144**	**62**		**5236**	**2185**		**2372**	**1301**	
北　京	4	4		5	5		31	31		50	50	
天　津												
河　北												
山　西												
内蒙古												
辽　宁	3			1			15			12		
吉　林	4			2			36			11		
黑龙江												
上　海	33	28		12	10		242	233		292	239	
江　苏	157	6		61	4		2605	84		918	52	
浙　江	76	76		33	33		1319	1319		790	790	
安　徽	1	1		5	5		50	50		13	13	
福　建												
江　西												
山　东	18	6		21	4		755	355		193	112	
河　南												
湖　北												
湖　南												
广　东												
广　西	1						6			24		
海　南	6			2			30			10		
重　庆												
四　川												
贵　州												
云　南	6	2		2	2		117	83		31	17	
西　藏												
陕　西	4	4					29	29		29	29	
甘　肃												
青　海												
宁　夏												
新　疆												
兵　团												

	不使用《中国标准书号》部分——附录合计									国标（GB）、部标（BB）		
	总印数（万册、张）			总印张（千印张）			定价总金额（万元）			总印数（万册、张）		
	合计	初版	租型	合计	初版	租型	合计	初版	租型	合计	初版	租型
全国总计	**1846**	**1178**		**89059**	**51836**		**42033**	**24670**		**1396**	**878**	
中　　央	**1451**	**916**		**70281**	**44615**		**37147**	**23543**		**1267**	**750**	
地　　方	**395**	**262**		**18778**	**7221**		**4886**	**1127**		**129**	**128**	
北　　京												
天　　津												
河　　北												
山　　西												
内 蒙 古												
辽　　宁				21	21							
吉　　林												
黑 龙 江												
上　　海	109	109		121	105		135	133		109	109	
江　　苏	35	25		2164	1530		588	460		14	14	
浙　　江	224	123		14927	4464		3843	311				
安　　徽												
福　　建												
江　　西												
山　　东												
河　　南												
湖　　北												
湖　　南	6	5		1206	1100		242	222		6	5	
广　　东												
广　　西												
海　　南	20			326			75					
重　　庆												
四　　川												
贵　　州												
云　　南												
西　　藏												
陕　　西												
甘　　肃												
青　　海												
宁　　夏												
新　　疆				12			4					
兵　　团												

出版数量（续表24）

等标准类文件印品						活页文选、活页歌篇、小件印品等								
总印张（千印张）			定价总金额（万元）			总印数（万册、张）			总印张（千印张）			定价总金额（万元）		
合计	初版	租型	合计	初版	租型	合计	初版	租型	合计	初版	租型	合计	初版	租型
58106	**32562**		**35448**	**21998**		**450**	**300**		**30953**	**19274**		**6585**	**2672**	
55839	**30428**		**34693**	**21277**		**184**	**166**		**14442**	**14187**		**2454**	**2266**	
2267	**2134**		**755**	**721**		**266**	**134**		**16511**	**5087**		**4131**	**406**	
21	21													
100	100		129	129					21	5		6	4	
872	845		366	351		21	11		1292	685		222	109	
67	67		18	18		224	123		14860	4397		3825	293	
1206	1100		242	222										
						20			326			75		
									12			4		

全国各出版社图书出版数量

中央出版社

	种数（种）		租型种数（种）	总印数（万册、张）			总印张（千印张）			定价总金额（万元）		
	合计	初版		合计	初版	租型	合计	初版	租型	合计	初版	租型
中央出版社合计	**194085**	**108279**	**24**	**222043**	**81497**	**188**	**24982469**	**10383141**	**13490**	**5465205**	**2845388**	**1417**
人民出版社	1301	1281		1595	1586		180733	178335		41980	41404	
人民文学出版社	1047	352		2097	405		406847	89634		66457	17995	
天天出版社	219	119		321	168		34614	16677		7755	4094	
商务印书馆	1329	830		2852	596		820880	119371		129061	23000	
中华书局	1575	632		1423	535		221849	74060		55693	27399	
人民美术出版社	648	492		758	434		49973	30329		24870	19579	
人民音乐出版社	750	195		490	76		45464	9589		17748	5827	
中国大百科全书出版社	1586	725		2915	1589		321902	159659		87854	41116	
中译出版社	370	214		197	114		18441	11435		4916	3029	
文化发展出版社	206	107		135	88		17662	10569		6832	4096	
现代出版社	600	577		396	389		39162	38648		12339	12179	
中国盲文出版社	1080	978		87	81		9188	8750		1915	1826	
生活·读书·新知三联书店	529	354		606	339		85058	48868		26994	16555	
中国书籍出版社	540	537		60	60		8125	8052		2767	2753	
商务印书馆国际有限公司	203	85		239	63		70172	17724		10958	3242	
中国戏剧出版社	94	94		19	19		3600	3600		986	986	
中国社会科学出版社	1852	1758		312	268		50633	39347		18339	15666	
中国财政经济出版社	851	602		762	565		145659	116911		26503	20911	
企业管理出版社	226	226		31	31		4460	4460		1684	1684	
民族出版社	772	550		257	178		31591	21391		6938	5091	
中国青年出版社	1084	653		670	330		101541	48564		30881	17228	
中国少年儿童出版社	1216	596		3397	2093		196484	103601		56146	31564	
中国工人出版社	494	240		275	144		37358	19837		9192	5175	
人民体育出版社	382	147		154	43		24454	6348		8362	1750	
荣宝斋出版社	100	89		28	26		3422	3185		2405	2288	
中国协和医科大学出版社	314	216		138	84		11466	9354		7108	5229	
文物出版社	248	221		84	74		16857	15103		25689	24637	
中国电影出版社	203	186		37	32		5474	4541		1542	1286	
人民日报出版社	757	587		439	340		73104	54431		18830	14614	
新华出版社	846	804		270	249		42321	39356		13539	12781	
世界知识出版社	336	293		202	168		26549	21569		8065	6847	
国家图书馆出版社	246	208		53	51		15083	14680		19664	18994	
群众出版社	293	160		93	64		14913	8794		4673	2841	
北京大学出版社	3549	1412		1833	821		310490	141528		79061	39469	

全国各出版社图书出版数量（续表1）

中央出版社

	种数（种）		租型种数（种）	总印数（万册、张）			总印张（千印张）			定价总金额（万元）		
	合计	初版		合计	初版	租型	合计	初版	租型	合计	初版	租型
中国人民大学出版社	3366	1821		2113	1152		435896	226067		88771	51091	
外语教学与研究出版社	2718	891		5182	1717		681505	222952		138933	43493	
人民教育出版社	4448	1841		31033	10564		3040801	1117333		346392	131745	
中国农业出版社	1564	925		952	469		112674	54322		26496	15117	
中国轻工业出版社	1188	535		535	312		77146	40758		20626	12365	
中国纺织出版社	970	682		483	384		58751	46309		17163	13856	
煤炭工业出版社	444	307		190	149		20612	14724		5309	4043	
石油工业出版社	787	573		449	319		64318	44155		18556	13882	
中国水利水电出版社	1989	1262		703	429		102160	61119		30422	21016	
原子能出版社	440	329		171	64		16107	9000		4519	2619	
科学出版社	8010	3548		7255	1420		726529	201812		166172	59269	
科学普及出版社	821	578		3456	2101		327196	205392		47291	27533	
科学技术文献出版社	400	364		72	62		12978	11691		4019	3717	
机械工业出版社	8161	3761		3967	1851		695498	299906		170693	83008	
冶金工业出版社	549	335		116	77		21104	13385		6632	4640	
化学工业出版社	6502	3480		2588	1591		306407	180239		91646	61824	
中国建筑工业出版社	2429	1221		1791	1100		334288	219429		84622	58718	
中国铁道出版社	2885	1881		1687	1278		194522	140599		51087	38903	
人民交通出版社	1494	653		1504	246		196249	38886		58825	11764	
中国质检出版社	695	484		331	250		34028	21399		14942	11127	
人民邮电出版社	6207	3662		3355	2447		419957	247157		123867	82377	
海洋出版社	287	252		84	72		13336	11689		4282	3851	
地质出版社	700	368		2146	226		104871	14658		16831	4858	
地震出版社	142	138		96	93		11309	10795		3645	3524	
气象出版社	342	223		189	93		13562	7912		3740	2506	
北京交通大学出版社	900	419		481	121		85470	20670		16163	5064	
中国地图出版社	2250	690		13121	4241		646581	223332		115250	38539	
人民卫生出版社	3429	1550		2720	1065		627484	231198		136150	61810	
国防工业出版社	1291	888		637	454		61142	41382		19725	15432	
中国旅游出版社	350	277		178	152		26474	21902		9474	8353	
中国商务出版社	265	206		60	35		10126	6234		2743	1967	
新世界出版社	974	733		2137	1252		174179	106194		32671	21646	
外文出版社	761	524		535	403		88459	70001		25618	21461	
解放军出版社	164	144		99	83		17575	14450		3529	2902	
解放军文艺出版社	44	39		25	22		3592	2962		919	829	

全国各出版社图书出版数量（续表2）

中央出版社

	种数（种）		租型种数（种）	总印数（万册、张）			总印张（千印张）			定价总金额（万元）		
	合计	初版		合计	初版	租型	合计	初版	租型	合计	初版	租型
语文出版社	524	137		2635	79		217346	11066		24816	2405	
中国文史出版社	1536	1535		376	376		80378	80286		30417	30357	
中共中央党校出版社	230	166		105	69		14019	9191		3930	2650	
法律出版社	1734	1413		1214	1034		162654	137894		39867	34479	
中国统计出版社	364	335		110	97		19578	17539		10250	9816	
中国摄影出版社	136	136		39	39		6999	6999		7286	7286	
中国林业出版社	556	428		141	100		24974	16046		9936	8176	
时事出版社	89	88		25	24		4963	4834		1893	1876	
文化艺术出版社	189	186		67	65		10290	9924		7320	7246	
教育科学出版社	3099	788		15193	1212		1000040	98190		146068	16874	
清华大学出版社	7657	3320		2546	1152		434769	190684		105500	54365	
中国广播影视出版社	275	248		95	86		17109	15649		4396	4083	
中国商业出版社	515	493		239	235		31423	30853		8979	8877	
中国劳动社会保障出版社	2633	687		1744	275		188933	31240		35574	7328	
中国环境出版社	551	442		357	239		32214	17575		9115	5714	
知识产权出版社	784	726		123	113		16754	15032		5724	5256	
北京师范大学出版社	4174	1446		19804	3304		1595499	278043		203254	45818	
中国宇航出版社	434	185		251	125		33123	16675		7725	4257	
中国工商出版社	82	73		39	36		6936	6611		1619	1534	
作家出版社	685	685		829	829		117107	117107		26062	26062	
中医古籍出版社	334	334		77	77		22322	22322		4937	4937	
中国财富出版社	559	476		190	168		23904	20857		7958	7074	
光明日报出版社	1857	1708		951	822		120944	99891		28919	24538	
长征出版社	40	40		34	34		7043	7043		1424	1424	
中国妇女出版社	279	221		1264	1075		68887	55549		17501	14626	
中国金融出版社	803	645		706	583		68902	50367		25942	20796	
长城出版社	60	60		26	26		4470	4470		2003	2003	
红旗出版社	470	275		210	148		36005	25660		11625	9237	
中国海关出版社	66	52		36	30		11272	10243		3369	3137	
电子工业出版社	5714	2631		3322	1502		459490	222607		120359	67287	
朝华出版社	152	86		141	79		17243	10609		3513	2131	
中央广播电视大学出版社	1085	570		1184	389		151284	38577		29597	10702	
中国友谊出版公司	225	170		430	337		56324	42875		16136	12593	
人民军医出版社	1382	909		479	352		74980	52975		26796	19468	

全国各出版社图书出版数量（续表3）

中央出版社

	种数（种）		租型种数（种）	总印数（万册、张）			总印张（千印张）			定价总金额（万元）		
	合计	初版		合计	初版	租型	合计	初版	租型	合计	初版	租型
军事科学出版社	41	34		7	5		1510	1200		695	625	
金盾出版社	1210	806		515	327		42975	26438		11416	8162	
经济科学出版社	1431	1188		624	482		127545	105948		27520	23092	
中国文联出版社	1454	1454		642	642		84666	84666		45017	45017	
高等教育出版社	10011	2779		11633	3805		1885591	632709		326904	104760	
故宫出版社	146	115		60	40		11236	8273		10662	9343	
中共党史出版社	655	511		165	119		34197	25683		7929	6180	
对外经济贸易大学出版社	451	288		120	80		20872	13454		4551	3179	
经济管理出版社	749	669		304	262		43169	36345		16495	14698	
军事谊文出版社	9	9		3	3		559	559		47	47	
国际文化出版公司	100	99		14	14		1289	1270		448	444	
中国画报出版社	261	145		204	107		24893	11295		7683	4507	
中国经济出版社	647	472		219	155		33217	23535		11667	8828	
中国石化出版社	712	533		230	201		36257	31381		10056	8736	
中央民族大学出版社	262	237		73	64		11154	9354		2727	2446	
北京语言大学出版社	1087	320		430	102		59544	14400		18783	4952	
中国政法大学出版社	750	674		246	222		49245	44402		10530	9632	
中国人民公安大学出版社	913	421		277	161		39215	21756		11954	6880	
社会科学文献出版社	1725	1499		558	328		80337	64028		30197	26264	
中国农业科学技术出版社	428	294		101	59		11117	7128		3628	2445	
北京航空航天大学出版社	382	278		592	549		152065	143557		27416	25732	
北京理工大学出版社	2477	1469		1183	643		144361	83306		36705	22893	
中国国际广播出版社	69	48		27	17		3787	2542		1034	723	
中国农业大学出版社	425	249		126	73		21646	11585		5009	3054	
航空工业出版社	625	321		270	157		34192	18629		10679	6888	
中国传媒大学出版社	416	260		135	50		20716	6737		5716	2433	
北京体育大学出版社	596	286		258	102		49796	16336		7945	3397	
经济日报出版社	181	170		38	33		6268	5479		2083	1897	
兵器工业出版社	95	78		18	11		2480	1662		934	640	
华艺出版社	45	44		10	9		1717	1637		991	957	
中国和平出版社	161	161		130	130		2552	2552		11524	11524	
华夏出版社	441	312		359	199		46231	23022		11732	7629	
中国医药科技出版社	1160	739		924	787		159483	138460		47497	42921	
国防大学出版社	92	92		67	67		10369	10369		973	973	
人民法院出版社	348	273		420	399		45902	39820		11338	9894	

全国各出版社图书出版数量（续表4）

中央出版社

	种数（种）		租型种数（种）	总印数（万册、张）			总印张（千印张）			定价总金额（万元）		
	合计	初版		合计	初版	租型	合计	初版	租型	合计	初版	租型
中国藏学出版社	64	64		26	26		8955	8955		2940	2940	
研究出版社	13	13		6	6		698	698		182	182	
中国长安出版社	159	159		31	31		4906	4906		1412	1412	
中国计划出版社	249	220		423	293		47464	35546		22185	17306	
中央文献出版社	229	215		294	250		39238	32458		15192	14026	
海潮出版社	79	79		43	43		8459	8459		1848	1848	
学苑出版社	263	211		75	48		9370	7379		4126	3133	
北京邮电大学出版社	743	202		233	60		37627	9831		7760	2178	
人民武警出版社	43	43		40	40		6456	6456		478	478	
团结出版社	869	704		421	311		59105	42933		15348	10713	
华文出版社	271	179		865	124		55498	13041		9996	4220	
中央音乐学院出版社	86	50		24	13		3027	1357		1073	588	
中国市场出版社	91	91		30	30		5878	5878		1777	1777	
中国民族摄影艺术出版社	123	123		40	40		4351	4351		3735	3735	
中国华侨出版社	785	750		640	621		153886	148388		37621	36875	
中信出版社	1360	675		2581	1531		388021	214536		116991	69378	
中国人事出版社	102	50		65	35		8837	5254		1662	870	
开明出版社	539	250		178	90		20396	9960		4842	2812	
中国人口出版社	590	565		256	231		15277	13816		4889	4565	
中国民主法制出版社	271	223		171	134		23084	16801		5320	4279	
中国时代经济出版社	245	164		47	29		9412	6307		2561	1773	
蓝天出版社	156	72		102	28		15882	5345		3501	1342	
世界图书出版公司	2195	911		913	455		112230	53659		26825	13771	
群言出版社	312	211		464	310		110273	68726		21014	11497	
北京大学医学出版社	578	382		216	165		45826	35002		12344	10098	
华龄出版社	168	168		52	52		6351	6351		2180	2180	
金城出版社	166	119		180	96		23342	14504		8208	5633	
中国法制出版社	1395	1075		1887	1559		148463	126296		38536	33179	
新星出版社	301	197		337	234		44302	25803		13770	9704	
中国检察出版社	255	213		128	119		21973	20021		6055	5539	
中国发展出版社	222	194		77	61		12934	9882		3496	2823	

全国各出版社图书出版数量（续表5）

中央出版社

	种数（种）		租型种数（种）	总印数（万册、张）			总印张（千印张）			定价总金额（万元）		
	合计	初版		合计	初版	租型	合计	初版	租型	合计	初版	租型
中国中医药出版社	1167	540		521	238		106991	45340		26664	16795	
中国社会出版社	389	292		253	185		39607	32957		11614	10185	
中国建材工业出版社	354	292		106	87		16481	13618		6093	5270	
当代中国出版社	163	94		87	50		13803	7554		4046	2392	
书法出版社	39	38		7	7		1579	1577		1164	1161	
现代教育出版社	486	449		214	200		25407	23310		6233	5629	
中国致公出版社	116	115		113	112		2050	2006		3047	3033	
中国大地出版社	59	54		16	15		1695	1512		622	559	
党建读物出版社	126	105		1285	1072		146321	124501		37923	33407	
中国城市出版社	94	45		121	26		15344	4042		4706	1743	
中华工商联合出版社	393	366		162	149		20961	19278		6666	6154	
中国三峡出版社	7	7		2	2		257	257		128	128	
线装书局	406	405		296	295		38541	38359		33147	33057	
星球地图出版社	1046	159	24	8817	114	188	398560	10160	13490	61442	3930	1417
中国方正出版社	160	94		1784	1688		105808	94388		21923	19515	
民主与建设出版社	356	356		199	199		31231	31231		8008	8008	
五洲传播出版社	231	219		46	43		5540	5359		5362	5082	
中国民航出版社	143	87		54	26		8626	4229		2611	1419	
九州出版社	563	514		90	79		13333	11580		4471	4032	
当代世界出版社	60	60		18	18		2598	2598		630	630	
中央编译出版社	586	459		315	219		55146	40682		14899	11419	
西苑出版社	43	40		20	19		2647	2499		1416	1370	
学习出版社	84	68		520	488		50006	46726		11566	10895	
中国税务出版社	328	151		434	409		47994	42263		14071	11975	
方志出版社	347	347		57	57		35228	35228		19416	19416	
中国电力出版社	3395	1896		1981	1339		218715	145010		63555	45847	
军事医学出版社	173	143		65	54		11929	9866		3469	2993	
中国言实出版社	580	580		133	133		20117	20117		6021	6021	
宗教文化出版社	153	128		33	29		7610	6580		2073	1845	
国家行政学院出版社	273	273		48	48		6836	6836		1972	1972	
台海出版社	249	227		139	132		17488	16670		4823	4600	
海豚出版社	748	389		565	324		48399	27465		18378	11894	
华语教学出版社	559	285		460	252		74874	42371		12513	7329	
生活书店出版公司	54	47		70	63		9335	8655		3060	2821	

全国各出版社图书出版数量（续表6）

地方出版社

	种数（种）		租型种数（种）	总印数（万册、张）			总印张（千印张）			定价总金额（万元）		
	合计	初版		合计	初版	租型	合计	初版	租型	合计	初版	租型
地方出版社合计	**281683**	**152147**	**10823**	**644190**	**168811**	**154220**	**49336365**	**15075001**	**11034302**	**9295706**	**3865207**	**1164588**
北京出版社	931	533		1760	886		150952	93511		27317	19789	
北京教育出版社	4214	2053		13455	6500		1262770	698305		281557	162277	
北京科学技术出版社	822	560		791	330		55672	22158		24401	11253	
北京少年儿童出版社	798	376		1292	611		95432	30466		26664	12450	
北京人民出版社	3	3		1	1		384	384		165	165	
北京美术摄影出版社	144	123		45	34		6887	5761		5635	4879	
北京燕山出版社	323	297		152	117		18034	14295		6444	5223	
北京日报出版社	758	561		1658	1145		147787	103857		40084	30344	
北京工艺美术出版社	193	193		96	96		9663	9663		10180	10180	
北京十月文艺出版社	125	73		445	125		76570	12800		18491	4550	
旅游教育出版社	360	166		114	55		15418	6731		4239	2325	
北京联合出版公司	1154	1120		1173	1157		97192	94776		29954	29277	
中国书店	216	178		43	30		5384	4168		2999	2502	
文津出版社	8	8		2	2		327	327		714	714	
北京工业大学出版社	504	367		249	186		37174	28320		6963	5436	
首都经济贸易大学出版社	206	90		45	14		8162	2054		1570	488	
首都师范大学出版社	1053	322		1046	401		115542	44422		20215	8548	
北京时代华文书局	95	95		78	78		11605	11605		3045	3045	
天津人民出版社	1324	898		1751	1021		163065	90009		50480	30002	
天津教育出版社	350	189	95	1035	73	517	100399	9794	41297	12500	2236	4080
天津科学技术出版社	1742	1117		962	571		105481	66225		28618	19553	
新蕾出版社	480	70		742	94		36983	4656		12331	2228	
百花文艺出版社	312	307		125	123		15759	15297		3499	3407	
天津人民美术出版社	704	631	11	473	398	32	28188	24850	936	22167	20283	183
天津古籍出版社	125	74		53	12		7938	2483		4462	1385	
天津科技翻译出版公司	163	95		64	34		8851	5214		2875	1850	
天津社会科学院出版社	124	116		33	27		4901	4127		1394	1212	
天津杨柳青画社	183	126		54	41		3857	2990		2137	1734	
南开大学出版社	436	317		106	66		19204	11550		4623	3237	
天津大学出版社	478	233		120	46		19052	6775		5166	2521	
河北人民出版社	519	301		1643	274		120186	19622		17515	6181	
河北教育出版社	2343	416		6382	1364		542008	113763		102795	17307	
河北科学技术出版社	648	502	5	847	419	159	82478	40050	16396	14976	9698	1551
河北少年儿童出版社	2523	775		3579	885		236471	69396		52321	18471	
花山文艺出版社	327	219	126	1498	448	613	98009	40902	27690	17032	7647	4574
河北美术出版社	222	75		1315	266		47137	12756		7928	2499	
燕山大学出版社	15	15		2	2		280	280		93	93	

全国各出版社图书出版数量（续表 7）

地方出版社

	种数（种）		租型种数（种）	总印数（万册、张）			总印张（千印张）			定价总金额（万元）		
	合计	初版		合计	初版	租型	合计	初版	租型	合计	初版	租型
河北大学出版社	220	133		381	22		31519	2425		3288	632	
山西人民出版社	386	346		240	195		29229	23654		9343	8239	
山西教育出版社	1088	790		3544	2881		561348	497764		72195	62449	
山西科学技术出版社	290	226		473	231		29093	16715		6490	5061	
希望出版社	1322	219	6	3379	461	4	261954	33627	207	61776	5880	69
北岳文艺出版社	326	325		98	98		14063	14046		4119	4116	
三晋出版社	183	183		43	43		6430	6430		3158	3158	
山西经济出版社	157	132		163	52		13774	7912		3278	2100	
书海出版社	60	60		62	62		4826	4826		1324	1324	
内蒙古人民出版社	580	484		286	216		22698	19482		6377	5676	
内蒙古教育出版社	1567	317	422	5917	402	3587	428285	28526	281870	46661	3925	29114
内蒙古科学技术出版社	96	96		12	12		1534	1534		397	397	
内蒙古少年儿童出版社	205	205		88	88		3131	3131		1080	1080	
内蒙古文化出版社	96	93		20	19		3490	3402		1165	1129	
远方出版社	400	400		164	164		20968	20968		5271	5271	
内蒙古大学出版社	181	130		56	23		9682	3931		2129	1295	
辽宁人民出版社	310	285		164	139		30797	29328		8570	8153	
辽宁教育出版社	909	394	3	1620	303	1	132765	28834	33	26002	7642	4
辽宁科学技术出版社	705	536		232	167		28758	21366		13898	11276	
辽宁少年儿童出版社	400	281		439	295		25788	17220		6142	4331	
春风文艺出版社	385	231		904	301		74280	23760		16502	5897	
辽宁美术出版社	853	545		103	52		11726	6914		7798	5244	
辽宁民族出版社	378	244		281	117		16384	9168		3910	2605	
万卷出版公司	497	415		192	165		22563	18346		5630	4894	
辽海出版社	816	287		2144	667		115104	39952		18528	6382	
沈阳出版社	583	467	2	470	322	14	37523	25917	1282	7251	5356	121
大连出版社	314	198		259	182		22018	16060		4785	3360	
东北财经大学出版社	788	199		390	40		70337	6607		12265	1585	
东北大学出版社	374	284		233	97		22419	13728		5468	4106	
辽宁大学出版社	511	291		372	89		51346	14940		12859	3199	
辽宁师范大学出版社	885	244		3060	1295		173456	62480		26066	12139	
大连海事大学出版社	262	140		63	26		9952	4250		2601	1061	
大连理工大学出版社	1838	609	4	1498	514	26	127076	38999	1280	24683	8249	136
白山出版社	156	156		130	130		11337	11337		2656	2656	
吉林人民出版社	855	559		910	680		70563	56859		21010	13942	

全国各出版社图书出版数量（续表8）

地方出版社

	种数（种）		租型种数（种）	总印数（万册、张）			总印张（千印张）			定价总金额（万元）		
	合计	初版		合计	初版	租型	合计	初版	租型	合计	初版	租型
吉林教育出版社	2511	917		934	344		84855	31016		19576	7577	
吉林科学技术出版社	1330	1218		414	275		57260	42900		15737	12236	
延边教育出版社	2932	1003		2736	1055		274822	106982		53930	19549	
北方妇女儿童出版社	674	475		737	622		42412	34011		13342	11265	
吉林文史出版社	447	353		249	195		29181	23907		6831	5678	
吉林美术出版社	1399	1208		1319	1023		85650	64404		27182	22311	
吉林摄影出版社	355	177		417	269		37812	25780		8076	5478	
时代文艺出版社	306	191		530	158		58596	22756		10464	5530	
长春出版社	1183	654	51	2988	1255	227	208133	90428	13868	31603	15967	1885
延边人民出版社	1525	394		574	79		46795	9618		12033	2288	
东北师范大学出版社	915	477		939	440		116377	57855		54602	41725	
吉林大学出版社	2174	1513		951	337		101408	45730		26929	10457	
延边大学出版社	3171	1524		1473	610		148721	55598		34927	13284	
吉林出版集团	4046	2897	549	9620	3595	3448	679520	267863	245818	141474	85950	28948
黑龙江人民出版社	242	241		29	29		5992	5981		1942	1940	
黑龙江教育出版社	1013	562	23	2267	1389	90	225488	150599	5818	40569	20748	967
黑龙江科学技术出版社	372	372		105	105		17693	17693		3725	3725	
黑龙江少年儿童出版社	503	227		501	114		31190	9011		5806	2057	
北方文艺出版社	207	170		63	51		9929	7194		2376	1960	
黑龙江朝鲜民族出版社	112	104		22	20		2396	2116		660	619	
黑龙江美术出版社	1300	1277	1	87	86		5347	5158	8	1845	1809	1
哈尔滨出版社	674	590		586	547		47608	42376		9308	8207	
哈尔滨地图出版社	283	261		138	129		7030	6435		3337	3097	
东北林业大学出版社	165	144		21	18		3138	2765		932	871	
哈尔滨工程大学出版社	335	194		55	26		7966	3854		1861	970	
哈尔滨工业大学出版社	773	477		167	103		27470	15485		5502	3548	
黑龙江大学出版社	108	93		21	11		3629	2205		754	505	
上海人民出版社	926	708		671	292		103570	44951		30813	16975	
上海教育出版社	1758	759		4934	2375		277784	128949		40996	20542	
上海科学技术出版社	874	395		1883	358		154908	32091		27025	10492	
上海科技教育出版社	622	192		3335	390		218456	29223		24075	4316	
上海科学普及出版社	381	310		266	207		17152	13497		7205	6029	
少年儿童出版社	461	185		1120	199		65258	13460		19884	3963	
上海文艺出版社	332	276		291	171		40233	15877		10565	6432	
上海辞书出版社	463	210		451	87		53593	10629		14798	5212	
上海人民美术出版社	501	258		576	105		18211	6481		8886	5621	
上海古籍出版社	806	384		293	130		51558	22558		15004	9464	

全国各出版社图书出版数量（续表9）

地方出版社

	种数（种）		租型种数（种）	总印数（万册、张）			总印张（千印张）			定价总金额（万元）		
	合计	初版		合计	初版	租型	合计	初版	租型	合计	初版	租型
上海译文出版社	680	301		596	199		46657	17156		21358	8262	
上海音乐学院出版社	224	91		79	29		7824	3539		2826	1342	
中国福利会出版社	164	95		1079	493		20793	10764		110624	47709	
上海书画出版社	449	207		733	86		28792	7268		11014	6539	
上海书店	267	227		63	50		9396	7116		3996	3099	
上海科学技术文献出版社	343	303		146	125		14202	11697		5017	4517	
上海锦绣文章出版社	90	82		47	45		4562	4056		1409	1294	
格致出版社	168	120	1	64	40		15399	9795	50	3151	2184	7
立信会计出版社	807	368		646	290		100859	44965		21969	10424	
上海远东出版社	292	111		279	57		21792	3574		5303	2233	
上海三联书店	386	341		189	123		31713	22129		8745	6681	
文汇出版社	317	283		168	109		12489	9625		6589	5794	
学林出版社	162	141		77	68		5870	4587		2820	2485	
上海社会科学院出版社	270	233		138	126		16404	13855		6195	5686	
复旦大学出版社	1637	746		1068	303		159571	43870		38133	11627	
华东理工大学出版社	665	395		322	221		42852	27360		10239	6962	
华东师范大学出版社	2884	1339		3180	1180		328552	145705		67143	32864	
上海交通大学出版社	2908	1373		4981	983		551355	128038		89599	31153	
上海外语教育出版社	1265	257		1836	191		237033	20814		48118	5225	
第二军医大学出版社	114	114		27	27		4886	4886		1441	1441	
上海浦江教育出版社	43	32		7	5		1019	778		461	389	
同济大学出版社	346	234		220	180		18205	11798		8198	6714	
东华大学出版社	332	249		91	71		11103	8526		3722	3019	
上海财经大学出版社	443	254		165	94		28644	15823		6117	3632	
上海大学出版社	766	478		1943	999		202279	124555		43643	27127	
上海中西书局	184	147		45	30		5186	3980		2595	2082	
上海音乐出版社	691	197		467	69		41540	7072		13462	3189	
上海文化出版社	192	164		80	55		10762	8698		3786	3084	
东方出版中心	185	143		109	75		14371	10084		5426	4575	
中华地图学社	94	50		208	71		7031	1116		2070	1137	
江苏人民出版社	3567	2516	1	3951	2445	1	286656	194803	17	60658	42590	4
江苏教育出版社	3552	1417	12	21484	5612	1053	1368882	460364	51788	193005	74807	5230
江苏科学技术出版社	3538	1610	2	7681	2496	4	578602	235398	572	115334	58452	57
江苏少年儿童出版社	1857	766		3783	1115		171919	44691		39299	15330	
江苏文艺出版社	1164	1003		1303	1216		150004	141380		37362	35122	
江苏美术出版社	2326	1641		2081	1300		151153	83675		42006	26633	
古吴轩出版社	184	183		182	181		14029	14009		4890	4885	
南京出版社	536	364		455	206		38040	19954		9895	7126	
译林出版社	1923	754		6159	1658		508074	130451		80645	25668	
东南大学出版社	1475	640		1085	244		124877	37242		26329	9055	

全国各出版社图书出版数量（续表10）

地方出版社

	种数（种）		租型种数（种）	总印数（万册、张）			总印张（千印张）			定价总金额（万元）		
	合计	初版		合计	初版	租型	合计	初版	租型	合计	初版	租型
河海大学出版社	532	354		368	195		30965	16259		7209	3907	
南京大学出版社	2561	1585		1495	969		160957	96766		36671	24432	
苏州大学出版社	856	369		447	108		53373	13917		10546	3676	
中国矿业大学出版社	522	370		122	87		22004	15644		5262	4228	
南京师范大学出版社	959	364		3761	533		165500	57639		40451	11230	
凤凰出版社	316	222		114	76		16341	10641		7816	6870	
广陵书社	335	288		69	34		9436	6935		8911	8130	
江苏大学出版社	300	200		70	48		10355	6953		2671	1942	
浙江人民出版社	806	440	23	1788	663	163	177663	58751	11715	44160	14316	1790
浙江教育出版社	3195	1408	7	13311	2989	13	805031	247276	771	128138	46793	86
浙江科学技术出版社	1498	649	55	2886	914	88	164711	54701	8468	34781	11997	1012
浙江少年儿童出版社	1714	659		4934	1865		384437	132071		82182	33135	
浙江文艺出版社	642	312		1472	879		136082	83399		32752	21332	
浙江人民美术出版社	784	442		1194	311		56985	23703		25529	18064	
浙江摄影出版社	497	395	14	1020	502	9	63783	34590	708	18520	12922	194
浙江古籍出版社	513	282		357	182		33250	18076		9994	7424	
杭州出版社	237	201		149	118		25663	24067		17860	17236	
西泠印社出版社	219	219		47	47		7448	7448		7072	7072	
宁波出版社	666	394		528	250		35323	20312		7432	4629	
浙江大学出版社	2303	1086		1227	594		145672	71803		36642	20563	
中国美术学院出版社	268	195		95	71		14449	11055		8811	7529	
浙江工商大学出版社	359	258		83	57		10058	7510		2520	2001	
安徽人民出版社	617	533		258	220		24833	21926		8620	7654	
安徽教育出版社	1575	236	3	4782	153	7	407537	10614	769	60573	3916	86
安徽科学技术出版社	623	271		543	176		56335	15074		12524	4335	
安徽少年儿童出版社	1644	782		6132	2565		401319	162572		78305	35182	
安徽文艺出版社	548	423		393	305		48344	38077		11571	9297	
安徽美术出版社	859	606		996	409		47243	23815		19735	13878	
安徽师范大学出版社	467	467		433	433		23402	23402		9086	9086	
黄山书社	1291	767		3077	1432		239463	134828		41944	23512	
中国科学技术大学出版社	382	230		156	70		22932	10961		4911	2597	
安徽大学出版社	397	168		860	87		63092	10570		9900	2193	
合肥工业大学出版社	499	349		277	249		32174	27937		8228	7244	
福建人民出版社	373	165		1148	139		86817	11523		16859	2875	
福建教育出版社	735	444	9	2203	1307	93	153846	97528	5033	23002	15096	551
福建科学技术出版社	243	203		116	89		12020	9303		4757	3952	
福建少年儿童出版社	606	292		1145	327		99993	30121		21676	6797	
海峡文艺出版社	265	233		143	83		12734	8702		3480	2637	
福建美术出版社	132	115	11	102	31	30	5575	2906	1094	2932	2456	198

全国各出版社图书出版数量（续表11）

地方出版社

	种数（种）		租型种数（种）	总印数（万册、张）			总印张（千印张）			定价总金额（万元）		
	合计	初版		合计	初版	租型	合计	初版	租型	合计	初版	租型
海峡书局出版社	96	95		43	43		7279	7229		2438	2430	
福建地图出版社	41	33		21	17		1002	954		577	553	
鹭江出版社	228	220		435	420		36386	35513		8208	8074	
厦门大学出版社	647	489		363	253		55313	37904		11176	8259	
海风出版社	29	29		7	7		1308	1308		464	464	
江西人民出版社	1206	968		1806	1020		140806	80089		35896	22609	
江西教育出版社	749	528		4295	593		222960	50811		28531	10449	
江西科学技术出版社	388	242		497	151		48490	20493		12872	9022	
百花洲文艺出版社	232	232		169	169		21407	21407		4991	4991	
二十一世纪出版社	1822	921		3197	1341		232280	102311		58005	26599	
江西美术出版社	917	629		964	375		47417	19928		17541	11821	
江西高校出版社	1415	904	1	2303	1197	4	138049	57416	215	29994	14947	22
山东人民出版社	1205	1170	6	3636	3599	27	280555	277159	2248	41085	40214	421
山东教育出版社	1802	530	5	7740	2311	15	535466	149105	1707	69413	25844	225
山东科学技术出版社	1651	421		3928	333		291694	24368		40226	5448	
明天出版社	1316	452		5173	1481		365341	107069		68124	20629	
山东文艺出版社	517	314	37	892	144	477	54493	9781	26028	9667	1967	4880
山东美术出版社	880	413	39	1573	305	368	64565	13857	14712	17981	6686	2720
山东画报出版社	360	240		337	220		27733	21259		6064	4866	
山东地图出版社	85	75		81	71		1367	1095		996	886	
山东友谊出版社	512	111	6	877	117	83	64514	7609	4633	9025	1771	460
齐鲁书社	382	126	3	1411	83	22	78507	7654	1792	11036	2065	204
济南出版社	775	438	36	1019	406	127	80207	33396	13308	17827	10880	1637
泰山出版社	228	68	14	1886	319	170	114229	27851	6808	27706	16831	1021
青岛出版社	3384	1357	62	8356	1812	91	28520	6892	371	106777	38472	836
山东大学出版社	398	204		1113	138		82366	12877		13347	3615	
中国石油大学出版社	708	563		680	590		69552	54319		12581	9841	
中国海洋大学出版社	445	229		274	79		30293	9381		8127	2737	
黄河出版社	112	112		117	117		11038	11038		4883	4883	
河南人民出版社	397	343	1	214	161	4	22444	17792	50	6731	5812	14
河南科学技术出版社	745	391	3	1706	151	1	13820	4321	27	15360	6341	9
海燕出版社	1162	390	1	4122	616	24	211480	36802	1206	34177	8202	131
河南文艺出版社	279	187		957	397		69863	32856		11795	5803	
河南美术出版社	390	303		312	165		22969	11273		7189	5664	
文心出版社	492	199		647	160		44019	10683		5799	1918	
中州古籍出版社	515	423		170	133		25021	21953		13502	13077	
中原农民出版社	756	482	8	728	384	4	37339	20522	688	7735	5023	109

全国各出版社图书出版数量（续表12）

地方出版社

	种数（种）		租型种数（种）	总印数（万册、张）			总印张（千印张）			定价总金额（万元）		
	合计	初版		合计	初版	租型	合计	初版	租型	合计	初版	租型
大象出版社	841	242	17	4089	303	157	423851	24301	16456	56971	5598	1068
黄河水利出版社	436	284		123	65		20064	10167		5189	3066	
河南大学出版社	441	360		302	276		39684	35440		6991	6190	
郑州大学出版社	956	514		607	175		53414	19579		8656	3856	
湖北人民出版社	393	321	2	326	93	23	36907	13642	255	8310	4499	86
湖北教育出版社	990	533	3	3203	1091	17	204168	74132	651	33313	14571	79
湖北科学技术出版社	1032	665	4	1407	452		111625	50106	53	35976	22642	11
长江少年儿童出版社	945	310	24	3163	385	792	230329	45517	48605	59360	31086	5494
长江文艺出版社	1015	456		1663	582		244429	71667		54975	18720	
崇文书局	1008	165		1424	113		99507	12128		19045	3383	
湖北美术出版社	1183	956		1761	1371		109904	89978		48679	43911	
武汉出版社	984	773		1499	1049		146344	125937		31365	28265	
华中科技大学出版社	1634	845	18	683	248	13	81772	37355	881	22330	12670	160
华中师范大学出版社	814	348		1117	476		151881	73557		27695	13419	
武汉大学出版社	3733	2263		2884	1897		245994	156253		69301	46718	
武汉理工大学出版社	679	367		310	186		53849	30989		16449	12676	
中国地质大学出版社	264	199		49	34		7745	5255		3525	2871	
长江出版社	869	731		337	286		28063	23176		8535	7279	
湖南人民出版社	827	827		1148	1148		103229	103229		24019	24019	
湖南教育出版社	3790	1176		16458	4434		1411579	414491		243523	70773	
湖南科学技术出版社	721	379	6	1520	470	8	104183	36285	800	21467	8797	105
湖南少年儿童出版社	2093	789		6641	1686		478538	105078		85412	23758	
湖南文艺出版社	914	347		3729	1070		384267	161001		84577	34606	
湖南美术出版社	638	298		3508	1177		154602	57441		39101	20152	
湖南地图出版社	56	56		61	61		5978	5978		2855	2855	
岳麓书社	334	143		856	93		104211	16905		15660	3476	
湖南师范大学出版社	977	364		2886	815		231971	74177		47801	16054	
中南大学出版社	755	522		1131	1036		85734	73717		20956	18084	
湖南大学出版社	456	240		640	279		52753	27046		9758	5202	
国防科技大学出版社	87	75		34	31		6094	5717		1345	1266	
湘潭大学出版社	167	117		51	29		7465	3611		1661	903	
广东人民出版社	1254	751		1648	443		135771	57785		32018	20745	
广东教育出版社	1148	333	32	9327	587	74	648551	39357	5527	80026	7333	666
广东高等教育出版社	608	208		2206	745		247984	71151		28066	8818	
广东科技出版社	443	204		2124	498		133073	30405		17737	6458	
广东经济出版社	1112	565	1	1619	519	1	135990	56158	98	26914	11628	33
广东地图出版社	69	28		36	13		619	252		299	119	

全国各出版社图书出版数量（续表13）

地方出版社

	种数（种）		租型种数（种）	总印数（万册、张）			总印张（千印张）			定价总金额（万元）		
	合计	初版		合计	初版	租型	合计	初版	租型	合计	初版	租型
广东旅游出版社	298	183		188	127		15808	9966		5166	3600	
岭南美术出版社	234	218		599	70		23152	7680		7930	5186	
广东新世纪出版社	1563	897		4161	1975		279730	146356		48971	26406	
花城出版社	346	300		300	237		42858	36016		9626	7770	
海天出版社	199	199		51	51		8120	8120		2764	2764	
广州出版社	320	320		763	763		73724	73724		28992	28992	
华南理工大学出版社	528	346		125	87		18713	12359		5711	4344	
汕头大学出版社	508	508		193	193		24895	24895		7630	7630	
中山大学出版社	576	380	1	269	184		32392	18211	21	7789	4843	4
暨南大学出版社	534	345		116	69		18325	10266		4721	3079	
南方日报出版社	129	128		34	34		5305	5267		1347	1327	
羊城晚报出版社	118	109		62	37		5058	4460		1684	1564	
深圳报业集团出版社	101	70		233	23		12816	2744		2362	976	
广西人民出版社	559	511	20	417	296	90	44637	36899	5234	10464	9082	882
广西教育出版社	962	224	12	4836	899	147	270018	50288	9811	31327	6746	1154
广西科学技术出版社	366	187		1255	171		73387	11115		15911	5130	
接力出版社	1328	400	215	4299	830	1029	256674	60111	63399	57551	16236	7307
广西民族出版社	215	146	18	1257	203	478	79540	12150	35013	7814	1974	2575
广西美术出版社	422	256		772	380		39004	20598		13674	8496	
漓江出版社	529	405		412	336		43593	34968		11790	10075	
广西师范大学出版社	3151	1238	36	11404	1371	325	935337	165186	26970	152996	43848	3134
海南出版社	954	270	5	1664	368	2	109199	29895	135	19017	6221	43
南方出版社	1337	337		1745	284		148882	23498		28725	5363	
南海出版公司	883	481		545	272		65835	31950		18807	9689	
三环出版社	24		77	597		423	16605		12013	2646		2062
重庆出版社	3071	1186	206	9366	1891	2383	590201	159474	161978	122379	43746	21013
西南师范大学出版社	1377	481	29	4020	1138	201	239260	69200	6763	40409	13574	1127
重庆大学出版社	1708	828		1200	401		117372	52701		23819	12944	
四川人民出版社	340	321		231	214		31261	28472		8909	8230	
四川教育出版社	995	125	142	13080	427	2177	891671	22264	134549	118442	3664	18371
四川科学技术出版社	272	192		103	71		15173	11521		4643	3779	
四川少年儿童出版社	879	644		1306	1033		39970	24802		19520	14806	
四川文艺出版社	284	189		231	171		29752	20491		7638	5602	
四川民族出版社	799	497	149	1751	1005	71	173050	120226	5444	21354	15408	471
四川美术出版社	439	376		254	103		18733	9376		7296	5814	
四川辞书出版社	87	60		68	47		16931	12906		2985	2351	

全国各出版社图书出版数量（续表14）

地方出版社

	种数（种）		租型种数（种）	总印数（万册、张）			总印张（千印张）			定价总金额（万元）		
	合计	初版		合计	初版	租型	合计	初版	租型	合计	初版	租型
天地出版社	502	304		348	233		33775	23484		7012	4993	
巴蜀书社	124	121		29	28		5069	4968		2921	2855	
成都地图出版社	293	125		293	138		10210	4902		4643	2726	
成都时代出版社	270	196		247	127		23959	15765		6770	4645	
电子科技大学出版社	867	601		421	333		55988	46040		13436	11228	
四川大学出版社	1488	907		592	197		69924	27275		16541	7935	
西南财经大学出版社	901	575		473	243		58821	34780		13764	9050	
西南交通大学出版社	1498	841		314	161		44380	22739		11292	6570	
贵州人民出版社	256	234	36	967	185	340	32358	9800	14855	7881	3779	2103
贵州教育出版社	203	129	2	647	256	19	47861	26181	2245	6981	4074	352
贵州科学技术出版社	89	67		50	29		4198	1981		1170	664	
贵州民族出版社	113	62	11	491	77	106	27906	3218	3094	4381	858	606
贵州大学出版社	58	58		9	9		638	638		451	451	
孔学堂书局	19	14		4	3		659	489		209	155	
云南人民出版社	2609	1460	31	5250	1608	91	393804	133292	13872	105745	36400	1419
云南教育出版社	954	353		3249	664		286312	67773		35973	9449	
云南科学技术出版社	1447	728		1155	402		83459	38340		21155	11041	
晨光出版社	2156	842		3015	559		276074	45883		45427	9631	
德宏民族出版社	120	120		19	19		4353	4353		1880	1880	
云南美术出版社	481	415		511	433		38387	34246		10702	9422	
云南民族出版社	338	332		82	74		11672	10891		4738	4535	
云南大学出版社	360	253		359	60		28464	10424		4944	2774	
西藏人民出版社	571	181	309	1419	90	777	98434	9127	55075	14686	1993	6255
藏文古籍出版社	77	77		22	22		2492	2492		732	732	
陕西人民出版社	618	347	174	2929	224	2330	269424	26879	193567	32966	6047	16610
陕西人民教育出版社	1968	588	154	5766	1291	741	587148	172531	55250	105256	32799	5957
陕西科学技术出版社	404	241	25	741	187	44	34619	12591	2687	8282	3346	511
未来出版社	899	174	1	2146	193	19	126251	14433	551	36182	4251	35
太白文艺出版社	115	100		30	25		5404	4395		1317	1135	
陕西人民美术出版社	112	58	69	1409	12	922	77159	706	47964	12934	375	8616
陕西旅游出版社	197	160	8	801	531	8	57360	37857	420	10536	7501	46
三秦出版社	362	193	6	486	62	31	46014	11665	2945	13468	7219	435
西安出版社	797	529	9	1120	632	70	97105	52874	8376	27639	16863	1010
西安地图出版社	84	84		6	6		684	684		234	234	
陕西师范大学出版社	1135	502	6	1936	417	83	183192	48311	6158	30777	10468	550
西安电子科技大学出版社	537	350		175	109		30524	18291		6223	3583	

全国各出版社图书出版数量（续表15）

地方出版社

	种数（种）		租型种数（种）	总印数（万册、张）			总印张（千印张）			定价总金额（万元）		
	合计	初版		合计	初版	租型	合计	初版	租型	合计	初版	租型
西安交通大学出版社	1811	1182	36	1727	795	272	174816	98038	15786	39893	23011	2334
西北大学出版社	441	242	23	863	159	337	70680	18703	22795	9844	3446	2035
西北工业大学出版社	498	358		88	58		12396	8583		2965	2166	
西北农林科技大学出版社	113	106		16	14		2066	1846		623	574	
第四军医大学出版社	368	227		137	83		25222	16820		5725	3923	
甘肃人民出版社	178	174		92	91		20164	19993		4120	4084	
甘肃教育出版社	1037	362	241	4611	743	2999	386297	63761	230288	49523	11321	21576
甘肃科学技术出版社	182	168		69	66		5540	5261		1597	1528	
甘肃少年儿童出版社	674	303		884	398		56568	22812		13082	5394	
甘肃文化出版社	385	238		568	115		44581	13615		17695	11238	
甘肃民族出版社	302	292		139	120		14040	12708		3551	2964	
甘肃人民美术出版社	67	60		25	22		3511	3049		1832	1683	
敦煌文艺出版社	411	390		138	135		20372	19944		7961	7860	
兰州大学出版社	176	174		36	35		4687	4607		1188	1166	
青海人民出版社	341	189	137	757	111	580	63768	10516	46854	7555	2198	4519
青海民族出版社	438	162	64	357	56	71	28970	6740	3882	4167	2458	312
宁夏人民出版社	530	509	214	1940	138	1776	154248	21304	129474	21993	5897	15332
宁夏人民教育出版社	947	395		1156	481		109466	44336		16729	6718	
阳光出版社	1209	526		1765	390		185709	47756		50624	12853	
新疆人民出版社	1574	815	1	2991	1227	3	200990	69428	31	51175	17730	9
新疆教育出版社	2256	358	646	6328	622	3473	419399	39470	239415	46828	4265	25618
新疆科学技术出版社	717	235		570	311		36727	16626		7433	3769	
新疆青少年出版社	3134	1538	2	1199	603	1	143285	78470	41	27769	15211	11
新疆美术摄影出版社	2126	1199	56	11336	3887	306	951269	341854	13828	265155	85226	2668
喀什维吾尔文出版社	586	403		196	138		13470	10628		3324	2700	
克孜勒苏柯尔克孜文出版社	44	44		3	3		399	399		167	167	
伊犁人民出版社	204	194		54	51		4587	4283		1530	1462	
新疆大学出版社	75	71		15	13		2609	2366		734	683	
新疆人民卫生出版社	265	240	1	75	55		9016	6325	33	2041	1550	8
新疆生产建设兵团出版社	297	297		297	297		30284	30284		11414	11414	

全国各类少年儿童读物出版数量

	种数（种）		租型种数（种）	总印数(万册、张)			总印张（千印张）			定价总金额（万元）		
	合计	初版		合计	初版	租型	合计	初版	租型	合计	初版	租型
图书总计	**36633**	**22114**	**9**	**55564**	**29912**	**13**	**3387086**	**1745448**	**47**	**1136776**	**620507**	**197**
（一）使用《中国标准书号》部分合计	36623	22105	9	55443	29791	13	3383368	1741778	47	1136468	620233	197
A 马克思主义、列宁主义、毛泽东思想	8	3		5	2		590	252		156	87	
B 哲学	316	202		351	226		29273	16133		7541	4399	
C 社会科学总论	23	11		35	6		4522	609		1592	181	
D 政治、法律	163	113		895	724		34051	26237		8147	6475	
E 军事	95	59		70	49		7349	5486		1843	1433	
F 经济	39	28		14	10		1530	942		507	381	
G 文化、科学、教育、体育	10556	6792	8	15302	8442	13	664879	365258	39	375374	206371	196
H 语言、文字	2281	1366		3205	1658		198134	109093		55242	32117	
I 文学	15095	8746	1	24605	12807		1738886	863132	8	454987	244019	1
J 艺术	3950	2417		5853	3359		266969	154910		97210	56984	
K 历史、地理	844	473		1214	591		118331	52736		27724	14371	
N 自然科学总论	243	137		302	122		25979	10399		8323	3183	
O 数理科学、化学	334	133		561	174		39153	10538		9980	2885	
P 天文学、地球科学	303	185		284	122		21677	7090		7295	3382	
Q 生物科学	844	587		952	609		70824	40058		25496	17027	
R 医药、卫生	134	81		124	57		8660	3277		3242	1541	
S 农业科学	92	64		93	43		7806	3927		1879	1134	
T 工业技术	145	84		183	100		11824	5192		4249	2236	
U 交通运输	65	47		81	50		4454	3293		2523	1461	
V 航空、航天	40	22		54	17		3916	1203		1878	733	
X 环境科学	95	70		118	74		6925	4128		2829	1659	
Z 综合性图书	958	485		1141	550		117637	57886		38451	18175	
（二）不使用《中国标准书号》部分合计	10	9		121	121		3718	3670		308	274	
1. 图片	10	9		2	2		80	50		67	48	
2. 国标(GB)、部标(BB)等标准类文件印品												
3. 活页文选、活页歌篇、小件印品等				119	119		3638	3620		241	226	

全国各地区少年儿童读物出版数量

	种数（种）		租型种数（种）	总印数（万册、张）			总印张（千印张）			定价总金额（万元）		
	合计	初版		合计	初版	租型	合计	初版	租型	合计	初版	租型
全国总计	**36633**	**22114**	**9**	**55564**	**29912**	**13**	**3387086**	**1745448**	**47**	**1136776**	**620507**	**197**
中　　央	**8179**	**5248**		**11887**	**7399**		**675942**	**397430**		**226205**	**141170**	
地　　方	**28454**	**16866**	**9**	**43677**	**22513**	**13**	**2711144**	**1348018**	**47**	**910571**	**479337**	**197**
北　　京	2271	1405		4393	2825		362922	224200		94647	65653	
天　　津	993	437		1263	467		71499	28853		24279	11431	
河　　北	587	254		785	259		37625	15891		20694	5079	
山　　西	189	144		157	72		11245	3743		4017	1933	
内 蒙 古	318	217		125	103		5546	3765		1893	1442	
辽　　宁	1048	679		1444	721		106778	49643		25390	12624	
吉　　林	3996	3023		4442	3448		253933	185472		81852	64580	
黑 龙 江	985	912	1	224	199		19197	16129	8	4986	4180	1
上　　海	1188	584		3441	1167		161730	71309		145903	58559	
江　　苏	2277	1294		3382	1840		169505	80073		55043	33644	
浙　　江	2671	1102		6641	2772		479614	175486		113746	48278	
安　　徽	1244	657		1927	930		153008	71040		36343	17628	
福　　建	319	245		341	214		29883	17162		7240	4319	
江　　西	2040	1025		3222	1354		219648	86975		57412	25219	
山　　东	2011	1103	4	3164	1654	11	144911	83706	10	63230	37594	170
河　　南	572	365		691	296		23609	13513		8726	5390	
湖　　北	707	385		746	382		76228	36914		19556	11684	
湖　　南	879	462		1176	556		78248	41217		22222	10899	
广　　东	410	328		465	210		20557	11307		10100	4995	
广　　西	1070	457		2364	855		158120	57247		50384	19132	
海　　南	63	40	4	188	113	2	5999	3635	29	1805	1186	26
重　　庆	35	30		46	44		882	776		1027	1002	
四　　川	1118	806		1452	1154		46919	29834		22569	17274	
贵　　州	41	41		155	155		4559	4559		2144	2144	
云　　南	23	16		154	153		4636	4574		1584	1572	
西　　藏	16	4		8	2		172	83		60	21	
陕　　西	682	307		939	330		44524	16614		27556	7899	
甘　　肃	125	92		107	45		7122	3498		2386	876	
青　　海	25	7		6	2		325	123		80	35	
宁　　夏	45	28		30	22		1573	1007		676	381	
新　　疆	506	417		199	169		10627	9670		3021	2684	
兵　　团												

全国各出版社少年儿童读物出版数量

中央出版社

	种数（种）		租型种数（种）	总印数（万册、张）			总印张（千印张）			定价总金额（万元）		
	合计	初版		合计	初版	租型	合计	初版	租型	合计	初版	租型
中　　央	**8179**	**5248**		**11887**	**7399**		**675942**	**397430**		**226205**	**141170**	
人民出版社	7	7		79	79		4022	4022		1023	1023	
人民文学出版社	46	14		74	17		15569	3174		2682	784	
天天出版社	192	101		275	134		30342	13010		6647	3253	
商务印书馆	17	13		33	26		6039	4586		787	637	
中华书局	5	1		2	1		182	47		55	25	
人民美术出版社	141	129		127	115		8367	7138		3473	3135	
人民音乐出版社	5			2			190			50		
中国大百科全书出版社	152	121		299	218		37748	22231		14446	6689	
中译出版社	65	7		46	6		2592	713		1543	657	
文化发展出版社	38	29		27	24		1406	1196		1182	1099	
现代出版社	288	272		179	174		10534	10195		3742	3640	
中国盲文出版社	16	15					37	31		10	9	
生活·读书·新知三联书店	3	2		8	2		702	116		293	59	
中国书籍出版社	2	2					57	57		12	12	
商务印书馆国际有限公司	1			1			87			18		
中国戏剧出版社	2	2					47	47		15	15	
中国社会科学出版社	1	1					40	40		15	15	
企业管理出版社	2	2					89	89		38	38	
民族出版社	24	10		10	2		523	32		114	15	
中国青年出版社	11	5		11	4		1422	324		330	118	
中国少年儿童出版社	1094	538		3283	2037		189050	100326		54483	30761	
中国电影出版社	11	11		2	2		80	80		39	39	
人民日报出版社	7	7		5	5		398	398		108	108	
新华出版社	1	1		1	1		68	68		34	34	
世界知识出版社	16	13		19	17		1763	1607		351	309	
北京大学出版社	82	21		46	14		4033	960		927	412	
中国人民大学出版社	9	4		14	13		479	406		269	247	
外语教学与研究出版社	664	183		1090	234		34365	7908		13407	3760	
人民教育出版社	42	24		146	59		12744	4716		2485	1171	
中国农业出版社	132	94		64	44		1702	1119		1097	817	
中国纺织出版社	115	88		69	52		5446	3932		1584	1246	
煤炭工业出版社	26	24		28	21		1855	1465		613	509	
石油工业出版社	12	12		10	10		1068	1068		290	290	

全国各出版社少年儿童读物出版数量（续表1）

中央出版社

	种数（种）		租型种数（种）	总印数（万册、张）			总印张（千印张）			定价总金额（万元）		
	合计	初版		合计	初版	租型	合计	初版	租型	合计	初版	租型
中国水利水电出版社	4	1		5	2		353	73		102	40	
原子能出版社	39	39		37	37		6323	6323		1220	1220	
科学普及出版社	58	57		62	59		3157	2622		1942	1528	
机械工业出版社	2	1		1	1		21	12		13	8	
化学工业出版社	762	471		777	402		43493	26397		16960	9748	
中国铁道出版社	79	68		76	66		3823	2991		1644	1394	
人民邮电出版社	517	506		1148	1145		51157	50875		18626	18530	
海洋出版社	1	1					11	11		4	4	
地质出版社	2	2		1	1		14	14		38	38	
地震出版社	16	16		43	43		1051	1051		661	661	
气象出版社	1			1			25			8		
北京交通大学出版社	3			2			64			37		
中国地图出版社	51	40		57	51		4292	4183		1137	1072	
国防工业出版社	336	185		326	209		14925	10884		5334	3855	
新世界出版社	101	47		107	45		5893	1927		2753	977	
外文出版社	34	33		69	68		1208	1172		2924	2916	
解放军文艺出版社	7	7		7	7		238	238		261	261	
语文出版社	3	3		1	1		91	91		57	57	
中国文史出版社	1	1		2	2		364	364		69	69	
中国林业出版社	1	1					4	4		2	2	
教育科学出版社	113	43		58	18		2246	601		1103	367	
清华大学出版社	9	7		4	4		125	90		75	63	
中国商业出版社	2	2		5	5		85	85		111	111	
知识产权出版社	34	33		26	24		702	582		268	238	
北京师范大学出版社	248	73		772	181		33795	6701		11402	2887	
中国宇航出版社	6			2			132			27		
作家出版社	37	37		38	38		3032	3032		872	872	
中国财富出版社	14	13		5	5		695	671		214	207	
光明日报出版社	35	29		26	22		2241	1975		996	815	
中国妇女出版社	6	2		448	320		16795	12542		3071	2241	
红旗出版社	2	1		11	11		919	907		219	216	
电子工业出版社	29	13		18	13		1492	975		477	364	
朝华出版社	39	13		69	15		6447	1143		1506	323	
中央广播电视大学出版社	189	188		143	143		5369	5360		3506	3501	

全国各出版社少年儿童读物出版数量（续表2）

中央出版社

	种数（种）		租型种数（种）	总印数（万册、张）			总印张（千印张）			定价总金额（万元）		
	合计	初版		合计	初版	租型	合计	初版	租型	合计	初版	租型
金盾出版社	258	220		107	94		3813	3400		1566	1419	
经济科学出版社	1						105			11		
高等教育出版社	60	45		21	14		1959	909		592	419	
国际文化出版公司	15	15		5	5		36	36		27	27	
中国经济出版社	21	19		10	9		1230	1107		347	314	
北京理工大学出版社	239	154		150	103		10092	6515		3781	2637	
中国和平出版社	65	65		82	82		727	727		967	967	
华夏出版社	32	24		75	20		2431	1327		940	633	
学苑出版社	3	2		1			55	51		33	32	
团结出版社	2	2		1	1		56	56		23	23	
华文出版社	17	17		38	38		2431	2431		649	649	
中信出版社	50	43		79	73		2995	2550		2312	2098	
中国人口出版社	401	399		176	175		6644	6600		2671	2658	
蓝天出版社	28	11		27	5		1864	933		571	252	
世界图书出版公司	103	84		133	132		8695	8448		2250	2201	
群言出版社	8			10			1407			1364		
中国法制出版社	18	16		8	7		387	311		124	103	
新星出版社	31	31		55	55		1982	1982		1233	1233	
中国发展出版社	2	2		1	1		4	4		32	32	
中国致公出版社	6	6		6	6		270	270		60	60	
中国大地出版社	4	4		3	3		72	72		81	81	
中国城市出版社	20			40			3602			1192		
中华工商联合出版社	17	16		7	6		458	427		213	204	
线装书局	5	5		4	4		393	393		92	92	
星球地图出版社	14	10		10	8		378	365		241	197	
民主与建设出版社	5	5		3	3		168	168		70	70	
五洲传播出版社	32	24		9	8		294	262		455	407	
九州出版社	1	1					11	11		9	9	
当代世界出版社	8	8		2	2		356	356		60	60	
西苑出版社	2	2		1	1		54	54		27	27	
学习出版社	1	1		2	2		185	185		61	61	
中国电力出版社	43	21		14	9		394	246		250	176	
台海出版社	49	29		28	22		2199	1562		718	540	
海豚出版社	608	281		483	264		36567	20675		13386	7984	

全国各出版社少年儿童读物出版数量（续表3）

地方出版社

	种数（种）		租型种数（种）	总印数（万册、张）			总印张（千印张）			定价总金额（万元）		
	合计	初版		合计	初版	租型	合计	初版	租型	合计	初版	租型
地　　方	**28454**	**16866**	**9**	**43677**	**22513**	**13**	**2711144**	**1348018**	**47**	**910571**	**479337**	**197**
北京出版社	138	59		86	51		8016	4756		1561	962	
北京教育出版社	410	243		1239	746		142894	92657		27298	20156	
北京科学技术出版社	406	272		491	168		23303	7460		11798	4803	
北京少年儿童出版社	653	259		994	353		84378	22989		21134	8586	
北京美术摄影出版社	1	1					17	17		10	10	
北京燕山出版社	38	36		14	11		1045	881		476	336	
北京日报出版社出版社	372	293		897	839		78024	72127		22226	20935	
北京工艺美术出版社	1	1					4	4		3	3	
北京十月文艺出版社	10			14			1792			248		
北京联合出版公司	224	224		649	649		22826	22826		9726	9726	
北京工业大学出版社	15	14		9	7		608	468		155	125	
首都师范大学出版社	3	3		1	1		16	16		11	11	
天津人民出版社	134	113		287	170		17419	10443		6520	4813	
天津教育出版社	9	1		5	2		1001	735		269	198	
天津科学技术出版社	104	20		30	9		4181	2274		1084	517	
新蕾出版社	474	70		724	94		36104	4656		12149	2228	
百花文艺出版社	93	93		44	44		4518	4518		947	947	
天津人民美术出版社	145	140		151	147		6333	6227		2850	2728	
天津古籍出版社	11			6			336			140		
天津科技翻译出版公司	23			16			1608			319		
河北教育出版社	211	37		427	26		15901	1308		14086	707	
河北科学技术出版社	5	5		4	4		304	304		143	143	
河北少年儿童出版社	339	186		330	207		19507	12475		6031	3824	
花山文艺出版社	11	9		16	15		1640	1555		336	318	
河北美术出版社	4			1			25			12		
河北大学出版社	17	17		7	7		249	249		86	86	
山西人民出版社	3	2		9	1		669	193		184	47	
山西教育出版社	39	30		19	15		1052	697		262	195	
希望出版社	120	85		112	38		8598	1927		3193	1312	
北岳文艺出版社	11	11		6	6		529	529		91	91	
三晋出版社	8	8		10	10		249	249		256	256	
山西经济出版社	8	8		2	2		148	148		32	32	

全国各出版社少年儿童读物出版数量（续表4）

地方出版社

	种数（种）		租型种数（种）	总印数（万册、张）			总印张（千印张）			定价总金额（万元）		
	合计	初版		合计	初版	租型	合计	初版	租型	合计	初版	租型
内蒙古人民出版社	16	12		7	7		306	285		89	83	
内蒙古教育出版社	143	46		36	14		2795	1036		770	325	
内蒙古少年儿童出版社	136	136		66	66		1336	1336		700	700	
内蒙古文化出版社	1	1		1	1		98	98		18	18	
远方出版社	22	22		15	15		1011	1011		315	315	
辽宁科学技术出版社	30	18		19	15		697	604		398	318	
辽宁少年儿童出版社	343	244		322	267		21523	16623		5022	3965	
春风文艺出版社	323	179		848	262		67206	20028		14993	4883	
辽宁民族出版社	9	4		2			41	27		18	9	
万卷出版公司	87	78		57	55		3672	3505		1111	1073	
沈阳出版社	1	1					4	4		2	2	
大连出版社	183	112		158	102		11798	8118		3110	2021	
东北大学出版社	10			10			834			286		
大连理工大学出版社	50	31		22	14		913	644		391	293	
白山出版社	12	12		6	6		90	90		60	60	
吉林人民出版社	16	16		2	2		104	104		39	39	
吉林教育出版社	30	30		11	11		448	448		361	361	
吉林科学技术出版社	75	24		98	17		8450	1386		2085	420	
延边教育出版社	16	16		13	13		793	793		85	85	
北方妇女儿童出版社	551	395		533	450		31495	25645		9193	7835	
吉林文史出版社	31	26		34	17		2677	1854		721	414	
吉林美术出版社	975	784		1069	773		67735	46489		19479	14608	
吉林摄影出版社	177	94		152	99		9164	5117		2354	1509	
长春出版社	297	177		442	313		23413	17675		5879	3883	
延边人民出版社	67	66		7	7		666	661		149	148	
东北师范大学出版社	1	1		5	5		100	100		264	264	
吉林大学出版社	86	70		54	41		5946	4960		1437	1023	
延边大学出版社	69	54		13	9		1648	1161		371	297	
吉林出版集团	1605	1270		2010	1689		101296	79080		39436	33695	
黑龙江科学技术出版社	88	88		23	23		2516	2516		687	687	
黑龙江少年儿童出版社	84	66		38	32		2341	1666		770	651	
北方文艺出版社	26	24		8	7		697	541		194	171	
黑龙江朝鲜民族出版社	36	36		6	6		419	419		133	133	

全国各出版社少年儿童读物出版数量（续表5）

地方出版社

	种数（种）		租型种数（种）	总印数（万册、张）			总印张（千印张）			定价总金额（万元）		
	合计	初版		合计	初版	租型	合计	初版	租型	合计	初版	租型
黑龙江美术出版社	475	475	1	27	27		1733	1725	8	390	389	1
哈尔滨出版社	209	157		98	80		8814	6618		2225	1567	
哈尔滨工业大学出版社	67	66		25	25		2677	2643		588	582	
上海人民出版社	3	1		3	1		273	54		120	20	
上海教育出版社	30	17		49	12		751	391		535	340	
上海科技教育出版社	5	2		1	1		58	27		19	9	
上海科学普及出版社	82	75		103	98		3168	3030		1901	1833	
少年儿童出版社	342	130		875	118		53034	7183		16471	2306	
上海辞书出版社	1	1					28	28		11	11	
上海人民美术出版社	144	48		461	33		9280	932		2711	927	
上海译文出版社	21	5		105	3		4291	38		2927	100	
中国福利会出版社	145	78		1047	461		19541	9544		107647	44846	
上海科学技术文献出版社	12	12		12	12		186	186		226	226	
学林出版社	1	1		2	2		78	78		39	39	
复旦大学出版社	6	4		2	1		156	56		48	22	
华东师范大学出版社	230	126		158	84		8519	6349		2806	1777	
上海交通大学出版社	4	2		6			119	33		53	7	
上海外语教育出版社	9			8			389			512		
上海大学出版社	116	59		594	335		61033	43313		8781	5193	
上海音乐出版社	6			2			62			40		
东方出版中心	30	23		11	4		748	70		1044	905	
中华地图学社	1			1			19			12		
江苏教育出版社	281	75		595	127		15946	4616		10645	5840	
江苏科学技术出版社	43	39		27	25		1449	1356		762	729	
江苏少年儿童出版社	835	532		1350	841		71055	28332		19676	11310	
江苏文艺出版社	188	113		196	165		10367	9130		3575	3110	
江苏美术出版社	319	236		459	376		16167	12643		6898	5391	
古吴轩出版社	4	3		15	14		287	267		147	141	
南京出版社	66	59		116	40		5080	1985		1664	1299	
译林出版社	162	11		151	5		16678	526		2985	152	
东南大学出版社	53	44		34	25		6988	5428		1495	1226	
河海大学出版社	2	2		2	2		54	54		23	23	
南京大学出版社	218	138		190	137		19154	13129		4024	3017	

全国各出版社少年儿童读物出版数量（续表6）

地方出版社

	种数（种）		租型种数（种）	总印数（万册、张）			总印张（千印张）			定价总金额（万元）		
	合计	初版		合计	初版	租型	合计	初版	租型	合计	初版	租型
苏州大学出版社	12	3		12	1		1360	261		262	67	
南京师范大学出版社	84	35		230	81		4560	2304		2807	1316	
凤凰出版社	7	1		4			323	6		63	6	
广陵书社	3	3		1	1		37	37		18	18	
浙江人民出版社	65	21		95	40		9521	4110		1882	801	
浙江教育出版社	490	211		841	222		50050	13553		16690	4996	
浙江科学技术出版社	19	7		8	4		671	323		199	89	
浙江少年儿童出版社	1381	536		4510	1723		354125	121952		77346	31369	
浙江文艺出版社	211	42		446	245		25748	11182		5000	1832	
浙江人民美术出版社	250	97		213	102		13907	5387		3653	1740	
浙江摄影出版社	95	78		317	302		14170	12016		5608	5081	
浙江古籍出版社	36	12		77	39		5728	2347		981	464	
宁波出版社	31	12		29	7		933	262		558	209	
浙江大学出版社	79	72		104	85		4520	4113		1770	1637	
浙江工商大学出版社	14	14		3	3		241	241		60	60	
安徽人民出版社	1	1					32	32		5	5	
安徽教育出版社	143	37		100	44		4224	1073		1253	572	
安徽科学技术出版社	53	44		33	29		1638	1269		577	472	
安徽少年儿童出版社	841	452		1584	714		135764	62024		31445	14768	
安徽文艺出版社	5	2		2	1		290	115		84	31	
安徽美术出版社	30	22		19	17		1065	930		358	313	
安徽师范大学出版社	16	16		13	13		123	123		198	198	
黄山书社	124	63		166	106		9083	4953		2241	1145	
安徽大学出版社	29	18		8	5		758	490		170	113	
合肥工业大学出版社	2	2					31	31		12	12	
福建人民出版社	33	30		10	9		247	220		148	132	
福建教育出版社	10	10		5	5		430	430		130	130	
福建科学技术出版社	12	12		5	5		350	350		159	159	
福建少年儿童出版社	200	133		275	158		26129	14443		6012	3274	
海峡文艺出版社	51	51		31	31		1109	1109		441	441	
福建地图出版社	3	3		1	1		128	128		44	44	
鹭江出版社	5	5		4	4		436	436		133	133	
厦门大学出版社	5	1		9			1054	46		173	6	

全国各出版社少年儿童读物出版数量（续表7）

地方出版社

	种数（种）		租型种数（种）	总印数（万册、张）			总印张（千印张）			定价总金额（万元）		
	合计	初版		合计	初版	租型	合计	初版	租型	合计	初版	租型
江西人民出版社	20	20		19	19		1879	1879		415	415	
江西教育出版社	29	29		16	16		733	733		325	325	
二十一世纪出版社	1583	728		2967	1179		203629	79635		52613	22300	
江西美术出版社	306	147		131	52		10334	1699		2598	726	
江西高校出版社	102	101		89	88		3073	3029		1462	1454	
山东人民出版社	7	7		3	3		252	252		74	74	
山东教育出版社	106	79		201	152		13827	10675		3812	2947	
山东科学技术出版社	47	38		59	20		1494	692		1007	478	
明天出版社	570	233		1443	600		93701	41803		25572	10601	
山东文艺出版社	36	36		18	18		1435	1435		361	361	
山东美术出版社	182	70		119	54		2134	873		1786	779	
山东友谊出版社	2	2		1	1		25	25		40	40	
济南出版社	118	79		125	85		7663	5960		2627	2207	
泰山出版社	37	36		220	217		19012	18919		10794	10758	
青岛出版社	752	386	4	926	468	11	2183	985	10	16118	8591	170
中国石油大学出版社	131	123		31	27		1371	1209		586	517	
中国海洋大学出版社	23	14		19	9		1813	876		455	242	
河南人民出版社	39	32		21	18		1589	1418		577	548	
河南科学技术出版社	26	23		9	8		77	21		150	122	
海燕出版社	354	190		481	159		14745	7175		5744	3173	
河南美术出版社	104	76		88	72		4715	3722		1386	1008	
文心出版社	26	22		87	35		2100	915		746	434	
中州古籍出版社	2	2					57	57		20	20	
中原农民出版社	5	5		2	2		173	173		52	52	
黄河水利出版社	1			1			121			17		
郑州大学出版社	15	15		2	2		32	32		33	33	
长江少年儿童出版社	450	207		532	239		60246	25647		13705	7212	
华中师范大学出版社	39	4		53	1		3575	100		1045	34	
武汉大学出版社	97	68		74	61		6344	5461		2105	1846	
武汉理工大学出版社	27	21		29	26		4049	3849		1861	1779	
长江出版社	94	85		58	55		2015	1857		841	812	
湖南少年儿童出版社	875	459		1175	556		78162	41137		22111	10790	
中南大学出版社	1						6			1		

全国各出版社少年儿童读物出版数量（续表8）

地方出版社

	种数（种）		租型种数（种）	总印数（万册、张）			总印张（千印张）			定价总金额（万元）		
	合计	初版		合计	初版	租型	合计	初版	租型	合计	初版	租型
湘潭大学出版社	3	3					80	80		110	110	
广东教育出版社	103	37		169	14		5285	1041		4343	620	
广东高等教育出版社	2			1			93			18		
广东旅游出版社	37	37		60	60		2045	2045		1054	1054	
岭南美术出版社	14	14		12	12		576	576		253	253	
广东新世纪出版社	102	96		129	54		7734	3347		2538	1268	
海天出版社	26	26		7	7		342	342		243	243	
华南理工大学出版社	17	14		9	8		447	344		216	198	
汕头大学出版社	82	82		37	37		2535	2535		1100	1100	
中山大学出版社	10	10		9	9		855	855		155	155	
暨南大学出版社	6	6		1	1		62	62		30	30	
羊城晚报出版社	11	6		30	6		583	160		150	73	
广西人民出版社	11	2		5	1		365	66		92	15	
广西教育出版社	85	23		104	23		4663	1408		1753	509	
广西科学技术出版社	65	33		186	85		11779	2528		4303	1393	
接力出版社	808	327		1930	654		132943	48857		40201	14539	
广西美术出版社	13	6		6	3		330	111		128	60	
广西师范大学出版社	88	66		134	90		8040	4277		3907	2616	
海南出版社	28	7		166	93		4677	2365		1296	717	
南方出版社	32	30		16	15		1059	1036		421	406	
南海出版公司	3	3		4	4		233	233		63	63	
西南师范大学出版社	35	30		46	44		882	776		1027	1002	
四川人民出版社	1			1			30			12		
四川少年儿童出版社	879	644		1306	1033		39970	24802		19520	14806	
四川文艺出版社	22	20		14	13		1090	967		279	258	
四川美术出版社	76	67		38	35		2317	2173		859	801	
天地出版社	16	16		8	8		817	817		158	158	
成都地图出版社	99	48		62	43		2114	591		1200	739	
电子科技大学出版社	17	7		21	19		460	413		490	471	
四川大学出版社	6	2		2	2		106	56		47	35	
西南财经大学出版社	2	2					16	16		6	6	
贵州人民出版社	24	24		110	110		1328	1328		692	692	
贵州教育出版社	17	17		46	46		3231	3231		1452	1452	

全国各出版社少年儿童读物出版数量（续表9）

地方出版社

	种数（种）		租型种数（种）	总印数（万册、张）			总印张（千印张）			定价总金额（万元）		
	合计	初版		合计	初版	租型	合计	初版	租型	合计	初版	租型
云南人民出版社	5	5		147	147		4091	4091		1472	1472	
晨光出版社	6			1			56			9		
云南美术出版社	11	11		6	6		483	483		100	100	
云南民族出版社	1						6			3		
西藏人民出版社	13	1		6			100	11		42	3	
藏文古籍出版社	3	3		2	2		72	72		18	18	
陕西人民出版社	18	18		8	8		248	248		113	113	
陕西人民教育出版社	12	12		13	13		1486	1486		904	904	
陕西科学技术出版社	38	24		50	44		2407	2280		610	580	
未来出版社	376	135		614	146		23449	8151		19942	2936	
太白文艺出版社	4	4		1	1		69	69		28	28	
陕西旅游出版社	14	14		10	10		760	760		178	178	
三秦出版社	138	32		114	8		12543	1133		3053	875	
西安出版社	67	66		100	99		2498	2472		2282	2247	
西安电子科技大学出版社	1	1					11	11		3	3	
西安交通大学出版社	14	1		28			1054	6		442	35	
甘肃少年儿童出版社	79	47		87	26		5119	1550		1945	443	
甘肃民族出版社	2	1		1			78	23		13	4	
敦煌文艺出版社	44	44		20	20		1925	1925		429	429	
青海民族出版社	25	7		6	2		325	123		80	35	
宁夏人民出版社	12	11		9	6		902	447		296	172	
阳光出版社	33	17		21	16		671	560		381	209	
新疆人民出版社	30	27		34	33		1745	1681		393	375	
新疆青少年出版社	307	244		114	92		6872	6119		1881	1632	
新疆美术摄影出版社	1	1					6	6		2	2	
喀什维吾尔文出版社	145	123		44	37		1017	885		399	333	
克孜勒苏柯尔克孜文出版社	4	4					34	34		13	13	
伊犁人民出版社	5	4		2	1		139	131		34	30	
新疆大学出版社	11	11		3	3		663	663		243	243	
新疆人民卫生出版社	3	3		2	2		153	153		56	56	

全 国 课 本 出 版 数 量

	种数（种）		租型种数（种）	总印数（万册、张）		总印张（千印张）		定价总金额（万元）	
	合计	初版		合计	租型	合计	租型	合计	租型
课本合计	**90718**	**30702**	**8743**	**331931**	**141215**	**26308698**	**10266068**	**3583406**	**1066218**
（1）大专及以上课本	62334	22757	4	32048		5611339	53	1106992	11
（2）中专、技校课本	7644	2813	7	7471	15	934275	1690	174717	209
（3）中学课本	6877	1250	5143	153674	78727	11736558	6567771	1231387	654106
（4）小学课本	6251	1521	3394	132566	62360	7154995	3683578	858879	408851
（5）业余教育课本	3617	1585		3489		518175		130351	
（6）扫盲课本	4	3		67		7283		3107	
（7）教学用书	3991	773	195	2616	113	346073	12976	77973	3041

全国课本出版数量与去年相比增减百分比

	种数		租型种数	总印数		总印张		定价总金额	
	合计	初版		合计	租型	合计	租型	合计	租型
课本合计	**-1.79**	**-10.09**	**-0.10**	**-5.15**	**2.46**	**-3.98**	**4.48**	**-2.52**	**4.67**
（1）大专及以上课本	5.27	-3.48	-88.57	-3.52	-100.00	-4.36	-98.95	-0.49	-98.25
（2）中专、技校课本	-1.60	6.11	250.00	-1.42		-1.72	2582.54	2.27	1641.67
（3）中学课本	-22.11	-42.18	-1.40	-8.19	1.59	-6.33	3.17	-6.93	3.39
（4）小学课本	-7.84	-12.64	3.38	-1.47	3.68	1.96	7.21	3.77	7.13
（5）业余教育课本	-30.43	-38.25	-100.00	-13.92	-100.00	-19.28	-100.00	-17.14	-100.00
（6）扫盲课本				219.05		933.05		3277.17	
（7）教学用书	-12.71	-46.62	-9.30	-17.06	-24.16	-11.41	-31.93	-7.99	-17.14

课 本 出 版 数 量

中央出版社

	种数（种）		租型种数（种）	总印数（万册、张）		总印张（千印张）		定价总金额（万元）	
	合计	初版		合计	租型	合计	租型	合计	租型
课本合计	**52471**	**16559**	**22**	**91814**	**185**	**9427027**	**13322**	**1527303**	**1398**
（1）大专及以上课本	39931	12956		22781		4147964		801922	
（2）中专、技校课本	5704	1765		6300		790728		145232	
（3）中学课本	1991	277	13	38487	183	2687415	12963	290251	1332
（4）小学课本	1199	279		19887		1149205		135261	
（5）业余教育课本	2541	1047		2674		413761		104873	
（6）扫盲课本									
（7）教学用书	1105	235	9	1685	2	237954	359	49764	66

课本出版数量与去年相比增减百分比

中央出版社

	种数		租型种数	总印数		总印张		定价总金额	
	合计	初版		合计	租型	合计	租型	合计	租型
课本合计	**-4.57**	**-13.30**	**-12.00**	**-9.76**	**-57.27**	**-8.78**	**-58.54**	**-5.79**	**-54.27**
（1）大专及以上课本	2.33	-6.64		-2.14		-3.06		0.68	
（2）中专、技校课本	-9.43	-3.87		-5.66		-5.92		-2.95	
（3）中学课本	-23.60	-43.12		-17.28	-57.34	-17.00	-58.83	-17.26	-54.83
（4）小学课本	-9.71	-20.06		-0.98		-2.83		-0.24	
（5）业余教育课本	-41.83	-50.98		-22.31		-26.27		-25.12	
（6）扫盲课本									
（7）教学用书	-18.87	-43.24	-25.00	-2.60	-50.00	2.06	-44.17	2.57	-38.89

课　本　出　版　数　量

地方出版社

	种数（种）		租型种数（种）	总印数（万册、张）		总印张（千印张）		定价总金额（万元）	
	合计	初版		合计	租型	合计	租型	合计	租型
课本合计	**38247**	**14143**	**8721**	**240117**	**141030**	**16881671**	**10252746**	**2056103**	**1064820**
（1）大专及以上课本	22403	9801	4	9267		1463375	53	305070	11
（2）中专、技校课本	1940	1048	7	1171	15	143547	1690	29485	209
（3）中学课本	4886	973	5130	115187	78544	9049143	6554808	941136	652774
（4）小学课本	5052	1242	3394	112679	62360	6005790	3683578	723618	408851
（5）业余教育课本	1076	538		815		104414		25478	
（6）扫盲课本	4	3		67		7283		3107	
（7）教学用书	2886	538	186	931	111	108119	12617	28209	2975

课本出版数量与去年相比增减百分比

地方出版社

	种数		租型种数	总印数		总印张		定价总金额	
	合计	初版		合计	租型	合计	租型	合计	租型
课本合计	**2.30**	**-6.01**	**-0.07**	**-3.26**	**2.64**	**-1.07**	**4.69**	**0.05**	**4.85**
（1）大专及以上课本	10.93	1.03	-88.57	-6.77	-100.00	-7.84	-98.95	-3.42	-98.25
（2）中专、技校课本	31.97	28.59	250.00	30.11		30.28	2582.54	39.18	1641.67
（3）中学课本	-21.48	-41.91	-1.40	-4.69	1.92	-2.62	3.48	-3.21	3.66
（4）小学课本	-7.39	-10.78	3.38	-1.55	3.68	2.93	7.21	4.56	7.13
（5）业余教育课本	29.48	24.83	-100.00	33.17	-100.00	29.28	-100.00	47.64	-100.00
（6）扫盲课本				219.05		933.05		3277.17	
（7）教学用书	-10.09	-47.97	-8.37	-34.62	-23.45	-31.35	-31.50	-22.14	-16.48

全国各地区课本出版总量

	课本合计								
	种数（种）		租型种数（种）	总印数（万册、张）		总印张（千印张）		定价总金额（万元）	
	合计	初版		合计	租型	合计	租型	合计	租型
全国总计	**90718**	**30702**	**8743**	**331931**	**141215**	**26308698**	**10266068**	**3583406**	**1066218**
中　央	**52471**	**16559**	**22**	**91814**	**185**	**9427027**	**13322**	**1527303**	**1398**
地　方	**38247**	**14143**	**8721**	**240117**	**141030**	**16881671**	**10252746**	**2056103**	**1064820**
北　京	730	197		1801		140680		21362	
天　津	763	413	107	883	549	82065	42233	12818	4263
河　北	445	93	204	9978	5983	696420	453498	70125	43113
山　西	78	42	172	5199	4442	397805	346192	44165	37215
内蒙古	842	122	331	4483	3188	319505	235027	31671	23710
辽　宁	2984	1058	5	3910	15	279861	1315	51856	125
吉　林	1116	654	286	4515	2765	290271	181713	34394	20204
黑龙江	814	427	367	3489	2877	244173	205061	30021	21955
上　海	6066	2177		13103		1130951		183006	
江　苏	3325	1177	176	20050	8840	1347422	548149	165527	58600
浙　江	1591	397	301	12841	7720	850636	551234	104499	56082
安　徽	1091	434	732	11826	9314	853486	705459	102115	71297
福　建	458	207	185	4207	3197	302187	234302	31523	21683
江　西	332	140	229	7195	5943	551568	474677	57252	44974
山　东	1630	610	490	18346	10392	1093421	636793	144366	78140
河　南	1060	383	265	14044	9429	932030	748593	105166	70399
湖　北	2583	1054	433	8841	6464	714090	495291	99929	58724
湖　南	1039	364	359	14678	9404	899968	597016	119739	70502
广　东	1588	582	171	17692	7298	1229907	577256	129840	52336
广　西	479	142	325	10174	6233	679485	491583	71375	46257
海　南	28	1	256	1489	1317	84298	79082	9426	8748
重　庆	2176	794	235	6610	2584	440024	168741	64453	22140
四　川	2066	953	471	10074	7313	811901	554706	93698	57275
贵　州	101	28	505	7397	6857	519019	493259	54700	51167
云　南	157	23	267	6985	5380	485692	418296	47630	39107
西　藏	171	15	281	1038	667	72960	49234	10030	5669
陕　西	2289	1295	495	7981	4804	600005	356646	75713	37643
甘　肃	69	46	221	3153	2827	244891	225976	23715	21179
青　海	215	8	201	910	650	69986	50736	6165	4830
宁　夏	21	12	214	1834	1776	132473	129474	15658	15332
新　疆	1939	294	437	5391	2802	384481	201204	44161	22151
兵　团	1	1				10		5	

全国各地区各类课本出版数量

	大专及以上课本								
	种数（种）		租型种数（种）	总印数（万册、张）		总印张（千印张）		定价总金额（万元）	
	合计	初版		合计	租型	合计	租型	合计	租型
全国总计	**62334**	**22757**	**4**	**32048**		**5611339**	**53**	**1106992**	**11**
中　　央	**39931**	**12956**		**22781**		**4147964**		**801922**	
地　　方	**22403**	**9801**	**4**	**9267**		**1463375**	**53**	**305070**	**11**
北　　京	232	79		176		28687		5853	
天　　津	676	350		182		31190		7002	
河　　北	54	36		10		1554		404	
山　　西	7	5		1		186		48	
内 蒙 古	79	40		24		4423		627	
辽　　宁	2296	775		873		140165		29457	
吉　　林	504	430		149		22137		5077	
黑 龙 江	692	374		122		20236		3929	
上　　海	3737	1390		3160		487307		102194	
江　　苏	2160	797		665		108249		22228	
浙　　江	883	211		248		40855		8370	
安　　徽	798	365		282		43544		8998	
福　　建	263	130		130		22638		3931	
江　　西	177	94		52		8466		1609	
山　　东	577	308		266		42426		8149	
河　　南	712	316		245		28333		6895	
湖　　北	2158	947	4	666		117503	53	23790	11
湖　　南	629	288		272		41713		9108	
广　　东	775	379		218		35713		7535	
广　　西	80	17		90		12628		2187	
海　　南	5	1		1		115		22	
重　　庆	1327	525		411		62861		13531	
四　　川	1694	779		430		66172		14262	
贵　　州	2			7		913		107	
云　　南									
西　　藏									
陕　　西	1857	1138		580		93636		19421	
甘　　肃	15	15		3		709		223	
青　　海									
宁　　夏									
新　　疆	14	12		4		1016		113	
兵　　团									

全国各地区各类课本出版数量（续表1）

	中专、技校课本								
	种数（种）		租型种数（种）	总印数（万册、张）		总印张（千印张）		定价总金额（万元）	
	合计	初版		合计	租型	合计	租型	合计	租型
全国总计	**7644**	**2813**	**7**	**7471**	**15**	**934275**	**1690**	**174717**	**209**
中　　央	**5704**	**1765**		**6300**		**790728**		**145232**	
地　　方	**1940**	**1048**	**7**	**1171**	**15**	**143547**	**1690**	**29485**	**209**
北　　京	40	11		15		1850		399	
天　　津	6	5		1		135		28	
河　　北									
山　　西	11	11		4		433		107	
内 蒙 古									
辽　　宁	61	43		13		1332		247	
吉　　林	3	2	3	9	8	989	842	133	97
黑 龙 江									
上　　海	360	241		175		22013		4468	
江　　苏	209	104		394		45214		9063	
浙　　江	118	29		97		10979		2296	
安　　徽	16	1		6		766		157	
福　　建	20	13		12		1581		285	
江　　西	34	21		8		1040		214	
山　　东	89	71	4	25	7	2634	848	541	112
河　　南	41	25		17		2295		530	
湖　　北	202	66		56		6954		1584	
湖　　南	45	17		36		3257		499	
广　　东	83	29		52		6994		1097	
广　　西	57	23		30		3869		877	
海　　南									
重　　庆	271	156		86		9684		2967	
四　　川	106	75		87		14482		2421	
贵　　州									
云　　南	4	4				42		11	
西　　藏									
陕　　西	154	91		47		6898		1532	
甘　　肃									
青　　海									
宁　　夏									
新　　疆	10	10		1		106		29	
兵　　团									

全国各地区各类课本出版数量（续表2）

	中学课本								
	种数（种）		租型种数（种）	总印数（万册、张）		总印张（千印张）		定价总金额（万元）	
	合计	初版		合计	租型	合计	租型	合计	租型
全国总计	**6877**	**1250**	**5143**	**153674**	**78727**	**11736558**	**6567771**	**1231387**	**654106**
中　　央	**1991**	**277**	**13**	**38487**	**183**	**2687415**	**12963**	**290251**	**1332**
地　　方	**4886**	**973**	**5130**	**115187**	**78544**	**9049143**	**6554808**	**941136**	**652774**
北　　京	130	42		686		49387		7673	
天　　津	16	10	60	346	310	30487	28164	2881	2602
河　　北	77	5	104	4020	3175	347721	277187	31689	24857
山　　西	20	6	118	3173	2824	276870	252810	29984	26972
内 蒙 古	347	16	219	2498	1848	206598	156205	19064	14670
辽　　宁	204	72	5	1001	15	52048	1315	7898	125
吉　　林	271	68	181	2287	1754	161115	128933	17125	13888
黑 龙 江	30	14	203	1999	1802	155557	146087	17552	15338
上　　海	678	188		5129		368079		39790	
江　　苏	293	43	70	8830	3426	649045	254301	58219	22614
浙　　江	194	63	190	5481	3672	449239	329000	44678	29980
安　　徽	115	19	456	6804	6183	542069	512016	58719	51208
福　　建	38	16	89	1726	1566	143916	134668	12918	11689
江　　西	60	8	161	3782	3239	332550	300278	32764	27599
山　　东	280	76	318	9994	6265	711425	430474	80846	50878
河　　南	88	16	150	5906	4467	460969	412196	46012	36831
湖　　北	70	13	205	3686	3321	317381	294330	37177	33252
湖　　南	119	12	229	7731	5588	539038	388142	65834	46415
广　　东	320	65	93	9377	4628	742035	422851	71896	37013
广　　西	90	24	198	4483	3618	364364	320602	34173	28996
海　　南	6		123	712	663	49168	47239	5259	4988
重　　庆	155	22	125	2176	1413	145702	106295	20800	14622
四　　川	98	43	273	6133	4453	516446	375802	52202	38147
贵　　州	41	7	288	3598	3386	305864	293591	29613	27817
云　　南	54	2	144	3326	2818	282039	253266	25794	22556
西　　藏	32	4	163	481	404	41444	34011	6090	3768
陕　　西	96	21	309	3453	2826	283996	247464	30072	24604
甘　　肃	10	6	157	2067	2009	178388	175590	16405	16028
青　　海	114	1	129	495	401	45278	35378	3812	3225
宁　　夏	2	2	132	974	968	83140	82578	9735	9680
新　　疆	837	88	238	2833	1502	217775	114035	24457	12412
兵　　团	1	1				10		5	

全国各地区各类课本出版数量（续表3）

	小学课本								
	种数（种）		租型种数（种）	总印数（万册、张）		总印张（千印张）		定价总金额（万元）	
	合计	初版		合计	租型	合计	租型	合计	租型
全国总计	**6251**	**1521**	**3394**	**132566**	**62360**	**7154995**	**3683578**	**858879**	**408851**
中　央	**1199**	**279**		**19887**		**1149205**		**135261**	
地　方	**5052**	**1242**	**3394**	**112679**	**62360**	**6005790**	**3683578**	**723618**	**408851**
北　京	164	31		887		53744		6184	
天　津	29	21	47	340	239	18365	14069	2295	1661
河　北	172	34	100	5896	2808	340427	176311	36361	18256
山　西	22	8	54	2010	1618	118555	93382	13626	10243
内蒙古	268	47	112	1944	1340	105879	78822	11650	9040
辽　宁	226	84		1933		75712		11398	
吉　林	255	109	102	2041	1003	102276	51938	11379	6219
黑龙江	47	15	120	1339	1053	65912	57113	8209	6417
上　海	491	128		4203		198539		23840	
江　苏	231	77	54	9785	5345	495074	285005	63652	33494
浙　江	210	41	107	6856	4046	332602	222031	43488	26082
安　徽	114	22	275	4718	3131	264951	193433	33761	20084
福　建	90	32	96	2324	1631	132332	99634	13931	9994
江　西	45	11	68	3345	2704	208423	174399	22417	17375
山　东	310	62	168	7911	4120	321753	205471	51438	27150
河　南	143	18	115	7853	4962	437218	336397	50635	33568
湖　北	146	23	182	4423	3134	271025	199838	37171	25293
湖　南	135	37	130	6560	3816	307949	208874	41058	24087
广　东	235	77	63	7971	2664	438444	154217	47825	15284
广　西	164	38	127	5541	2615	295342	170981	31846	17261
海　南	17		133	776	654	35015	31843	4145	3760
重　庆	300	57	110	3889	1171	215734	62446	25031	7518
四　川	106	26	198	3400	2860	211752	178904	23625	19128
贵　州	54	19	217	3783	3471	210752	199668	24746	23350
云　南	96	15	123	3657	2562	203524	165030	21806	16551
西　藏	86	11	101	547	261	30384	14970	3844	1881
陕　西	152	38	186	3892	1978	214496	109182	24459	13039
甘　肃	28	16	64	1059	818	64588	50386	6799	5151
青　海	80	7	72	413	249	24584	15358	2347	1605
宁　夏	19	10	82	860	808	49333	46896	5923	5652
新　疆	617	128	188	2523	1299	161106	86980	18729	9708
兵　团									

全国各地区各类课本出版数量（续表4）

	业余教育课本								
	种数（种）		租型种数（种）	总印数（万册、张）		总印张（千印张）		定价总金额（万元）	
	合计	初版		合计	租型	合计	租型	合计	租型
全国总计	**3617**	**1585**		**3489**		**518175**		**130351**	
中　　央	**2541**	**1047**		**2674**		**413761**		**104873**	
地　　方	**1076**	**538**		**815**		**104414**		**25478**	
北　　京	82	10		19		4736		813	
天　　津	17	14		8		1212		375	
河　　北	2	1		5		955		215	
山　　西	6	4		9		1445		339	
内 蒙 古	6	5		13		2188		311	
辽　　宁	120	54		81		9764		2683	
吉　　林	29	27		13		1254		300	
黑 龙 江	19	19		2		164		62	
上　　海	251	117		326		40865		9957	
江　　苏	156	96		103		14099		3739	
浙　　江	35	14		38		4590		914	
安　　徽	31	20		11		1496		365	
福　　建	23	12		9		1247		299	
江　　西	6	5		4		702		178	
山　　东	76	52		42		5742		1318	
河　　南	18	3		14		2218		468	
湖　　北	3	1		1		138		35	
湖　　南	3	1		5		642		97	
广　　东	22	16		21		1620		311	
广　　西	26	11		15		1247		336	
海　　南									
重　　庆	40	2		13		1565		311	
四　　川	45	25		17		1932		1020	
贵　　州	4	2		9		1490		234	
云　　南									
西　　藏									
陕　　西	5	1		1		196		45	
甘　　肃	16	9		24		1206		288	
青　　海									
宁　　夏									
新　　疆	35	17		12		1701		465	
兵　　团									

全国各地区各类课本出版数量（续表5）

	扫盲课本								
	种数（种）		租型种数（种）	总印数（万册、张）		总印张（千印张）		定价总金额（万元）	
	合计	初版		合计	租型	合计	租型	合计	租型
全国总计	**4**	**3**		**67**		**7283**		**3107**	
中　　央									
地　　方	**4**	**3**		**67**		**7283**		**3107**	
北　　京									
天　　津									
河　　北									
山　　西									
内 蒙 古									
辽　　宁									
吉　　林									
黑 龙 江									
上　　海									
江　　苏									
浙　　江				64		7138		3072	
安　　徽									
福　　建									
江　　西									
山　　东									
河　　南									
湖　　北									
湖　　南									
广　　东									
广　　西									
海　　南									
重　　庆	1	1		1		58		16	
四　　川									
贵　　州									
云　　南	3	2		2		87		19	
西　　藏									
陕　　西									
甘　　肃									
青　　海									
宁　　夏									
新　　疆									
兵　　团									

全国各地区各类课本出版数量（续表6）

	教学用书								
	种数（种）		租型种数（种）	总印数（万册、张）		总印张（千印张）		定价总金额（万元）	
	合计	初版		合计	租型	合计	租型	合计	租型
全国总计	**3991**	**773**	**195**	**2616**	**113**	**346073**	**12976**	**77973**	**3041**
中　　央	**1105**	**235**	**9**	**1685**	**2**	**237954**	**359**	**49764**	**66**
地　　方	**2886**	**538**	**186**	**931**	**111**	**108119**	**12617**	**28209**	**2975**
北　　京	82	24		18		2276		440	
天　　津	19	13		6		676		237	
河　　北	140	17		47		5763		1456	
山　　西	12	8		2		316		61	
内 蒙 古	142	14		4		417		19	
辽　　宁	77	30		9		840		173	
吉　　林	54	18		16		2500		380	
黑 龙 江	26	5	44	27	22	2304	1861	269	200
上　　海	549	113		110		14148		2757	
江　　苏	276	60	52	273	69	35741	8843	8626	2492
浙　　江	151	39	4	57	2	5233	203	1681	20
安　　徽	17	7	1	5		660	10	115	5
福　　建	24	4		6		473		159	
江　　西	10	1		4		387		70	
山　　东	298	41		108		9441		2074	
河　　南	58	5		9		997		626	
湖　　北	4	4	42	9	9	1089	1070	172	168
湖　　南	108	9		74		7369		3143	
广　　东	153	16	15	53	6	5101	188	1176	39
广　　西	62	29		15		2035		1956	
海　　南									
重　　庆	82	31		34		4420		1797	
四　　川	17	5		7		1117		168	
贵　　州									
云　　南									
西　　藏	53		17	10	2	1132	253	96	20
陕　　西	25	6		8		783		184	
甘　　肃									
青　　海	21			2		124		6	
宁　　夏									
新　　疆	426	39	11	18	1	2777	189	368	31
兵　　团									

全国各出版社课本出版数量

中央出版社

	种数（种）		租型种数（种）	总印数（万册、张）		总印张（千印张）		定价总金额（万元）	
	合计	初版		合计	租型	合计	租型	合计	租型
中　央	**52471**	**16559**	**22**	**91814**	**185**	**9427027**	**13322**	**1527303**	**1398**
人民出版社	8	8		19		3678		589	
商务印书馆	27	19		25		3194		697	
中华书局	31	7		70		4249		1096	
人民美术出版社	172	77		322		17147		4009	
人民音乐出版社	150	40		197		15931		4902	
中国大百科全书出版社	4			1		183		39	
中译出版社	55	47		27		2110		486	
文化发展出版社	64	18		8		1192		303	
中国盲文出版社	59	44		11		830		122	
生活、读书、新知三联书店	1	1		1		98		48	
中国书籍出版社	12	11		1		191		49	
中国戏剧出版社	1	1				23		4	
中国财政经济出版社	143	80		223		49496		7884	
企业管理出版社	10	10		1		205		56	
民族出版社	38	9		11		2218		384	
中国青年出版社	125	42		47		5254		2383	
中国工人出版社	14	5		21		2040		604	
人民体育出版社	88	13		51		10204		1984	
中国电影出版社	10	3		2		245		75	
人民日报出版社	10	10		2		181		52	
新华出版社	14	14		2		310		66	
世界知识出版社	2					22		6	
群众出版社	18	2		4		548		139	
北京大学出版社	2300	677		1044		182413		41859	
中国人民大学出版社	1930	798		1238		256430		46867	
外语教学与研究出版社	1114	244		2254		336019		82816	
人民教育出版社	1478	194		15332		1375062		150886	
中国农业出版社	625	169		263		45045		8409	
中国轻工业出版社	474	129		103		17706		3903	
中国纺织出版社	173	77		44		7279		1855	
煤炭工业出版社	96	52		24		3607		719	
石油工业出版社	84	57		24		4354		880	
中国水利水电出版社	816	341		409		65266		13744	
原子能出版社	27	27		3		461		104	
科学出版社	656	157		185		31260		6850	
科学普及出版社	11	8		6		986		226	
科学技术文献出版社	33	30		3		603		137	

全国各出版社课本出版数量（续表1）

中央出版社

	种数（种）		租型种数（种）	总印数（万册、张）		总印张（千印张）		定价总金额（万元）	
	合计	初版		合计	租型	合计	租型	合计	租型
机械工业出版社	2857	671		991		169970		34849	
冶金工业出版社	212	118		41		6633		1468	
化学工业出版社	2425	944		654		100754		21275	
中国建筑工业出版社	1091	314		933		190273		44715	
中国铁道出版社	1053	414		304		49623		10403	
人民交通出版社	1017	338		1144		161173		43839	
中国质检出版社	46	9		12		1903		469	
人民邮电出版社	2361	704		657		104756		23721	
海洋出版社	27	12		8		1343		357	
地质出版社	169	40		2273		102920		11578	
地震出版社	8	8		4		719		141	
气象出版社	29	7		8		1217		288	
北京交通大学出版社	840	281		260		41244		9027	
中国地图出版社	435	107		7822		388085		50322	
人民卫生出版社	1711	570		2075		489091		97223	
国防工业出版社	32	15		12		2218		415	
中国旅游出版社	5	1		1		223		44	
中国商务出版社	10	1		1		241		50	
新世界出版社	11			96		10472		1007	
外文出版社	26	16		14		2642		644	
语文出版社	229	65		2042		168808		18062	
中国文史出版社	1	1				11		2	
中共中央党校出版社	50	29		21		3139		728	
法律出版社	113	39		49		13160		2335	
中国统计出版社	3	3		1		168		36	
中国林业出版社	174	77		53		11814		2017	
文化艺术出版社	7	6		4		508		124	
教育科学出版社	786	214		9975		642938		87999	
清华大学出版社	3534	1168		1078		187430		39278	
中国广播影视出版社	2	2		1		85		19	
中国商业出版社	23	5		3		398		70	
中国劳动社会保障出版社	1975	434		1450		158966		28679	
中国环境出版社	17	15		36		1212		444	
知识产权出版社	7	7		1		91		31	
北京师范大学出版社	1769	435		14385		1177594		127359	
中国财富出版社	102	70		20		2662		742	
光明日报出版社	17	17		8		2501		414	
中国金融出版社	160	50		126		20035		5167	

全国各出版社课本出版数量（续表2）

中央出版社

	种数（种）		租型种数（种）	总印数（万册、张）		总印张（千印张）		定价总金额（万元）	
	合计	初版		合计	租型	合计	租型	合计	租型
中国海关出版社	2	2		1		172		41	
电子工业出版社	156	40		149		17096		3305	
中央广播电视大学出版社	824	310		1014		142540		24991	
人民军医出版社	130	37		38		5053		1098	
金盾出版社	1	1				68		16	
经济科学出版社	288	117		91		18369		3564	
高等教育出版社	9104	2276		10538		1740356		296208	
对外经济贸易大学出版社	364	201		110		19442		4043	
经济管理出版社	78	70		34		4728		1341	
国际文化出版公司	1	1				16		3	
中国经济出版社	7	7		4		273		104	
中央民族大学出版社	65	46		57		6470		927	
北京语言大学出版社	267	18		129		19220		5115	
中国政法大学出版社	385	309		107		17831		4036	
中国人民公安大学出版社	265	129		72		13162		3996	
北京航空航天大学出版社	175	99		58		10479		2108	
北京理工大学出版社	1367	610		449		66196		15504	
中国农业大学出版社	425	249		126		21646		5009	
中国传媒大学出版社	144	32		70		12259		2808	
北京体育大学出版社	263	91		124		31125		3823	
中国医药科技出版社	455	222		157		30360		6480	
北京邮电大学出版社	740	199		232		37446		7703	
人民武警出版社	12	12		10		582		99	
华文出版社	20	9		593		26470		3413	
中央音乐学院出版社	7	3		2		371		153	
中国人事出版社	11	7		3		347		85	
开明出版社	6	6		1		48		11	
世界图书出版公司	58	7		32		2808		713	
北京大学医学出版社	353	232		140		27987		5559	
中国发展出版社	2	1				52		10	
中国中医药出版社	485	104		248		57153		8999	
中国建材工业出版社	47	31		12		1966		525	
现代教育出版社	53	52		47		4891		902	
中国城市出版社	1	1		10		925		300	
星球地图出版社	577		22	8306	186	374303	13323	52571	1397
中国民航出版社	79	40		34		5530		1489	
中国电力出版社	1033	350		273		45619		9537	
军事医学出版社	10	10		3		519		118	
宗教文化出版社	4			1		85		21	

全国各出版社课本出版数量（续表3）

地方出版社

	种数（种）		租型种数（种）	总印数（万册、张）		总印张（千印张）		定价总金额（万元）	
	合计	初版		合计	租型	合计	租型	合计	租型
地　　方	**38247**	**14143**	**8721**	**240117**	**141030**	**16881671**	**10252746**	**2056103**	**1064820**
北京出版社	324	115		1088		86985		11258	
北京教育出版社	29	12		351		17355		4864	
北京日报出版社	4			58		4586		441	
北京工艺美术出版社	2	2		1		54		23	
旅游教育出版社	75	10		24		3346		712	
北京工业大学出版社	20	7		5		994		165	
首都经济贸易大学出版社	135	21		37		7129		1283	
首都师范大学出版社	141	30		238		20231		2615	
天津人民出版社	15	10		20		1211		249	
天津教育出版社	34	22	96	572	517	44682	41297	4511	4080
天津科学技术出版社	93	81		37		4761		1351	
新蕾出版社	4			14		523		117	
天津人民美术出版社	13	12	11	75	32	2241	936	538	183
天津科技翻译出版公司	10	10		3		495		129	
南开大学出版社	323	210		87		15766		3353	
天津大学出版社	271	68		75		12387		2571	
河北人民出版社	86	6		1044		64342		6719	
河北教育出版社	146	23		1738		123912		13324	
河北科学技术出版社	23		5	182	159	17142	16396	1626	1551
河北少年儿童出版社	54	14		208		11267		1789	
花山文艺出版社	1		2	46	44	3454	2918	515	437
河北美术出版社	87	37		725		22363		3427	
河北大学出版社	48	13		255		19756		1601	
山西人民出版社	6	3		3		567		110	
山西教育出版社	34	14		287		16445		2707	
山西科学技术出版社	15	13		11		1532		347	
希望出版社	11	5		386		28412		2760	
北岳文艺出版社	3	3		2		90		45	
三晋出版社	3	3				8		5	
山西经济出版社	5			69		4539		971	
书海出版社	1	1				20		5	
内蒙古人民出版社	1	1				5		1	
内蒙古教育出版社	753	77	331	4442	3188	312701	235027	30715	23711
内蒙古科学技术出版社	1	1				2			
远方出版社	2	2				14		4	
内蒙古大学出版社	85	41		39		6783		950	
辽宁教育出版社	4		3	13	1	844	33	108	4
辽宁科学技术出版社	4	1		1		119		28	

全国各出版社课本出版数量（续表4）

地方出版社

	种数（种）		租型种数（种）	总印数（万册、张）		总印张（千印张）		定价总金额（万元）	
	合计	初版		合计	租型	合计	租型	合计	租型
辽宁美术出版社	267	154		49		4939		2985	
辽宁民族出版社	55	31		160		5307		959	
辽海出版社	240	73		988		40423		6350	
沈阳出版社	41	28	2	201	14	9744	1282	1739	121
大连出版社	23	15		8		1220		257	
东北财经大学出版社	691	117		358		65137		11237	
东北大学出版社	99	71		44		6354		1449	
辽宁大学出版社	77	49		84		6303		1075	
辽宁师范大学出版社	153	55		1128		51760		7283	
大连海事大学出版社	203	98		51		7530		1957	
大连理工大学出版社	1127	366		826		80178		16429	
吉林教育出版社	32	29		25		1109		201	
吉林科学技术出版社	3	2				93		18	
延边教育出版社	375	84		163		11865		1268	
吉林美术出版社	12	12		5		234		89	
长春出版社	119	60	24	699	133	46049	9829	4723	999
东北师范大学出版社	102	45		47		6443		1481	
吉林大学出版社	374	360		91		13675		3225	
延边大学出版社	2	2				7		1	
吉林出版集团	97	60	262	3486	2632	210795	171884	23387	19206
黑龙江人民出版社	3	3				84		16	
黑龙江教育出版社	93	34	23	573	90	24328	5818	5030	967
黑龙江科学技术出版社	4	4				29		7	
黑龙江少年儿童出版社	13	3		5		310		45	
黑龙江朝鲜民族出版社	1			1		100		15	
黑龙江美术出版社	17	17		1		73		20	
哈尔滨出版社	5	5				28		8	
哈尔滨地图出版社	2	2				11		3	
东北林业大学出版社	46	32		6		793		147	
哈尔滨工程大学出版社	321	180		54		7740		1807	
哈尔滨工业大学出版社	271	123		50		9528		1628	
黑龙江大学出版社	38	24		11		1906		307	
上海人民出版社	8	5		24		1436		198	
上海教育出版社	691	242		3485		193229		23002	
上海科学技术出版社	242	26		873		86699		9914	
上海科技教育出版社	305	45		3096		204662		20587	
少年儿童出版社	31	3		122		8769		1139	
上海辞书出版社	17			226		14950		1610	
上海人民美术出版社	100	20		23		1831		865	

全国各出版社课本出版数量（续表5）

地方出版社

	种数（种）		租型种数（种）	总印数（万册、张）		总印张（千印张）		定价总金额（万元）	
	合计	初版		合计	租型	合计	租型	合计	租型
上海古籍出版社	1					19		3	
上海译文出版社	7	3		3		427		107	
上海音乐学院出版社	70	11		29		2525		1027	
上海书画出版社	58	2		613		19233		2789	
上海科学技术文献出版社	1	1				24		6	
格致出版社	52	28		28		6549		1232	
立信会计出版社	518	231		413		61470		13008	
上海远东出版社	28			130		7942		905	
上海三联书店	1			1		42		7	
学林出版社	7	7		1		47		13	
上海社会科学院出版社	1			2		302		50	
复旦大学出版社	849	242		747		117017		26356	
华东理工大学出版社	115	33		27		5475		1080	
华东师范大学出版社	872	376		1011		91447		16965	
上海交通大学出版社	685	428		352		57661		11615	
上海外语教育出版社	691	133		1485		201847		40533	
上海浦江教育出版社	7	7		1		110		24	
同济大学出版社	116	56		44		8243		1719	
东华大学出版社	158	104		40		5214		1611	
上海财经大学出版社	311	162		114		22059		4322	
上海大学出版社	38	6		17		2317		452	
上海音乐出版社	57	3		107		5101		1309	
东方出版中心	7	1		7		193		35	
中华地图学社	22	2		84		4112		521	
江苏人民出版社	49	6		35		1479		360	
江苏教育出版社	994	350	12	6344	1053	499751	51788	56017	5230
江苏科学技术出版社	158	23		3183		150364		22566	
江苏少年儿童出版社	118	19		1265		38050		5570	
江苏美术出版社	18	6		5		458		129	
南京出版社	7	3		3		196		41	
译林出版社	76	16		801		56733		6044	
东南大学出版社	473	147		145		25261		5189	
河海大学出版社	126	59		43		6726		1480	
南京大学出版社	475	149		161		26096		5372	
苏州大学出版社	303	107		115		17317		3339	
中国矿业大学出版社	346	198		106		19371		4136	
南京师范大学出版社	13	4		19		3240		584	
江苏大学出版社	169	90		38		6018		1331	
浙江人民出版社	79	13	3	379	77	27034	5738	7110	993

全国各出版社课本出版数量（续表6）

地方出版社

	种数（种）		租型种数（种）	总印数（万册、张）		总印张（千印张）		定价总金额（万元）	
	合计	初版		合计	租型	合计	租型	合计	租型
浙江教育出版社	313	72	6	2821	12	149516	702	19979	81
浙江科学技术出版社	133	50	32	422	63	32195	6304	4094	754
浙江文艺出版社	36	10		171		13389		1450	
浙江人民美术出版社	65	19		738		22842		4974	
浙江摄影出版社	31			453		22450		3332	
浙江古籍出版社	2	2		1		107		28	
宁波出版社	11			10		427		73	
浙江大学出版社	854	210		265		42466		8652	
中国美术学院出版社	24	4		6		795		334	
浙江工商大学出版社	43	17		6		924		218	
安徽人民出版社	5	5		16		1289		392	
安徽教育出版社	218	20		1708		75992		16711	
安徽科学技术出版社	65	14		22		2563		565	
安徽少年儿童出版社	6			2		407		62	
安徽文艺出版社	8	1		6		805		191	
安徽美术出版社	19	4		14		802		288	
安徽师范大学出版社	8	8		8		715		150	
黄山书社	28	23		155		7514		2406	
中国科学技术大学出版社	279	150		97		16012		3318	
安徽大学出版社	183	65		423		33048		4461	
合肥工业大学出版社	272	144		63		8881		2273	
福建人民出版社	8	1		14		1363		229	
福建教育出版社	138	34	9	800	93	40824	5033	5156	551
福建科学技术出版社	3	1		1		48		11	
福建少年儿童出版社	29	23		150		7032		843	
福建美术出版社	1	1	11	30	30	1113	1094	211	198
鹭江出版社	4	3		5		398		77	
厦门大学出版社	275	144		135		23235		4062	
江西人民出版社	17	17		7		1256		206	
江西教育出版社	10	6		96		6090		749	
江西科学技术出版社	36	6		246		17968		2526	
百花洲文艺出版社	1	1				3		30	
江西美术出版社	44	17		425		13045		2658	
江西高校出版社	224	93		479		38529		6109	
山东人民出版社	175	168		1209		84264		8893	
山东教育出版社	272	26	8	1919	15	153873	1707	16521	225
山东科学技术出版社	171	23		1357		89500		9698	
山东文艺出版社			37	477	477	26028	26028	4880	4880
山东美术出版社	35	4	26	597	362	24922	12879	3772	2425

全国各出版社课本出版数量（续表7）

地方出版社

	种数（种）		租型种数（种）	总印数（万册、张）		总印张（千印张）		定价总金额（万元）	
	合计	初版		合计	租型	合计	租型	合计	租型
山东画报出版社	38	8		36		1242		274	
山东友谊出版社			6	83	83	4633	4633	460	460
济南出版社	19	12		102		2110		311	
泰山出版社	114		14	1379	170	76138	6808	9421	1021
青岛出版社	170	15		1621		5528		13286	
山东大学出版社	103	27		52		7800		1272	
中国石油大学出版社	361	230		148		23090		4408	
中国海洋大学出版社	172	97		79		9555		2041	
河南人民出版社	14	8		40		1437		215	
河南科学技术出版社	200	77	3	1364	1	8804	27	7151	9
海燕出版社	72	4	1	1371	24	47168	1206	5940	131
河南文艺出版社	65	15		857		54143		8372	
中原农民出版社	21	18		241		10142		2060	
大象出版社	147	38	15	718	156	50464	16430	6820	1065
黄河水利出版社	220	95		70		11506		2418	
河南大学出版社	49	10		19		3263		587	
郑州大学出版社	272	118		117		14172		2410	
湖北人民出版社	27	9		46		2997		446	
湖北教育出版社	47	2		805		41316		5417	
湖北科学技术出版社	77	21	4	399		29263	53	6293	11
长江少年儿童出版社	6			63		2670		813	
湖北美术出版社	3	1		24		488		122	
武汉出版社	47	1		148		6821		777	
华中科技大学出版社	454	169	18	126	13	20512	881	4417	160
华中师范大学出版社	341	76		284		27404		5121	
武汉大学出版社	888	444		286		50128		9914	
武汉理工大学出版社	518	216		170		32000		5542	
中国地质大学出版社	175	115		39		6133		2514	
湖南人民出版社	2	2		21		2565		386	
湖南教育出版社	67	5		50		6442		1731	
湖南科学技术出版社	55		6	685	8	28498	800	3611	105
湖南少年儿童出版社	26			130		3659		596	
湖南文艺出版社	82	7		1199		85650		12804	
湖南美术出版社	77	21		1980		71201		12101	
岳麓书社	26			463		37075		5193	
湖南师范大学出版社	15	3		209		11958		1275	
中南大学出版社	279	119		112		17920		4060	
湖南大学出版社	284	129		386		31287		6139	
国防科技大学出版社	38	30		14		2209		442	

全国各出版社课本出版数量（续表8）

地方出版社

	种数（种）		租型种数（种）	总印数（万册、张）		总印张（千印张）		定价总金额（万元）	
	合计	初版		合计	租型	合计	租型	合计	租型
湘潭大学出版社	88	48		33		5289		1005	
广东人民出版社	73	8		550		31518		3427	
广东教育出版社	378	49	32	6525	65	426924	5170	47287	566
广东高等教育出版社	270	117		813		54731		6761	
广东科技出版社	154	61		1536		79617		9111	
广东经济出版社	6			55		2217		333	
岭南美术出版社	20	11		531		15238		2705	
广东新世纪出版社	16	8		246		16703		1841	
华南理工大学出版社	372	203		84		13619		2906	
中山大学出版社	186	84		64		11431		2542	
暨南大学出版社	106	37		27		4707		978	
南方日报出版社	4	4		1		84		7	
深圳报业集团出版社	3			26		1032		172	
广西人民出版社	31	14	24	113	90	6586	5234	1038	882
广西教育出版社	42	6	1	348	13	15443	876	2702	85
广西科学技术出版社	48	5		806		40717		4589	
接力出版社	18	5		132		5289		1115	
广西民族出版社	69	40	18	945	478	54016	35013	4022	2575
广西美术出版社	78	25		605		20952		3936	
漓江出版社	11	3		11		1341		1772	
广西师范大学出版社	182	44	36	1888	325	111652	26970	12621	3134
海南出版社	8	1		15		1007		170	
三环出版社	20		50	474	317	13780	9573	1807	1300
重庆出版社	153	23	206	3221	2383	200137	161978	27156	21013
西南师范大学出版社	717	192	29	2499	201	154415	6763	20965	1127
重庆大学出版社	1306	579		890		85471		16332	
四川人民出版社	1			1		30		6	
四川教育出版社	50	5	158	3770	2177	261927	134549	33356	18371
四川民族出版社	172	69	149	705	71	52692	5444	4202	471
四川美术出版社	2			1		107		28	
电子科技大学出版社	317	211		156		25695		5375	
四川大学出版社	130	78		43		6446		1286	
西南财经大学出版社	397	169		122		19566		4012	
西南交通大学出版社	997	421		212		30725		6999	
贵州人民出版社	3	1	18	237	228	8394	6909	1683	1449
贵州教育出版社	74	20	2	439	19	21566	2245	2925	352
贵州科学技术出版社	2			7		913		107	

全国各出版社课本出版数量（续表9）

地方出版社

	种数（种）		租型种数（种）	总印数（万册、张）		总印张（千印张）		定价总金额（万元）	
	合计	初版		合计	租型	合计	租型	合计	租型
贵州民族出版社	22	7	11	209	106	7135	3094	1225	606
云南人民出版社	34	5		178		15455		2610	
云南教育出版社	79			1357		48571		5254	
云南科学技术出版社	4	4				42		11	
晨光出版社	24			62		2584		470	
云南民族出版社	16	14		8		743		179	
西藏人民出版社	171	15	281	1038	667	72960	49234	10029	5669
陕西人民出版社	14	12	175	2462	2330	202010	193567	17438	16610
陕西人民教育出版社	40	11	152	905	740	68027	55175	7500	5946
陕西科学技术出版社	81	8	9	361	11	13721	521	2785	77
未来出版社	36	1		812		47157		4325	
陕西人民美术出版社	5		70	1009	922	52368	47964	9224	8616
陕西旅游出版社	8	2		205		11275		1062	
三秦出版社			6	31	31	2945	2945	435	435
西安出版社			9	70	70	8376	8376	1010	1010
陕西师范大学出版社	127	44	6	324	83	19507	6158	2856	550
西安电子科技大学出版社	466	283		154		25556		5236	
西安交通大学出版社	573	393	23	619	157	56663	9236	9976	1333
西北大学出版社	254	99	23	743	337	56064	22795	6939	2035
西北工业大学出版社	393	286		62		9744		2215	
第四军医大学出版社	292	156		100		16684		3682	
甘肃教育出版社	35	21	221	3126	2826	243061	225976	23221	21179
甘肃少年儿童出版社	16	7		23		908		230	
甘肃民族出版社	1	1				79		20	
兰州大学出版社	17	17		4		843		245	
青海人民出版社	8	8	137	624	580	49923	46854	4820	4519
青海民族出版社	207		64	285	71	20063	3882	1346	312
宁夏人民出版社			214	1776	1776	129474	129474	15332	15332
宁夏人民教育出版社	18	9		49		2189		247	
阳光出版社	3	3		9		810		79	
新疆人民出版社	87	2		284		18127		2740	
新疆教育出版社	1638	240	381	4567	2495	335913	187376	35594	19483
新疆科学技术出版社	54			106		10531		1924	
新疆青少年出版社	80	12		24		1476		195	
新疆美术摄影出版社	68	28	56	407	306	18019	13828	3560	2668
伊犁人民出版社	2	2		2		309		120	
新疆人民卫生出版社	10	10		1		106		29	
新疆生产建设兵团出版社	1	1				10		5	

在地方图书出版数量中各省（自治区、直辖市）所占百分比

	种数		租型种数	总印数			总印张			定价总金额		
	合计	初版		合计	初版	租型	合计	初版	租型	合计	初版	租型
地　　方	**100.00**	**100.00**	**100.00**	**100.00**	**100.00**	**100.00**	**100.00**	**100.00**	**100.00**	**100.00**	**100.00**	**100.00**
北　　京	4.23	4.68		3.48	6.97		4.29	7.85		5.49	8.11	
天　　津	2.28	2.74	0.98	0.86	1.48	0.36	1.04	1.62	0.38	1.62	2.32	0.37
河　　北	2.42	1.60	3.04	3.36	2.18	4.37	3.26	1.98	4.48	2.78	1.62	4.18
山　　西	1.35	1.50	1.64	1.93	2.38	2.88	2.57	4.01	3.14	2.14	2.39	3.20
内 蒙 古	1.11	1.13	3.90	1.02	0.55	2.33	0.99	0.54	2.55	0.68	0.49	2.50
辽　　宁	3.89	3.82	0.08	1.95	2.90	0.03	1.99	2.58	0.02	2.21	2.54	0.02
吉　　林	8.46	8.91	5.54	3.85	6.48	2.38	4.14	6.21	2.35	5.14	7.07	2.65
黑 龙 江	2.16	3.10	4.08	1.11	1.56	2.07	1.27	1.80	2.15	1.11	1.30	2.20
上　　海	8.69	8.38	0.01	5.10	6.34		6.08	6.97		8.12	8.84	
江　　苏	9.41	9.62	1.65	9.69	10.98	5.73	8.84	10.52	4.98	8.42	9.39	5.03
浙　　江	4.86	4.56	3.64	5.71	5.59	5.15	5.28	5.27	5.15	5.50	5.82	5.00
安　　徽	3.16	3.18	6.85	4.24	3.61	6.11	4.21	3.18	6.44	3.63	3.08	6.18
福　　建	1.21	1.52	1.70	1.37	1.61	2.07	1.42	1.61	2.12	1.25	1.39	1.86
江　　西	2.39	2.91	2.13	2.98	2.87	3.86	2.69	2.34	4.30	2.50	2.60	3.86
山　　东	5.24	4.48	8.75	8.25	7.18	10.04	6.03	5.14	7.86	6.03	5.11	9.28
河　　南	2.63	2.71	2.55	3.61	1.77	6.12	3.48	1.63	6.79	2.68	1.83	6.06
湖　　北	5.52	5.87	4.44	4.08	4.90	4.75	4.56	5.37	4.97	5.36	6.80	5.58
湖　　南	4.19	3.51	4.17	7.54	7.30	6.41	7.63	7.20	5.76	7.25	5.95	6.53
广　　东	3.58	4.00	1.60	4.86	3.94	4.74	4.94	4.08	5.24	4.00	3.97	4.51
广　　西	2.67	2.21	5.05	4.65	2.66	4.80	4.39	2.60	5.11	3.67	2.63	4.69
海　　南	1.14	0.72	2.66	0.86	0.55	0.92	0.83	0.57	0.74	0.82	0.55	0.82
重　　庆	2.19	1.64	2.17	2.26	2.03	1.68	1.92	1.87	1.53	2.01	1.82	1.90
四　　川	3.56	3.99	4.20	3.85	2.68	4.74	3.92	2.85	5.03	3.29	2.84	4.92
贵　　州	0.26	0.37	5.89	1.50	0.33	5.14	1.32	0.28	5.07	0.84	0.26	5.17
云　　南	3.01	2.96	2.75	2.95	2.26	3.55	3.12	2.29	3.92	2.90	2.20	3.48
西　　藏	0.23	0.17	2.86	0.22	0.07	0.50	0.20	0.08	0.50	0.17	0.07	0.54
陕　　西	3.71	3.58	5.08	3.20	2.84	3.31	3.69	3.62	3.40	3.73	3.28	3.46
甘　　肃	1.21	1.42	2.23	1.02	1.02	1.94	1.13	1.10	2.09	1.08	1.22	1.85
青　　海	0.28	0.23	1.86	0.17	0.10	0.42	0.19	0.11	0.46	0.13	0.12	0.41
宁　　夏	0.95	0.94	1.98	0.75	0.60	1.15	0.91	0.75	1.17	0.96	0.66	1.32
新　　疆	3.90	3.35	6.52	3.53	4.09	2.45	3.61	3.78	2.30	4.37	3.43	2.43
兵　　团	0.11	0.20		0.05	0.18		0.06	0.20		0.12	0.30	

	图书总计					使用《中国标 书　籍				
	种数（种）		印数（万册、张）	印张（千印张）	总定价（万元）	种数（种）		印数（万册、张）	印张（千印张）	总定价（万元）
	合计	初版				合计	初版			
全国总计	**475768**	**260426**	**866233**	**74318834**	**14760911**	**384521**	**229490**	**532119**	**47912274**	**11129542**
中　　央	**194085**	**108279**	**222043**	**24982469**	**5465205**	**141398**	**91613**	**128585**	**15481594**	**3897197**
地　　方	**281683**	**152147**	**644190**	**49336365**	**9295706**	**243123**	**137877**	**403534**	**32430680**	**7232345**
北　　京	11907	7118	22446	2114956	510638	11173	6917	20640	1974245	489226
天　　津	6421	4173	5520	513678	150252	5658	3760	4637	431613	137434
河　　北	6817	2436	21617	1608699	258538	6372	2343	11639	912279	188413
山　　西	3812	2281	12441	1266909	198899	3734	2239	7242	869104	154734
内 蒙 古	3125	1725	6544	489788	63080	2283	1603	2061	170283	31409
辽　　宁	10964	5806	12557	983630	205615	7977	4748	8646	703733	153747
吉　　林	23823	13560	24792	2042104	477715	22703	12906	20275	1751797	443310
黑 龙 江	6087	4712	7170	626257	103248	5273	4285	3681	382084	73227
上　　海	24492	12752	32875	3001864	754424	18393	10547	19651	1870550	570991
江　　苏	26503	14646	62397	4357526	782329	23021	13463	42251	3005335	615297
浙　　江	13701	6940	36756	2607113	511491	12034	6467	23658	1740231	402359
安　　徽	8902	4832	27329	2076500	337327	7810	4397	15498	1222964	235199
福　　建	3395	2318	8800	700447	116504	2937	2111	4593	398260	84981
江　　西	6729	4424	19175	1326086	232804	6397	4284	11980	774518	175552
山　　东	14760	6823	53169	2975980	560521	13112	6207	34802	1881804	415962
河　　南	7410	4118	23224	1714897	249290	6350	3735	9180	782867	144124
湖　　北	15543	8932	26300	2250020	498019	12960	7878	17459	1535930	398090
湖　　南	11815	5333	48545	3765544	674030	10776	4969	33861	2864369	554049
广　　东	10088	6092	31287	2434970	371523	8500	5510	13595	1205063	241683
广　　西	7532	3367	29978	2165681	341108	7052	3225	19804	1486190	269709
海　　南	3198	1088	5551	410031	76643	3164	1087	4040	325377	67132
重　　庆	6156	2495	14587	946832	186607	3980	1701	7977	506808	122154
四　　川	10038	6074	24806	1933378	305599	7972	5121	14732	1121477	211901
贵　　州	738	564	9636	652506	78215	637	536	2239	133487	23515
云　　南	8465	4503	19020	1540820	269673	8302	4478	12033	1055011	222012
西　　藏	648	258	1441	100925	15418	477	243	403	27965	5388
陕　　西	10459	5441	20625	1819268	347009	8166	4142	12644	1219234	271267
甘　　肃	3412	2161	6562	555760	100549	3343	2115	3409	310869	76834
青　　海	779	351	1115	92738	11722	564	343	205	22752	5557
宁　　夏	2686	1430	4861	449423	89346	2665	1418	3027	316950	73688
新　　疆	10981	5097	22767	1781751	406156	9042	4803	17376	1397258	361991
兵　　团	297	297	297	30284	11414	296	296	297	30274	11409

数量（书籍、课本、图片）

准书号》部分					不使用《中国标准书号》部分—图片合计					附：活页文选影印书等用纸		
课　本												
种数（种）		印数（万册、张）	印张（千印张）	总定价（万元）	种数（种）		印数（万册、张）	印张（千印张）	总定价（万元）	印数（万册、张）	印张（千印张）	总定价（万元）
合计	初版				合计	初版						
90718	**30702**	**331931**	**26308698**	**3583406**	**529**	**234**	**337**	**8803**	**5930**	**1846**	**89059**	**42033**
52471	**16559**	**91814**	**9427027**	**1527303**	**216**	**107**	**193**	**3567**	**3558**	**1451**	**70281**	**37147**
38247	**14143**	**240117**	**16881671**	**2056103**	**313**	**127**	**144**	**5236**	**2372**	**395**	**18778**	**4886**
730	197	1801	140680	21362	4	4	5	31	50			
763	413	883	82065	12818								
445	93	9978	696420	70125								
78	42	5199	397805	44165								
842	122	4483	319505	31671								
2984	1058	3910	279861	51856	3		1	15	12		21	
1116	654	4515	290271	34394	4		2	36	11			
814	427	3489	244173	30021								
6066	2177	13103	1130951	183006	33	28	12	242	292	109	121	135
3325	1177	20050	1347422	165527	157	6	61	2605	918	35	2164	588
1591	397	12841	850636	104499	76	76	33	1319	790	224	14927	3843
1091	434	11826	853486	102115	1	1	5	50	13			
458	207	4207	302187	31523								
332	140	7195	551568	57252								
1630	610	18346	1093421	144366	18	6	21	755	193			
1060	383	14044	932030	105166								
2583	1054	8841	714090	99929								
1039	364	14678	899968	119739						6	1206	242
1588	582	17692	1229907	129840								
479	142	10174	679485	71375	1			6	24			
28	1	1489	84298	9426	6		2	30	10	20	326	75
2176	794	6610	440024	64453								
2066	953	10074	811901	93698								
101	28	7397	519019	54700								
157	23	6985	485692	47630	6	2	2	117	31			
171	15	1038	72960	10030								
2289	1295	7981	600005	75713	4	4		29	29			
69	46	3153	244891	23715								
215	8	910	69986	6165								
21	12	1834	132473	15658								
1939	294	5391	384481	44161							12	4
1	1		10	5								

全国各出版社图书出版

中央

	图书总计					使用《中国标 书 籍				
	种数（种）		印数（万册、张）	印张（千印张）	总定价（万元）	种数（种）		印数（万册、张）	印张（千印张）	总定价（万元）
	合计	初版				合计	初版			
中　　央	**194085**	**108279**	**222043**	**24982469**	**5465205**	**141398**	**91613**	**128585**	**15481594**	**3897197**
人民出版社	1301	1281	1595	180733	41980	1293	1273	1576	177055	41391
人民文学出版社	1047	352	2097	406847	66457	1047	352	2097	406847	66457
天天出版社	219	119	321	34614	7755	219	119	320	34528	7734
商务印书馆	1329	830	2852	820880	129061	1302	811	2827	817686	128364
中华书局	1575	632	1423	221849	55693	1544	625	1353	217601	54598
人民美术出版社	648	492	758	49973	24870	476	415	435	32826	20861
人民音乐出版社	750	195	490	45464	17748	600	155	293	29533	12846
中国大百科全书出版社	1586	725	2915	321902	87854	1582	725	2914	321719	87815
中译出版社	370	214	197	18441	4916	315	167	170	16331	4429
文化发展出版社	206	107	135	17662	6832	142	89	126	16471	6528
现代出版社	600	577	396	39162	12339	600	577	396	39162	12339
中国盲文出版社	1080	978	87	9188	1915	1021	934	77	8358	1793
生活·读书·新知三联书店	529	354	606	85058	26994	528	353	605	84960	26946
中国书籍出版社	540	537	60	8125	2767	528	526	59	7934	2718
商务印书馆国际有限公司	203	85	239	70172	10958	203	85	239	70172	10958
中国戏剧出版社	94	94	19	3600	986	93	93	19	3577	983
中国社会科学出版社	1852	1758	312	50633	18339	1852	1758	312	50633	18339
中国财政经济出版社	851	602	762	145659	26503	708	522	539	96163	18619
企业管理出版社	226	226	31	4460	1684	216	216	30	4255	1628
民族出版社	772	550	257	31591	6938	733	540	245	29350	6529
中国青年出版社	1084	653	670	101541	30881	959	611	624	96287	28497
中国少年儿童出版社	1216	596	3397	196484	56146	1216	596	3397	196484	56146
中国工人出版社	494	240	275	37358	9192	480	235	254	35318	8588
人民体育出版社	382	147	154	24454	8362	294	134	104	14250	6379
荣宝斋出版社	100	89	28	3422	2405	100	89	28	3422	2405
中国协和医科大学出版社	314	216	138	11466	7108	314	216	138	11466	7108
文物出版社	248	221	84	16857	25689	247	220	83	16832	25393
中国电影出版社	203	186	37	5474	1542	193	183	35	5228	1467
人民日报出版社	757	587	439	73104	18830	746	576	437	72890	18771
新华出版社	846	804	270	42321	13539	831	789	268	41999	13399
世界知识出版社	336	293	202	26549	8065	334	293	202	26528	8059
国家图书馆出版社	246	208	53	15083	19664	246	208	53	15083	19664
群众出版社	293	160	93	14913	4673	275	158	89	14365	4534

数量（书籍、课本、图片）

出版社

准书号》部分					不使用《中国标准书号》部分—图片合计					附：活页文选影印书等用纸		
课本												
种数（种）		印数（万册、张）	印张（千印张）	总定价（万元）	种数（种）		印数（万册、张）	印张（千印张）	总定价（万元）	印数（万册、张）	印张（千印张）	总定价（万元）
合计	初版				合计	初版						
52471	**16559**	**91814**	**9427027**	**1527303**	**216**	**107**	**193**	**3567**	**3558**	**1451**	**70281**	**37147**
8	8	19	3678	589								
										1	86	20
27	19	25	3194	697								
31	7	70	4249	1096								
172	77	322	17147	4009								
150	40	197	15931	4902								
4		1	183	39								
55	47	27	2110	486								
64	18	8	1192	303								
59	44	11	830	122								
1	1	1	98	48								
12	11	1	191	49								
1	1		23	4								
143	80	223	49496	7884								
10	10	1	205	56								
38	9	11	2218	384	1	1		7	20	1	15	6
125	42	47	5254	2383								
14	5	21	2040	604								
88	13	51	10204	1984								
					1	1	1	25	296			
10	3	2	245	75								
10	10	2	181	52	1	1		33	7			
14	14	2	310	66	1	1		12	74			
2			22	6								
18	2	4	548	139								

全国各出版社图书出版

中央

	图书总计					使用《中国标 书籍				
	种数（种）		印数（万册、张）	印张（千印张）	总定价（万元）	种数（种）		印数（万册、张）	印张（千印张）	总定价（万元）
	合计	初版				合计	初版			
北京大学出版社	3549	1412	1833	310490	79061	1249	735	790	128076	37202
中国人民大学出版社	3609	1847	2207	448315	95198	1679	1049	969	191885	48331
外语教学与研究出版社	4006	1331	7666	975337	211065	2892	1087	5412	639318	128249
人民教育出版社	5002	1723	32102	3012086	351701	3524	1529	16771	1637024	200815
中国农业出版社	2384	1272	937	103968	27027	1727	1079	639	58571	18380
中国轻工业出版社	1285	589	585	71339	21737	811	460	480	53615	17793
中国纺织出版社	1013	708	484	60164	16564	840	631	440	52885	14710
煤炭工业出版社	388	303	136	15599	4204	292	251	112	11992	3485
石油工业出版社	376	341	186	24828	8625	292	284	116	19401	6669
中国水利水电出版社	1561	981	830	121810	34803	745	640	379	54877	19604
原子能出版社	483	483	104	18052	4492	456	456	101	17591	4388
科学出版社	9568	3832	8418	822277	196348	8912	3675	8233	791017	189498
科学普及出版社	517	414	415	31321	10657	506	406	409	30335	10431
科学技术文献出版社	1149	1107	166	28464	10504	1116	1077	164	27861	10367
机械工业出版社	6890	2509	4207	777148	191655	4033	1838	3216	607178	156806
冶金工业出版社	494	351	100	17398	5315	282	233	55	10713	3727
化学工业出版社	6796	3433	2870	323589	99311	4371	2489	2211	222798	77976
中国建筑工业出版社	2520	1280	1858	318834	87145	1429	966	647	115917	36354
中国铁道出版社	2680	1520	1300	158022	43745	1616	1103	798	99670	29671
人民交通出版社	1680	836	1444	193087	60490	663	498	271	29951	15460
中国质检出版社	642	456	307	35355	15952	595	446	161	28894	9357
人民邮电出版社	6502	3322	3401	433084	130457	4141	2618	2743	328328	106735
海洋出版社	280	231	67	11900	4187	253	219	59	10557	3830
地质出版社	579	332	2471	116087	18243	410	292	197	13133	6621
地震出版社	173	162	242	16214	5837	165	154	238	15467	5685
气象出版社	317	177	132	12566	3620	288	170	105	11009	3121
北京交通大学出版社	866	303	264	41743	9236	26	22	4	500	210
中国地图出版社	2411	676	12761	661171	117186	1976	569	4939	273086	66864
人民卫生出版社	3744	1767	3093	716371	163952	2033	1197	1018	227280	66729
国防工业出版社	1312	840	594	61153	19685	1280	825	582	58935	19270
中国旅游出版社	420	360	162	23939	8229	414	358	158	23696	8146
中国商务出版社	308	252	56	9240	2358	298	251	55	8999	2307
新世界出版社	664	334	2363	171599	31791	653	334	2268	161126	30784
外文出版社	732	587	925	192800	59803	706	571	908	190147	59159

数量（书籍、课本、图片）（续表1）

出版社

准书号》部分					不使用《中国标准书号》部分—图片合计					附：活页文选影印书等用纸		
课　本												
种数（种）		印数（万册、张）	印张（千印张）	总定价（万元）	种数（种）		印数（万册、张）	印张（千印张）	总定价（万元）	印数（万册、张）	印张（千印张）	总定价（万元）
合计	初版				合计	初版						
2300	677	1044	182413	41859								
1930	798	1238	256430	46867								
1114	244	2254	336019	82816								
1478	194	15332	1375062	150886								
625	169	263	45045	8409	32	24	25	261	80	10	91	158
474	129	103	17706	3903						2	18	41
173	77	44	7279	1855								
96	52	24	3607	719								
84	57	24	4354	880						45	1073	1076
816	341	409	65266	13744						41	1666	1454
27	27	3	461	104								
656	157	185	31260	6850								
11	8	6	986	226								
33	30	3	603	137								
2857	671	991	169970	34849								
212	118	41	6633	1468						4	52	120
2425	944	654	100754	21275						5	37	60
1091	314	933	190273	44715						278	12643	6077
1053	414	304	49623	10403	11	3	8	110	79	190	8618	3591
1017	338	1144	161173	43839						28	1964	1191
46	9	12	1903	469	1	1	4	683	1610	130	3875	4516
2361	704	657	104756	23721								
27	12	8	1343	357								
169	40	2273	102920	11578						1	35	45
8	8	4	719	141							28	11
29	7	8	1217	288						19	340	210
840	281	260	41244	9027								
435	107	7822	388085	50322								
1711	570	2075	489091	97223								
32	15	12	2218	415								
5	1	1	223	44	1	1	1	3	5	2	17	35
10	1	1	241	50								
11		96	10472	1007								
26	16	14	2642	644						3	11	

全国各出版社图书出版

中央

	图书总计					使用《中国标				
						书 籍				
	种数（种）		印数（万册、张）	印张（千印张）	总定价（万元）	种数（种）		印数（万册、张）	印张（千印张）	总定价（万元）
	合计	初版				合计	初版			
解放军出版社	164	144	99	17575	3529	164	144	99	17575	3529
解放军文艺出版社	44	39	25	3592	919	44	39	25	3592	919
语文出版社	524	137	2635	217346	24816	295	72	594	48538	6754
中国文史出版社	1536	1535	376	80378	30417	1535	1534	376	80367	30415
中共中央党校出版社	230	166	105	14019	3930	180	137	85	10880	3202
法律出版社	1734	1413	1214	162654	39867	1621	1374	1166	149494	37532
中国统计出版社	364	335	110	19578	10250	361	332	109	19411	10214
中国摄影出版社	136	136	39	6999	7286	136	136	39	6999	7286
中国林业出版社	556	428	141	24974	9936	382	351	86	13133	7889
时事出版社	89	88	25	4963	1893	89	88	25	4963	1893
文化艺术出版社	189	186	67	10290	7320	182	180	63	9782	7196
教育科学出版社	3099	788	15193	1000040	146068	2284	574	5200	356620	57838
清华大学出版社	7657	3320	2546	434769	105500	4123	2152	1468	247339	66222
中国广播影视出版社	275	248	95	17109	4396	272	246	94	17012	4374
中国商业出版社	515	493	239	31423	8979	492	488	236	31025	8909
中国劳动社会保障出版社	2633	687	1744	188933	35574	656	252	288	29813	6804
中国环境出版社	551	442	357	32214	9115	534	427	311	30027	8282
知识产权出版社	784	726	123	16754	5724	777	719	122	16663	5692
北京师范大学出版社	4174	1446	19804	1595499	203254	2405	1011	5418	417904	75894
中国宇航出版社	434	185	251	33123	7725	434	185	251	33123	7725
中国工商出版社	82	73	39	6936	1619	82	73	39	6936	1619
作家出版社	685	685	829	117107	26062	685	685	829	117107	26062
中医古籍出版社	334	334	77	22322	4937	334	334	77	22322	4937
中国财富出版社	559	476	190	23904	7958	457	406	170	21242	7216
光明日报出版社	1857	1708	951	120944	28919	1840	1691	943	118442	28505
长征出版社	40	40	34	7043	1424	40	40	34	7043	1424
中国妇女出版社	279	221	1264	68887	17501	279	221	1264	68887	17501
中国金融出版社	803	645	706	68902	25942	643	595	580	48867	20776
长城出版社	60	60	26	4470	2003	60	60	26	4470	2003
红旗出版社	470	275	210	36005	11625	470	275	210	36005	11625
中国海关出版社	66	52	36	11272	3369	64	50	35	11100	3327
电子工业出版社	5714	2631	3322	459490	120359	5558	2591	3172	442395	117053
朝华出版社	152	86	141	17243	3513	152	86	141	17243	3513
中央广播电视大学出版社	1085	570	1184	151284	29597	261	260	171	8744	4606
中国友谊出版公司	225	170	430	56324	16136	225	170	430	56324	16136

数量（书籍、课本、图片）（续表2）

出版社

准书号》部分 课本 种数（种）合计	准书号》部分 课本 种数（种）初版	准书号》部分 课本 印数（万册、张）	准书号》部分 课本 印张（千印张）	准书号》部分 课本 总定价（万元）	不使用《中国标准书号》部分—图片合计 种数（种）合计	不使用《中国标准书号》部分—图片合计 种数（种）初版	不使用《中国标准书号》部分—图片合计 印数（万册、张）	不使用《中国标准书号》部分—图片合计 印张（千印张）	不使用《中国标准书号》部分—图片合计 总定价（万元）	附：活页文选影印书等用纸 印数（万册、张）	附：活页文选影印书等用纸 印张（千印张）	附：活页文选影印书等用纸 总定价（万元）
229	65	2042	168808	18062								
1	1		11	2								
50	29	21	3139	728								
113	39	49	13160	2335								
3	3	1	168	36								
174	77	53	11814	2017						2	26	29
7	6	4	508	124								
786	214	9975	642938	87999	29		4	365	161	14	118	70
3534	1168	1078	187430	39278								
2	2	1	85	19	1			12	3			
23	5	3	398	70								
1975	434	1450	158966	28679	2	1	2	49	42	4	105	49
17	15	36	1212	444						11	975	389
7	7	1	91	31								
1769	435	14385	1177594	127359								
102	70	20	2662	742								
17	17	8	2501	414								
160	50	126	20035	5167								
2	2	1	172	41								
156	40	149	17096	3305								
824	310	1014	142540	24991								

全国各出版社图书出版

中央

	图书总计					使用《中国标 书籍				
	种数（种）		印数（万册、张）	印张（千印张）	总定价（万元）	种数（种）		印数（万册、张）	印张（千印张）	总定价（万元）
	合计	初版				合计	初版			
人民军医出版社	1382	909	479	74980	26796	1252	872	440	69872	25668
军事科学出版社	41	34	7	1510	695	41	34	7	1510	695
金盾出版社	1210	806	515	42975	11416	1209	805	514	42907	11400
经济科学出版社	1431	1188	624	127545	27520	1143	1071	533	109176	23957
中国文联出版社	1454	1454	642	84666	45017	1454	1454	642	84666	45017
高等教育出版社	10011	2779	11633	1885591	326904	907	503	1095	145235	30696
故宫出版社	146	115	60	11236	10662	138	111	50	10861	10254
中共党史出版社	655	511	165	34197	7929	655	511	165	34197	7929
对外经济贸易大学出版社	451	288	120	20872	4551	87	87	10	1430	508
经济管理出版社	749	669	304	43169	16495	671	599	270	38441	15154
军事谊文出版社	9	9	3	559	47	9	9	1	161	45
国际文化出版公司	100	99	14	1289	448	99	98	14	1273	445
中国画报出版社	261	145	204	24893	7683	261	145	204	24893	7683
中国经济出版社	647	472	219	33217	11667	640	465	216	32944	11563
中国石化出版社	712	533	230	36257	10056	712	533	224	36029	9820
中央民族大学出版社	262	237	73	11154	2727	197	191	15	4684	1800
北京语言大学出版社	1087	320	430	59544	18783	820	302	301	40324	13668
中国政法大学出版社	750	674	246	49245	10530	365	365	139	31414	6493
中国人民公安大学出版社	913	421	277	39215	11954	648	292	205	26053	7958
社会科学文献出版社	1725	1499	558	80337	30197	1725	1499	558	80337	30197
中国农业科学技术出版社	428	294	101	11117	3628	428	294	101	11117	3628
北京航空航天大学出版社	382	278	592	152065	27416	207	179	534	141586	25308
北京理工大学出版社	2477	1469	1183	144361	36705	1110	859	734	78165	21201
中国国际广播出版社	69	48	27	3787	1034	69	48	27	3787	1034
中国农业大学出版社	425	249	126	21646	5009					
航空工业出版社	625	321	270	34192	10679	625	321	270	34192	10679
中国传媒大学出版社	416	260	135	20716	5716	272	228	65	8457	2908
北京体育大学出版社	596	286	258	49796	7945	333	195	134	18672	4122
经济日报出版社	181	170	38	6268	2083	181	170	38	6268	2083
兵器工业出版社	95	78	18	2480	934	95	78	18	2480	934
华艺出版社	45	44	10	1717	991	45	44	10	1717	991
中国和平出版社	161	161	130	2552	11524	161	161	130	2552	11524
华夏出版社	441	312	359	46231	11732	441	312	359	46231	11732
中国医药科技出版社	1160	739	924	159483	47497	705	517	767	129123	41017

数量（书籍、课本、图片）（续表3）

出版社

准书号》部分					不使用《中国标准书号》部分—图片合计					附：活页文选影印书等用纸		
课　本												
种数（种）		印数（万册、张）	印张（千印张）	总定价（万元）	种数（种）		印数（万册、张）	印张（千印张）	总定价（万元）	印数（万册、张）	印张（千印张）	总定价（万元）
合计	初版				合计	初版						
130	37	38	5053	1098						1	56	30
1	1		68	16								
288	117	91	18369	3564								
9104	2276	10538	1740356	296208								
					8	4	5	119	136	5	255	272
364	201	110	19442	4043								
78	70	34	4728	1341								
										2	398	2
1	1		16	3								
7	7	4	273	104								
										6	228	236
65	46	57	6470	927								
267	18	129	19220	5115								
385	309	107	17831	4036								
265	129	72	13162	3996								
175	99	58	10479	2108								
1367	610	449	66196	15504								
425	249	126	21646	5009								
144	32	70	12259	2808								
263	91	124	31125	3823								
455	222	157	30360	6480								

全国各出版社图书出版

中央

	图书总计					使用《中国标 书籍				
	种数（种）		印数（万册、张）	印张（千印张）	总定价（万元）	种数（种）		印数（万册、张）	印张（千印张）	总定价（万元）
	合计	初版				合计	初版			
国防大学出版社	92	92	67	10369	973	92	92	25	3935	973
人民法院出版社	348	273	420	45902	11338	348	273	420	45902	11338
中国藏学出版社	64	64	26	8955	2940	64	64	26	8955	2940
研究出版社	13	13	6	698	182	13	13	6	698	182
中国长安出版社	159	159	31	4906	1412	159	159	31	4906	1412
中国计划出版社	249	220	423	47464	22185	249	220	193	34288	12681
中央文献出版社	229	215	294	39238	15192	229	215	294	39238	15192
海潮出版社	79	79	43	8459	1848	79	79	43	8459	1848
学苑出版社	263	211	75	9370	4126	263	211	75	9370	4126
北京邮电大学出版社	743	202	233	37627	7760	3	3	1	175	52
人民武警出版社	43	43	40	6456	478	31	31	10	1800	379
团结出版社	869	704	421	59105	15348	869	704	421	59105	15348
华文出版社	271	179	865	55498	9996	249	168	271	29019	6530
中央音乐学院出版社	86	50	24	3027	1073	79	47	22	2656	920
中国市场出版社	91	91	30	5878	1777	91	91	30	5878	1777
中国民族摄影艺术出版社	123	123	40	4351	3735	123	123	40	4351	3735
中国华侨出版社	785	750	640	153886	37621	785	750	640	153886	37621
中信出版社	1360	675	2581	388021	116991	1360	675	2581	388021	116991
中国人事出版社	102	50	65	8837	1662	91	43	63	8489	1577
开明出版社	539	250	178	20396	4842	533	244	177	20348	4831
中国人口出版社	590	565	256	15277	4889	590	565	256	15277	4889
中国民主法制出版社	271	223	171	23084	5320	271	223	171	23084	5320
中国时代经济出版社	245	164	47	9412	2561	245	164	47	9412	2561
蓝天出版社	156	72	102	15882	3501	156	72	102	15882	3501
世界图书出版公司	2195	911	913	112230	26825	2137	904	881	109422	26112
群言出版社	312	211	464	110273	21014	312	211	464	110273	21014
北京大学医学出版社	578	382	216	45826	12344	225	150	76	17840	6785
华龄出版社	168	168	52	6351	2180	168	168	52	6351	2180
金城出版社	166	119	180	23342	8208	166	119	180	23342	8208
中国法制出版社	1395	1075	1887	148463	38536	1395	1075	1887	148463	38536
新星出版社	301	197	337	44302	13770	301	197	337	44302	13770
中国检察出版社	255	213	128	21973	6055	255	213	128	21917	6040
中国发展出版社	222	194	77	12934	3496	220	193	77	12882	3486
中国中医药出版社	1167	540	521	106991	26664	682	436	274	49838	17665

数量（书籍、课本、图片）（续表4）

出版社

准书号》部分 课本 种数（种）合计	初版	印数（万册、张）	印张（千印张）	总定价（万元）	不使用《中国标准书号》部分—图片合计 种数（种）合计	初版	印数（万册、张）	印张（千印张）	总定价（万元）	附：活页文选 影印书等用纸 印数（万册、张）	印张（千印张）	总定价（万元）
										42	6434	
										230	13176	9504
740	199	232	37446	7703							6	5
12	12	10	582	99						20	4073	
20	9	593	26470	3413	2	2		9	53			
7	3	2	371	153								
11	7	3	347	85								
6	6	1	48	11								
58	7	32	2808	713								
353	232	140	27987	5559								
										1	56	15
2	1		52	10								
485	104	248	57153	8999								

全国各出版社图书出版

中央

	图书总计					使用《中国标				
						书　籍				
	种数（种）		印数（万册、张）	印张（千印张）	总定价（万元）	种数（种）		印数（万册、张）	印张（千印张）	总定价（万元）
	合计	初版				合计	初版			
中国社会出版社	389	292	253	39607	11614	389	292	253	39607	11614
中国建材工业出版社	354	292	106	16481	6093	307	261	68	12740	4284
当代中国出版社	163	94	87	13803	4046	163	94	87	13803	4046
书法出版社	39	38	7	1579	1164	39	38	7	1579	1164
现代教育出版社	486	449	214	25407	6233	433	397	167	20516	5331
中国致公出版社	116	115	113	2050	3047	116	115	113	2050	3047
中国大地出版社	59	54	16	1695	622	59	54	15	1685	620
党建读物出版社	126	105	1285	146321	37923	126	105	1285	146321	37923
中国城市出版社	94	45	121	15344	4706	93	44	111	14419	4406
中华工商联合出版社	393	366	162	20961	6666	393	366	162	20961	6666
中国三峡出版社	7	7	2	257	128	7	7	2	257	128
线装书局	406	405	296	38541	33147	406	405	296	38541	33147
星球地图出版社	1046	159	8817	398560	61442	468	159	509	24206	8848
中国方正出版社	160	94	1784	105808	21923	160	94	1784	105808	21923
民主与建设出版社	356	356	199	31231	8008	356	356	199	31231	8008
五洲传播出版社	231	219	46	5540	5362	231	219	46	5540	5362
中国民航出版社	143	87	54	8626	2611	64	47	18	2868	1120
九州出版社	563	514	90	13333	4471	563	514	90	13333	4471
当代世界出版社	60	60	18	2598	630	60	60	18	2598	630
中央编译出版社	586	459	315	55146	14899	586	459	315	55146	14899
西苑出版社	43	40	20	2647	1416	43	40	20	2647	1416
学习出版社	84	68	520	50006	11566	84	68	520	50006	11566
中国税务出版社	328	151	434	47994	14071	327	150	304	44235	11814
方志出版社	347	347	57	35228	19416	347	347	57	35228	19416
中国电力出版社	3395	1896	1981	218715	63555	2239	1480	1372	163238	48661
军事医学出版社	173	143	65	11929	3469	163	133	62	11410	3351
中国言实出版社	580	580	133	20117	6021	580	580	133	20117	6021
宗教文化出版社	153	128	33	7610	2073	149	128	33	7525	2052
国家行政学院出版社	273	273	48	6836	1972	273	273	48	6836	1972
台海出版社	249	227	139	17488	4823	249	227	139	17488	4823
海豚出版社	748	389	565	48399	18378	748	389	565	48399	18378
华语教学出版社	559	285	460	74874	12513	559	285	460	74874	12513
生活书店出版公司	54	47	70	9335	3060	54	47	70	9335	3060

数量（书籍、课本、图片）（续表5）

出版社

准书号》部分					不使用《中国标准书号》部分—图片合计					附：活页文选影印书等用纸		
课　本												
种数（种）		印数（万册、张）	印张（千印张）	总定价（万元）	种数（种）		印数（万册、张）	印张（千印张）	总定价（万元）	印数（万册、张）	印张（千印张）	总定价（万元）
合计	初版				合计	初版						
47	31	12	1966	525						26	1776	1285
53	52	47	4891	902								
										1	10	3
1	1	10	925	300								
577		8306	374303	52571	1		3	50	23			
79	40	34	5530	1489						2	228	3
					1	1	43	860	344	86	2899	1913
1033	350	273	45619	9537	123	66	97	969	628	239	8890	4729
10	10	3	519	118								
4		1	85	21								

全国各出版社图书出版

地方

	图书总计					使用《中国标				
						书　籍				
	种数（种）		印数（万册、张）	印张（千印张）	总定价（万元）	种数（种）		印数（万册、张）	印张（千印张）	总定价（万元）
	合计	初版				合计	初版			
地　方	**281683**	**152147**	**644190**	**49336365**	**9295706**	**243123**	**137877**	**403534**	**32430680**	**7232345**
北京出版社	931	533	1760	150952	27317	607	418	672	63967	16059
北京教育出版社	4214	2053	13455	1262770	281557	4185	2041	13104	1245415	276693
北京科学技术出版社	822	560	791	55672	24401	822	560	791	55672	24401
北京少年儿童出版社	798	376	1292	95432	26664	798	376	1292	95432	26664
北京人民出版社	3	3	1	384	165	3	3	1	384	165
北京美术摄影出版社	144	123	45	6887	5635	144	123	45	6887	5635
北京燕山出版社	323	297	152	18034	6444	323	297	152	18034	6444
北京日报出版社	758	561	1658	147787	40084	750	557	1596	143170	39593
北京工艺美术出版社	193	193	96	9663	10180	191	191	95	9609	10156
北京十月文艺出版社	125	73	445	76570	18491	125	73	445	76570	18491
旅游教育出版社	360	166	114	15418	4239	285	156	90	12073	3527
北京联合出版公司	1154	1120	1173	97192	29954	1154	1120	1173	97192	29954
中国书店	216	178	43	5384	2999	216	178	43	5384	2999
文津出版社	8	8	2	327	714	8	8	2	327	714
北京工业大学出版社	504	367	249	37174	6963	484	360	244	36180	6798
首都经济贸易大学出版社	206	90	45	8162	1570	71	69	8	1033	288
首都师范大学出版社	1053	322	1046	115542	20215	912	292	808	95311	17600
北京时代华文书局	95	95	78	11605	3045	95	95	78	11605	3045
天津人民出版社	1324	898	1751	163065	50480	1309	888	1731	161853	50231
天津教育出版社	350	189	1035	100399	12500	316	167	463	55716	7989
天津科学技术出版社	1742	1117	962	105481	28618	1649	1036	925	100720	27268
新蕾出版社	480	70	742	36983	12331	476	70	728	36461	12214
百花文艺出版社	312	307	125	15759	3499	312	307	125	15759	3499
天津人民美术出版社	704	631	473	28188	22167	691	619	399	25947	21629
天津古籍出版社	125	74	53	7938	4462	125	74	53	7938	4462
天津科技翻译出版公司	163	95	64	8851	2875	153	85	62	8356	2746
天津社会科学院出版社	124	116	33	4901	1394	124	116	33	4901	1394
天津杨柳青画社	183	126	54	3857	2137	183	126	54	3857	2137
南开大学出版社	436	317	106	19204	4623	113	107	19	3438	1269
天津大学出版社	478	233	120	19052	5166	207	165	45	6665	2595
河北人民出版社	519	301	1643	120186	17515	433	295	599	55844	10796
河北教育出版社	2343	416	6382	542008	102795	2197	393	4644	418096	89471
河北科学技术出版社	648	502	847	82478	14976	625	502	664	65336	13350
河北少年儿童出版社	2523	775	3579	236471	52321	2469	761	3371	225205	50532
花山文艺出版社	327	219	1498	98009	17032	326	219	1452	94555	16517
燕山大学出版社	15	15	2	280	93	15	15	2	280	93
河北美术出版社	222	75	1315	47137	7928	135	38	590	24774	4501
河北大学出版社	220	133	381	31519	3288	172	120	126	11764	1687
山西人民出版社	386	346	240	29229	9343	380	343	236	28663	9233
山西教育出版社	1088	790	3544	561348	72195	1054	776	3257	544903	69488
山西科学技术出版社	290	226	473	29093	6490	275	213	462	27561	6143
希望出版社	1322	219	3379	261954	61776	1311	214	2992	233542	59016

数量（书籍、课本、图片）（续表6）

出版社

准书号》部分					不使用《中国标准书号》部分—图片合计					附：活页文选影印书等用纸		
课　本												
种数（种）		印数（万册、张）	印张（千印张）	总定价（万元）	种数（种）		印数（万册、张）	印张（千印张）	总定价（万元）	印数（万册、张）	印张（千印张）	总定价（万元）
合计	初版				合计	初版						
38247	**14143**	**240117**	**16881671**	**2056103**	**313**	**127**	**144**	**5236**	**2372**	**395**	**18778**	**4886**
324	115	1088	86985	11258								
29	12	351	17355	4864								
4		58	4586	441	4	4	5	31	50			
2	2	1	54	23								
75	10	24	3346	712								
20	7	5	994	165								
135	21	37	7129	1283								
141	30	238	20231	2615								
15	10	20	1211	249								
34	22	572	44682	4511								
93	81	37	4761	1351								
4		14	523	117								
13	12	75	2241	538								
10	10	3	495	129								
323	210	87	15766	3353								
271	68	75	12387	2571								
86	6	1044	64342	6719								
146	23	1738	123912	13324								
23		182	17142	1626								
54	14	208	11267	1789								
1		46	3454	515								
87	37	725	22363	3427								
48	13	255	19756	1601								
6	3	3	567	110								
34	14	287	16445	2707								
15	13	11	1532	347								
11	5	386	28412	2760								

全国各出版社图书出版

地方

	图书总计					使用《中国标 书　籍				
	种数（种）		印数（万册、张）	印张（千印张）	总定价（万元）	种数（种）		印数（万册、张）	印张（千印张）	总定价（万元）
	合计	初版				合计	初版			
北岳文艺出版社	326	325	98	14063	4119	323	322	96	13973	4075
三晋出版社	183	183	43	6430	3158	180	180	43	6423	3153
山西经济出版社	157	132	163	13774	3278	152	132	95	9235	2307
书海出版社	60	60	62	4826	1324	59	59	62	4806	1320
内蒙古人民出版社	580	484	286	22698	6377	579	483	286	22693	6375
内蒙古教育出版社	1567	317	5917	428285	46661	814	240	1475	115584	15946
内蒙古科学技术出版社	96	96	12	1534	397	95	95	12	1532	396
内蒙古少年儿童出版社	205	205	88	3131	1080	205	205	88	3131	1080
内蒙古文化出版社	96	93	20	3490	1165	96	93	20	3490	1165
远方出版社	400	400	164	20968	5271	398	398	164	20954	5268
内蒙古大学出版社	181	130	56	9682	2129	96	89	17	2899	1178
辽宁人民出版社	310	285	164	30797	8570	310	285	164	30797	8570
辽宁教育出版社	909	394	1620	132765	26002	905	394	1608	131921	25894
辽宁科学技术出版社	705	536	232	28758	13898	701	535	231	28639	13870
辽宁少年儿童出版社	400	281	439	25788	6142	400	281	439	25788	6142
春风文艺出版社	385	231	904	74280	16502	385	231	904	74280	16502
辽宁美术出版社	853	545	103	11726	7798	586	391	54	6786	4813
辽宁民族出版社	378	244	281	16384	3910	320	213	119	11061	2939
辽海出版社	816	287	2144	115104	18528	576	214	1157	74682	12179
沈阳出版社	583	467	470	37523	7251	542	439	269	27758	5512
大连出版社	314	198	259	22018	4785	291	183	251	20798	4527
东北财经大学出版社	788	199	390	70337	12265	97	82	32	5199	1028
东北大学出版社	374	284	233	22419	5468	275	213	189	16065	4018
辽宁大学出版社	511	291	372	51346	12859	434	242	289	45043	11784
辽宁师范大学出版社	885	244	3060	173456	26066	732	189	1932	121696	18784
万卷出版公司	497	415	192	22563	5630	497	415	192	22563	5630
大连海事大学出版社	262	140	63	9952	2601	59	42	12	2422	644
大连理工大学出版社	1838	609	1498	127076	24683	711	243	672	46898	8254
白山出版社	156	156	130	11337	2656	156	156	130	11337	2656
吉林人民出版社	855	559	910	70563	21010	855	559	910	70563	21010
吉林教育出版社	2511	917	934	84855	19576	2479	888	909	83746	19375
吉林科学技术出版社	1330	1218	414	57260	15737	1327	1216	413	57166	15719
延边教育出版社	2932	1003	2736	274822	53930	2557	919	2573	262958	52661
北方妇女儿童出版社	674	475	737	42412	13342	674	475	737	42412	13342
吉林文史出版社	447	353	249	29181	6831	447	353	249	29181	6831
吉林美术出版社	1399	1208	1319	85650	27182	1387	1196	1313	85416	27093

数量（书籍、课本、图片）（续表7）

出版社

准书号》部分 课本 种数（种）合计	初版	印数（万册、张）	印张（千印张）	总定价（万元）	不使用《中国标准书号》部分—图片合计 种数（种）合计	初版	印数（万册、张）	印张（千印张）	总定价（万元）	附：活页文选影印书等用纸 印数（万册、张）	印张（千印张）	总定价（万元）
3	3	2	90	45								
3	3		8	5								
5		69	4539	971								
1	1		20	5								
1	1		5	1								
753	77	4442	312701	30715								
1	1		2									
2	2		14	4								
85	41	39	6783	950								
4		13	844	108								
4	1	1	119	28								
267	154	49	4939	2985								
55	31	160	5307	959	3		1	15	12			
240	73	988	40423	6350								
41	28	201	9744	1739							21	
23	15	8	1220	257								
691	117	358	65137	11237								
99	71	44	6354	1449								
77	49	84	6303	1075								
153	55	1128	51760	7283								
203	98	51	7530	1957								
1127	366	826	80178	16429								
32	29	25	1109	201								
3	2		93	18								
375	84	163	11865	1268								
12	12	5	234	89								

全国各出版社图书出版

地方

	图书总计					使用《中国标 书　籍				
	种数（种）		印数（万册、张）	印张（千印张）	总定价（万元）	种数（种）		印数（万册、张）	印张（千印张）	总定价（万元）
	合计	初版				合计	初版			
吉林摄影出版社	355	177	417	37812	8076	355	177	417	37812	8076
吉林时代文艺出版社	306	191	530	58596	10464	306	191	530	58596	10464
长春出版社	1183	654	2988	208133	31603	1060	594	2287	162047	26869
延边人民出版社	1525	394	574	46795	12033	1525	394	574	46795	12033
东北师范大学出版社	915	477	939	116377	54602	813	432	892	109934	53122
吉林大学出版社	2174	1513	951	101408	26929	1800	1153	860	87733	23704
延边大学出版社	3171	1524	1473	148721	34927	3169	1522	1473	148714	34926
吉林出版集团	4046	2897	9620	679520	141474	3949	2837	6134	468724	118087
黑龙江人民出版社	242	241	29	5992	1942	239	238	28	5907	1926
黑龙江教育出版社	1013	562	2267	225488	40569	920	528	1694	201160	35540
黑龙江科学技术出版社	372	372	105	17693	3725	368	368	105	17664	3718
黑龙江少年儿童出版社	503	227	501	31190	5806	490	224	495	30880	5761
北方文艺出版社	207	170	63	9929	2376	207	170	63	9929	2376
黑龙江朝鲜民族出版社	112	104	22	2396	660	111	104	21	2296	645
黑龙江美术出版社	1300	1277	87	5347	1845	1283	1260	87	5274	1824
哈尔滨出版社	674	590	586	47608	9308	669	585	586	47580	9300
哈尔滨地图出版社	283	261	138	7030	3337	281	259	138	7019	3334
东北林业大学出版社	165	144	21	3138	932	119	112	15	2346	785
哈尔滨工程大学出版社	335	194	55	7966	1861	14	14	1	226	54
哈尔滨工业大学出版社	773	477	167	27470	5502	502	354	117	17942	3874
黑龙江大学出版社	108	93	21	3629	754	70	69	10	1723	447
上海人民出版社	926	708	671	103570	30813	918	703	647	102134	30615
上海教育出版社	1758	759	4934	277784	40996	1067	517	1450	84556	17994
上海科学技术出版社	874	395	1883	154908	27025	632	369	1010	68208	17112
上海科技教育出版社	622	192	3335	218456	24075	317	147	239	13794	3488
上海科学普及出版社	381	310	266	17152	7205	381	310	266	17152	7205
少年儿童出版社	461	185	1120	65258	19884	430	182	997	56489	18745
上海文艺出版社	332	276	291	40233	10565	332	276	291	40233	10565
上海辞书出版社	463	210	451	53593	14798	446	210	226	38643	13188
上海人民美术出版社	501	258	576	18211	8886	368	210	542	16138	7728
上海古籍出版社	806	384	293	51558	15004	805	384	293	51539	15001
上海译文出版社	680	301	596	46657	21358	673	298	593	46230	21251
上海音乐学院出版社	224	91	79	7824	2826	154	80	50	5299	1798
中国福利会出版社	164	95	1079	20793	110624	164	95	1079	20793	110624
上海书画出版社	449	207	733	28792	11014	391	205	120	9559	8225
上海书店	267	227	63	9396	3996	267	227	63	9396	3996

数量（书籍、课本、图片）（续表8）

出版社

准书号》部分					不使用《中国标准书号》部分—图片合计					附：活页文选影印书等用纸		
课　本												
种数（种）		印数（万册、张）	印张（千印张）	总定价（万元）	种数（种）		印数（万册、张）	印张（千印张）	总定价（万元）	印数（万册、张）	印张（千印张）	总定价（万元）
合计	初版				合计	初版						
119	60	699	46049	4723	4		2	36	11			
102	45	47	6443	1481								
374	360	91	13675	3225								
2	2		7	1								
97	60	3486	210795	23387								
3	3		84	16								
93	34	573	24328	5030								
4	4		29	7								
13	3	5	310	45								
1		1	100	15								
17	17	1	73	20								
5	5		28	8								
2	2		11	3								
46	32	6	793	147								
321	180	54	7740	1807								
271	123	50	9528	1628								
38	24	11	1906	307								
8	5	24	1436	198								
691	242	3485	193229	23002								
242	26	873	86699	9914								
305	45	3096	204662	20587								
31	3	122	8769	1139								
17		226	14950	1610								
100	20	23	1831	865	33	28	12	242	292			
1			19	3								
7	3	3	427	107								
70	11	29	2525	1027								
58	2	613	19233	2789								

	图书总计					使用《中国标 书籍				
	种数（种）		印数（万册、张）	印张（千印张）	总定价（万元）	种数（种）		印数（万册、张）	印张（千印张）	总定价（万元）
	合计	初版				合计	初版			
上海科学技术文献出版社	343	303	146	14202	5017	342	302	146	14178	5011
上海锦绣文章出版社	90	82	47	4562	1409	90	82	47	4562	1409
格致出版社	168	120	64	15399	3151	116	92	35	8850	1919
立信会计出版社	807	368	646	100859	21969	289	137	233	39390	8961
上海远东出版社	292	111	279	21792	5303	264	111	149	13850	4399
上海三联书店	386	341	189	31713	8745	385	341	188	31672	8738
文汇出版社	317	283	168	12489	6589	317	283	168	12489	6589
学林出版社	162	141	77	5870	2820	155	134	76	5823	2808
上海社会科学院出版社	270	233	138	16404	6195	269	233	136	16103	6145
复旦大学出版社	1637	746	1068	159571	38133	788	504	321	42554	11777
华东理工大学出版社	665	395	322	42852	10239	550	362	295	37377	9159
华东师范大学出版社	2884	1339	3180	328552	67143	2012	963	2169	237105	50179
上海交通大学出版社	2908	1373	4981	551355	89599	2223	945	4629	493693	77984
上海外语教育出版社	1265	257	1836	237033	48118	574	124	351	35186	7585
第二军医大学出版社	114	114	27	4886	1441	114	114	27	4886	1441
上海浦江教育出版社	43	32	7	1019	461	36	25	7	909	437
同济大学出版社	346	234	220	18205	8198	230	178	68	9841	6344
东华大学出版社	332	249	91	11103	3722	174	145	52	5889	2111
上海财经大学出版社	443	254	165	28644	6117	132	92	51	6585	1795
上海大学出版社	766	478	1943	202279	43643	728	472	1927	199962	43191
上海中西书局	184	147	45	5186	2595	184	147	45	5186	2595
上海音乐出版社	691	197	467	41540	13462	634	194	360	36439	12154
上海文化出版社	192	164	80	10762	3786	192	164	80	10762	3786
东方出版中心	185	143	109	14371	5426	178	142	103	14177	5391
中华地图学社	94	50	208	7031	2070	72	48	124	2919	1548
江苏人民出版社	3567	2516	3951	286656	60658	3518	2510	3911	284889	60226
江苏教育出版社	3552	1417	21484	1368882	193005	2463	1063	15076	865700	135996
江苏科学技术出版社	3538	1610	7681	578602	115334	3380	1587	4492	427998	92541
江苏少年儿童出版社	1857	766	3783	171919	39299	1738	746	2517	133826	33712
江苏文艺出版社	1164	1003	1303	150004	37362	1164	1003	1303	150004	37362
江苏美术出版社	2326	1641	2081	151153	42006	2308	1635	2076	150695	41877
古吴轩出版社	184	183	182	14029	4890	184	183	182	14029	4890
南京出版社	536	364	455	38040	9895	524	360	450	37829	9825
译林出版社	1923	754	6159	508074	80645	1846	738	5356	451089	74559
东南大学出版社	1475	640	1085	124877	26329	1002	493	941	99616	21140
河海大学出版社	532	354	368	30965	7209	406	295	325	24239	5729
南京大学出版社	2561	1585	1495	160957	36671	2086	1436	1334	134860	31299
苏州大学出版社	856	369	447	53373	10546	553	262	332	36056	7207

数量（书籍、课本、图片）（续表9）

出版社

准书号》部分					不使用《中国标准书号》部分—图片合计					附：活页文选影印书等用纸		
课本												
种数（种）		印数（万册、张）	印张（千印张）	总定价（万元）	种数（种）		印数（万册、张）	印张（千印张）	总定价（万元）	印数（万册、张）	印张（千印张）	总定价（万元）
合计	初版				合计	初版						
1	1		24	6								
52	28	28	6549	1232								
518	231	413	61470	13008								
28		130	7942	905								
1		1	42	7								
7	7	1	47	13								
1		2	302	50								
849	242	747	117017	26356								
115	33	27	5475	1080								
872	376	1011	91447	16965								
685	428	352	57661	11615								
691	133	1485	201847	40533								
7	7	1	110	24								
116	56	44	8243	1719						109	121	135
158	104	40	5214	1611								
311	162	114	22059	4322								
38	6	17	2317	452								
57	3	107	5101	1309								
7	1	7	193	35								
22	2	84	4112	521								
49	6	35	1479	360						5	288	72
994	350	6344	499751	56017	95	4	43	2206	780	20	1225	212
158	23	3183	150364	22566						7	240	227
118	19	1265	38050	5570	1	1	1	21	8		23	9
18	6	5	458	129								
7	3	3	196	41	5	1	1	11	23		4	5
76	16	801	56733	6044	1			5	2	2	247	40
473	147	145	25261	5189								
126	59	43	6726	1480								
475	149	161	26096	5372								
303	107	115	17317	3339								

全国各出版社图书出版

地方

	图书总计					使用《中国标				
						书　　籍				
	种数（种）		印数（万册、张）	印张（千印张）	总定价（万元）	种数（种）		印数（万册、张）	印张（千印张）	总定价（万元）
	合计	初版				合计	初版			
中国矿业大学出版社	522	370	122	22004	5262	176	172	15	2633	1126
南京师范大学出版社	959	364	3761	165500	40451	891	360	3726	161761	39739
凤凰出版社	316	222	114	16341	7816	316	222	114	16341	7816
广陵书社	335	288	69	9436	8911	335	288	69	9436	8911
江苏大学出版社	300	200	70	10355	2671	131	110	32	4337	1339
浙江人民出版社	806	440	1788	177663	44160	727	427	1345	143423	33960
浙江教育出版社	3195	1408	13311	805031	128138	2882	1336	10489	655515	108159
浙江科学技术出版社	1498	649	2886	164711	34781	1364	598	2457	132442	30654
浙江少年儿童出版社	1714	659	4934	384437	82182	1708	653	4931	384401	82158
浙江文艺出版社	642	312	1472	136082	32752	606	302	1187	119252	31141
浙江人民美术出版社	784	442	1194	56985	25529	710	414	449	34028	20486
浙江摄影出版社	497	395	1020	63783	18520	409	338	549	40271	14485
浙江古籍出版社	513	282	357	33250	9994	508	277	312	28829	9413
杭州出版社	237	201	149	25663	17860	237	201	149	25663	17860
西泠印社出版社	219	219	47	7448	7072	219	219	47	7448	7072
宁波出版社	666	394	528	35323	7432	655	394	518	34896	7359
浙江大学出版社	2303	1086	1227	145672	36642	1449	876	961	103207	27990
中国美术学院出版社	268	195	95	14449	8811	244	191	89	13654	8478
浙江工商大学出版社	359	258	83	10058	2520	316	241	77	9134	2302
安徽人民出版社	617	533	258	24833	8620	612	528	241	23545	8228
安徽教育出版社	1575	236	4782	407537	60573	1357	216	3074	331545	43861
安徽科学技术出版社	623	271	543	56335	12524	557	256	516	53722	11946
安徽少年儿童出版社	1644	782	6132	401319	78305	1638	782	6130	400912	78242
安徽师范大学出版社	467	467	433	23402	9086	459	459	425	22687	8936
安徽文艺出版社	548	423	393	48344	11571	540	422	387	47539	11381
安徽美术出版社	859	606	996	47243	19735	840	602	982	46440	19448
黄山书社	1291	767	3077	239463	41944	1263	744	2923	231949	39538
中国科学技术大学出版社	382	230	156	22932	4911	103	80	59	6920	1593
安徽大学出版社	397	168	860	63092	9900	214	103	437	30043	5439
合肥工业大学出版社	499	349	277	32174	8228	227	205	215	23294	5955
福建人民出版社	373	165	1148	86817	16859	365	164	1134	85454	16630
福建教育出版社	735	444	2203	153846	23002	597	410	1403	113021	17846
福建科学技术出版社	243	203	116	12020	4757	240	202	116	11972	4746
福建少年儿童出版社	606	292	1145	99993	21676	577	269	995	92961	20833
海峡文艺出版社	265	233	143	12734	3480	265	233	143	12734	3480
福建美术出版社	132	115	102	5575	2932	131	114	72	4462	2720

数量（书籍、课本、图片）（续表10）

出版社

准书号》部分 课本 种数（种）合计	初版	印数（万册、张）	印张（千印张）	总定价（万元）	不使用《中国标准书号》部分—图片合计 种数（种）合计	初版	印数（万册、张）	印张（千印张）	总定价（万元）	附：活页文选影印书等用纸 印数（万册、张）	印张（千印张）	总定价（万元）
346	198	106	19371	4136								
13	4	19	3240	584	55		15	362	105	1	138	24
169	90	38	6018	1331								
79	13	379	27034	7110						64	7205	3090
313	72	2821	149516	19979								
133	50	422	32195	4094	1	1	5	51	14	1	23	19
					6	6	4	35	24			
36	10	171	13389	1450						115	3441	160
65	19	738	22842	4974	9	9	7	78	42	1	37	27
31		453	22450	3332	57	57	17	1062	703			
2	2	1	107	28	3	3		92	7	44	4221	546
11		10	427	73								
854	210	265	42466	8652								
24	4	6	795	334								
43	17	6	924	218								
5	5	16	1289	392								
218	20	1708	75992	16711								
65	14	22	2563	565	1	1	5	50	13			
6		2	407	62								
8	8	8	715	150								
8	1	6	805	191								
19	4	14	802	288								
28	23	155	7514	2406								
279	150	97	16012	3318								
183	65	423	33048	4461								
272	144	63	8881	2273								
8	1	14	1363	229								
138	34	800	40824	5156								
3	1	1	48	11								
29	23	150	7032	843								
1	1	30	1113	211								

地方

	图书总计					使用《中国标 书 籍				
	种数（种）		印数（万册、张）	印张（千印张）	总定价（万元）	种数（种）		印数（万册、张）	印张（千印张）	总定价（万元）
	合计	初版				合计	初版			
海峡书局出版社	96	95	43	7279	2438	96	95	43	7279	2438
福建地图出版社	41	33	21	1002	577	41	33	21	1002	577
鹭江出版社	228	220	435	36386	8208	224	217	430	35988	8131
厦门大学出版社	647	489	363	55313	11176	372	345	228	32078	7114
海风出版社	29	29	7	1308	464	29	29	7	1308	464
江西人民出版社	1206	968	1806	140806	35896	1189	951	1800	139551	35690
江西教育出版社	749	528	4295	222960	28531	739	522	4200	216870	27783
江西科学技术出版社	388	242	497	48490	12872	352	236	251	30522	10346
百花洲文艺出版社	232	232	169	21407	4991	231	231	168	21404	4961
二十一世纪出版社	1822	921	3197	232280	58005	1822	921	3197	232280	58005
江西美术出版社	917	629	964	47417	17541	873	612	539	34372	14884
江西高校出版社	1415	904	2303	138049	29994	1191	811	1825	99520	23885
山东人民出版社	1205	1170	3636	280555	41085	1030	1002	2426	196291	32192
山东教育出版社	1802	530	7740	535466	69413	1530	504	5821	381593	52892
明天出版社	1316	452	5173	365341	68124	1316	452	5173	365341	68124
山东文艺出版社	517	314	892	54493	9667	517	314	416	28465	4787
山东美术出版社	880	413	1573	64565	17981	827	403	955	38888	14015
山东画报出版社	360	240	337	27733	6064	322	232	301	26492	5790
山东地图出版社	85	75	81	1367	996	85	75	81	1367	996
山东科学技术出版社	1651	421	3928	291694	40226	1480	398	2572	202195	30527
山东友谊出版社	512	111	877	64514	9025	512	111	794	59881	8565
齐鲁书社	382	126	1411	78507	11036	382	126	1411	78507	11036
济南出版社	775	438	1019	80207	17827	756	426	917	78097	17516
泰山出版社	228	68	1886	114229	27706	114	68	506	38091	18285
青岛出版社	3384	1357	8356	28520	106777	3214	1342	6735	22992	93491
山东大学出版社	398	204	1113	82366	13347	295	177	1061	74566	12075
中国石油大学出版社	708	563	680	69552	12581	347	333	532	46461	8173
中国海洋大学出版社	445	229	274	30293	8127	273	132	194	20738	6086
黄河出版社	112	112	117	11038	4883	112	112	117	11038	4883
河南人民出版社	397	343	214	22444	6731	383	335	174	21007	6517
河南科学技术出版社	745	391	1706	13820	15360	545	314	342	5015	8210
海燕出版社	1162	390	4122	211480	34177	1090	386	2750	164312	28237
河南文艺出版社	279	187	957	69863	11795	214	172	100	15721	3423
河南美术出版社	390	303	312	22969	7189	390	303	312	22969	7189
文心出版社	492	199	647	44019	5799	492	199	647	44019	5799
中州古籍出版社	515	423	170	25021	13502	515	423	170	25021	13502

数量（书籍、课本、图片）（续表 11）

出版社

准书号》部分					不使用《中国标准书号》部分—图片合计					附：活页文选影印书等用纸		
课　本												
种数（种）		印数（万册、张）	印张（千印张）	总定价（万元）	种数（种）		印数（万册、张）	印张（千印张）	总定价（万元）	印数（万册、张）	印张（千印张）	总定价（万元）
合计	初版				合计	初版						
4	3	5	398	77								
275	144	135	23235	4062								
17	17	7	1256	206								
10	6	96	6090	749								
36	6	246	17968	2526								
1	1		3	30								
44	17	425	13045	2658								
224	93	479	38529	6109								
175	168	1209	84264	8893								
272	26	1919	153873	16521								
		477	26028	4880								
35	4	597	24922	3772	18	6	21	755	193			
38	8	36	1242	274								
171	23	1357	89500	9698								
		83	4633	460								
19	12	102	2110	311								
114		1379	76138	9421								
170	15	1621	5528	13286								
103	27	52	7800	1272								
361	230	148	23090	4408								
172	97	79	9555	2041								
14	8	40	1437	215								
200	77	1364	8804	7151								
72	4	1371	47168	5940								
65	15	857	54143	8372								

地方

	图书总计					使用《中国标 书籍				
	种数（种） 合计	种数（种） 初版	印数（万册、张）	印张（千印张）	总定价（万元）	种数（种） 合计	种数（种） 初版	印数（万册、张）	印张（千印张）	总定价（万元）
中原农民出版社	756	482	728	37339	7735	735	464	487	27196	5675
大象出版社	841	242	4089	423851	56971	694	204	3372	373387	50151
黄河水利出版社	436	284	123	20064	5189	216	189	52	8559	2771
河南大学出版社	441	360	302	39684	6991	392	350	283	36421	6404
郑州大学出版社	956	514	607	53414	8656	684	396	490	39242	6247
湖北人民出版社	393	321	326	36907	8310	366	312	280	33911	7864
湖北教育出版社	990	533	3203	204168	33313	943	531	2398	162852	27896
湖北科学技术出版社	1032	665	1407	111625	35976	955	644	1008	82362	29683
长江少年儿童出版社	945	310	3163	230329	59360	939	310	3100	227660	58546
长江文艺出版社	1015	456	1663	244429	54975	1015	456	1663	244429	54975
崇文书局	1008	165	1424	99507	19045	1008	165	1424	99507	19045
湖北美术出版社	1183	956	1761	109904	48679	1180	955	1737	109416	48557
武汉出版社	984	773	1499	146344	31365	937	772	1351	139522	30588
华中科技大学出版社	1634	845	683	81772	22330	1180	676	557	61259	17913
华中师范大学出版社	814	348	1117	151881	27695	473	272	833	124477	22575
武汉大学出版社	3733	2263	2884	245994	69301	2845	1819	2597	195866	59387
武汉理工大学出版社	679	367	310	53849	16449	161	151	140	21849	10907
中国地质大学出版社	264	199	49	7745	3525	89	84	10	1612	1011
长江出版社	869	731	337	28063	8535	869	731	337	28063	8535
湖南人民出版社	827	827	1148	103229	24019	825	825	1127	100664	23633
湖南教育出版社	3790	1176	16458	1411579	243523	3723	1171	16408	1405137	241792
湖南科学技术出版社	721	379	1520	104183	21467	666	379	835	75684	17857
湖南少年儿童出版社	2093	789	6641	478538	85412	2067	789	6511	474879	84817
湖南文艺出版社	914	347	3729	384267	84577	832	340	2531	298617	71773
湖南美术出版社	638	298	3508	154602	39101	561	277	1528	83401	27000
湖南地图出版社	56	56	61	5978	2855	56	56	61	5978	2855
岳麓书社	334	143	856	104211	15660	308	143	393	67136	10467
湖南师范大学出版社	977	364	2886	231971	47801	962	361	2677	220014	46526
中南大学出版社	755	522	1131	85734	20956	476	403	1019	67814	16896
湖南大学出版社	456	240	640	52753	9758	172	111	254	21466	3618
国防科技大学出版社	87	75	34	6094	1345	49	45	14	2679	660
湘潭大学出版社	167	117	51	7465	1661	79	69	19	2176	656
广东人民出版社	1254	751	1648	135771	32018	1181	743	1098	104253	28592
广东教育出版社	1148	333	9327	648551	80026	770	284	2802	221627	32738
广东高等教育出版社	608	208	2206	247984	28066	338	91	1393	193253	21304
广东科技出版社	443	204	2124	133073	17737	289	143	588	53456	8626

数量（书籍、课本、图片）（续表12）

出版社

准书号》部分					不使用《中国标准书号》部分—图片合计					附：活页文选影印书等用纸		
课　本												
种数（种）		印数（万册、张）	印张（千印张）	总定价（万元）	种数（种）		印数（万册、张）	印张（千印张）	总定价（万元）	印数（万册、张）	印张（千印张）	总定价（万元）
合计	初版				合计	初版						
21	18	241	10142	2060								
147	38	718	50464	6820								
220	95	70	11506	2418								
49	10	19	3263	587								
272	118	117	14172	2410								
27	9	46	2997	446								
47	2	805	41316	5417								
77	21	399	29263	6293								
6		63	2670	813								
3	1	24	488	122								
47	1	148	6821	777								
454	169	126	20512	4417								
341	76	284	27404	5121								
888	444	286	50128	9914								
518	216	170	32000	5542								
175	115	39	6133	2514								
2	2	21	2565	386								
67	5	50	6442	1731								
55		685	28498	3611								
26		130	3659	596								
82	7	1199	85650	12804								
77	21	1980	71201	12101								
26		463	37075	5193								
15	3	209	11958	1275								
279	119	112	17920	4060								
284	129	386	31287	6139								
38	30	14	2209	442						6	1206	242
88	48	33	5289	1005								
73	8	550	31518	3427								
378	49	6525	426924	47287								
270	117	813	54731	6761								
154	61	1536	79617	9111								

全国各出版社图书出版

地方

	图书总计					使用《中国标				
						书　籍				
	种数（种）		印数（万册、张）	印张（千印张）	总定价（万元）	种数（种）		印数（万册、张）	印张（千印张）	总定价（万元）
	合计	初版				合计	初版			
广东经济出版社	1112	565	1619	135990	26914	1106	565	1563	133772	26581
广东地图出版社	69	28	36	619	299	69	28	36	619	299
广东旅游出版社	298	183	188	15808	5166	298	183	188	15808	5166
岭南美术出版社	234	218	599	23152	7930	214	207	68	7914	5225
广东新世纪出版社	1563	897	4161	279730	48971	1547	889	3915	263027	47131
花城出版社	346	300	300	42858	9626	346	300	300	42858	9626
海天出版社	199	199	51	8120	2764	199	199	51	8120	2764
广州出版社	320	320	763	73724	28992	320	320	763	73724	28992
华南理工大学出版社	528	346	125	18713	5711	156	143	41	5094	2805
汕头大学出版社	508	508	193	24895	7630	508	508	193	24895	7630
中山大学出版社	576	380	269	32392	7789	390	296	205	20961	5246
暨南大学出版社	534	345	116	18325	4721	428	308	90	13619	3743
南方日报出版社	129	128	34	5305	1347	125	124	33	5221	1339
羊城晚报出版社	118	109	62	5058	1684	118	109	62	5058	1684
深圳报业集团出版社	101	70	233	12816	2362	98	70	208	11784	2190
广西人民出版社	559	511	417	44637	10464	528	497	304	38051	9426
广西教育出版社	962	224	4836	270018	31327	920	218	4488	254575	28625
广西科学技术出版社	366	187	1255	73387	15911	317	182	449	32664	11298
接力出版社	1328	400	4299	256674	57551	1310	395	4166	251385	56436
广西民族出版社	215	146	1257	79540	7814	146	106	312	25524	3792
广西美术出版社	422	256	772	39004	13674	344	231	167	18052	9738
漓江出版社	529	405	412	43593	11790	518	402	401	42252	10018
广西师范大学出版社	3151	1238	11404	935337	152996	2969	1194	9516	823685	140375
海南出版社	954	270	1664	109199	19017	940	269	1627	107836	18763
南方出版社	1337	337	1745	148882	28725	1337	337	1745	148882	28725
南海出版公司	883	481	545	65835	18807	883	481	545	65835	18807
三环出版社	24		597	16605	2646	4		123	2824	839
重庆出版社	3071	1186	9366	590201	122379	2918	1163	6145	390063	95223
西南师范大学出版社	1377	481	4020	239260	40409	660	289	1521	84844	19445
重庆大学出版社	1708	828	1200	117372	23819	402	249	310	31901	7486
四川人民出版社	340	321	231	31261	8909	339	321	230	31231	8903
四川教育出版社	995	125	13080	891671	118442	945	120	9310	629744	85086
四川科学技术出版社	272	192	103	15173	4643	272	192	103	15173	4643
四川少儿出版社	879	644	1306	39970	19520	879	644	1306	39970	19520
四川文艺出版社	284	189	231	29752	7638	284	189	231	29752	7638
四川民族出版社	799	497	1751	173050	21354	627	428	1046	120357	17152

数量（书籍、课本、图片）（续表13）

出版社

准书号》部分					不使用《中国标准书号》部分—图片合计					附：活页文选影印书等用纸		
课本												
种数（种）		印数（万册、张）	印张（千印张）	总定价（万元）	种数（种）		印数（万册、张）	印张（千印张）	总定价（万元）	印数（万册、张）	印张（千印张）	总定价（万元）
合计	初版				合计	初版						
6		55	2217	333								
20	11	531	15238	2705								
16	8	246	16703	1841								
372	203	84	13619	2906								
186	84	64	11431	2542								
106	37	27	4707	978								
4	4	1	84	7								
3		26	1032	172								
31	14	113	6586	1038								
42	6	348	15443	2702								
48	5	806	40717	4589	1			6	24			
18	5	132	5289	1115								
69	40	945	54016	4022								
78	25	605	20952	3936								
11	3	11	1341	1772								
182	44	1888	111652	12621								
8	1	15	1007	170	6		2	30	10	20	326	75
20		474	13780	1807								
153	23	3221	200137	27156								
717	192	2499	154415	20965								
1306	579	890	85471	16332								
1		1	30	6								
50	5	3770	261927	33356								
172	69	705	52692	4202								

全国各出版社图书出版

地方

	图书总计					使用《中国标书籍				
	种数（种）		印数（万册、张）	印张（千印张）	总定价（万元）	种数（种）		印数（万册、张）	印张（千印张）	总定价（万元）
	合计	初版				合计	初版			
四川美术出版社	439	376	254	18733	7296	437	376	253	18626	7268
四川辞书出版社	87	60	68	16931	2985	87	60	68	16931	2985
天地出版社	502	304	348	33775	7012	502	304	348	33775	7012
巴蜀书社	124	121	29	5069	2921	124	121	29	5069	2921
成都地图出版社	293	125	293	10210	4643	293	125	293	10210	4643
成都时代出版社	270	196	247	23959	6770	270	196	247	23959	6770
电子科技大学出版社	867	601	421	55988	13436	550	390	266	30292	8062
四川大学出版社	1488	907	592	69924	16541	1358	829	550	63478	15254
西南财经大学出版社	901	575	473	58821	13764	504	406	351	39256	9752
西南交通大学出版社	1498	841	314	44380	11292	501	420	102	13655	4293
贵州人民出版社	256	234	967	32358	7881	253	233	729	23964	6198
贵州教育出版社	203	129	647	47861	6981	129	109	209	26295	4056
贵州科技出版社	89	67	50	4198	1170	87	67	43	3285	1063
贵州民族出版社	113	62	491	27906	4381	91	55	281	20772	3156
贵州大学出版社	58	58	9	638	451	58	58	9	638	451
孔学堂书局	19	14	4	659	209	19	14	4	659	209
云南人民出版社	2609	1460	5250	393804	105745	2575	1455	5071	378348	103135
云南教育出版社	954	353	3249	286312	35973	875	353	1893	237740	30720
云南科技出版社	1447	728	1155	83459	21155	1443	724	1154	83417	21144
晨光出版社	2156	842	3015	276074	45427	2128	842	2953	273456	44943
德宏民族出版社	120	120	19	4353	1880	120	120	19	4353	1880
云南美术出版社	481	415	511	38387	10702	481	415	511	38387	10702
云南民族出版社	338	332	82	11672	4738	320	316	73	10845	4543
云南大学出版社	360	253	359	28464	4944	360	253	359	28464	4944
西藏人民出版社	571	181	1419	98434	14686	400	166	381	25474	4657
藏文古籍出版社	77	77	22	2492	732	77	77	22	2492	732
陕西人民出版社	618	347	2929	269424	32966	604	335	467	67414	15528
陕西人民教育出版社	1968	588	5766	587148	105256	1928	577	4861	519121	97756
陕西科学技术出版社	404	241	741	34619	8282	323	233	380	20898	5497
未来出版社	899	174	2146	126251	36182	863	173	1334	79095	31857
太白文艺出版社	115	100	30	5404	1317	115	100	30	5404	1317
陕西人民美术出版社	112	58	1409	77159	12934	107	58	400	24792	3710
陕西旅游出版社	197	160	801	57360	10536	189	158	596	46085	9474
三秦出版社	362	193	486	46014	13468	362	193	454	43069	13032
西安出版社	797	529	1120	97105	27639	797	529	1050	88729	26630
西安地图出版社	84	84	6	684	234	84	84	6	684	234
陕西师范大学出版社	1135	502	1936	183192	30777	1008	458	1612	163685	27921

数量（书籍、课本、图片）（续表14）

出版社

准书号》部分					不使用《中国标准书号》部分—图片合计					附：活页文选影印书等用纸		
课　本												
种数（种）		印数（万册、张）	印张（千印张）	总定价（万元）	种数（种）		印数（万册、张）	印张（千印张）	总定价（万元）	印数（万册、张）	印张（千印张）	总定价（万元）
合计	初版				合计	初版						
2		1	107	28								
317	211	156	25695	5375								
130	78	43	6446	1286								
397	169	122	19566	4012								
997	421	212	30725	6999								
3	1	237	8394	1683								
74	20	439	21566	2925								
2		7	913	107								
22	7	209	7135	1225								
34	5	178	15455	2610								
79		1357	48571	5254								
4	4		42	11								
24		62	2584	470	4		1	34	15			
16	14	8	743	179	2	2	2	83	17			
171	15	1038	72960	10029								
14	12	2462	202010	17438								
40	11	905	68027	7500								
81	8	361	13721	2785								
36	1	812	47157	4325								
5		1009	52368	9224								
8	2	205	11275	1062								
		31	2945	435								
		70	8376	1010								
127	44	324	19507	2856								

地方

	图书总计					使用《中国标 书 籍				
	种数（种）		印数（万册、张）	印张（千印张）	总定价（万元）	种数（种）		印数（万册、张）	印张（千印张）	总定价（万元）
	合计	初版				合计	初版			
西安电子科技大学出版社	537	350	175	30524	6223	71	67	22	4967	987
西安交通大学出版社	1811	1182	1727	174816	39893	1234	785	1108	118123	29888
西北大学出版社	441	242	863	70680	9844	187	143	120	14616	2905
西北工业大学出版社	498	358	88	12396	2965	105	72	26	2652	750
西北农林科技大学出版社	113	106	16	2066	623	113	106	16	2066	623
第四军医大学出版社	368	227	137	25222	5725	76	71	37	8538	2043
甘肃人民出版社	178	174	92	20164	4120	178	174	92	20164	4120
甘肃教育出版社	1037	362	4611	386297	49523	1002	341	1485	143236	26302
甘肃科学技术出版社	182	168	69	5540	1597	182	168	69	5540	1597
甘肃少年儿童出版社	674	303	884	56568	13082	658	296	861	55661	12851
甘肃文化出版社	385	238	568	44581	17695	385	238	568	44581	17695
甘肃民族出版社	302	292	139	14040	3551	301	291	139	13960	3531
甘肃人民美术出版社	67	60	25	3511	1832	67	60	25	3511	1832
敦煌文艺出版社	411	390	138	20372	7961	411	390	138	20372	7961
兰州大学出版社	176	174	36	4687	1188	159	157	32	3843	944
青海人民出版社	341	189	757	63768	7555	333	181	133	13845	2736
青海民族出版社	438	162	357	28970	4167	231	162	72	8906	2821
宁夏人民出版社	530	509	1940	154248	21993	530	509	164	24774	6661
宁夏人民教育出版社	947	395	1156	109466	16729	929	386	1108	107276	16481
阳光出版社	1209	526	1765	185709	50624	1206	523	1756	184898	50546
新疆人民出版社	1574	815	2991	200990	51175	1487	813	2707	182863	48435
新疆教育出版社	2256	358	6328	419399	46828	618	118	1761	83485	11234
新疆科学技术出版社	717	235	570	36727	7433	663	235	464	26196	5509
新疆青少年出版社	3134	1538	1199	143285	27769	3054	1526	1175	141798	27571
新疆美术摄影出版社	2126	1199	11336	951269	265155	2058	1171	10929	933250	261595
喀什维吾尔文出版社	586	403	196	13470	3324	586	403	196	13470	3324
克孜勒苏柯尔克孜文出版社	44	44	3	399	167	44	44	3	399	167
伊犁人民出版社	204	194	54	4587	1530	202	192	52	4278	1410
新疆大学出版社	75	71	15	2609	734	75	71	15	2609	734
新疆人民卫生出版社	265	240	75	9016	2041	255	230	74	8909	2011
新疆生产建设兵团出版社	297	297	297	30284	11414	296	296	297	30274	11409

数量（书籍、课本、图片）（续表15）

出版社

准书号》部分					不使用《中国标准书号》部分—图片合计					附：活页文选影印书等用纸		
课　本												
种数（种）		印数（万册、张）	印张（千印张）	总定价（万元）	种数（种）		印数（万册、张）	印张（千印张）	总定价（万元）	印数（万册、张）	印张（千印张）	总定价（万元）
合计	初版				合计	初版						
466	283	154	25556	5236								
573	393	619	56663	9976	4	4		29	29			
254	99	743	56064	6939								
393	286	62	9744	2215								
292	156	100	16684	3682								
35	21	3126	243061	23221								
16	7	23	908	230								
1	1		79	20								
17	17	4	843	245								
8	8	624	49923	4820								
207		285	20063	1346								
		1776	129474	15332								
18	9	49	2189	247								
3	3	9	810	79								
87	2	284	18127	2740								
1638	240	4567	335913	35594								
54		106	10531	1924								
80	12	24	1476	195							12	4
68	28	407	18019	3560								
2	2	2	309	120								
10	10	1	106	29								
1	1		10	5								

使用《中国标准书号》各类图书的平均印数、平均印张、平均定价和平均印张定价

全 国

	平均印数（万册/种）			平均印张（印张/册）			平均定价（元/册）			平均印张定价（元/印张）		
	初版	重印	租型	初版	重印	租型	初版	重印	租型	初版	重印	租型
使用《标准书号》部分合计	**0.96**	**2.14**	**14.24**	**10.20**	**8.20**	**7.15**	**26.84**	**14.90**	**7.55**	**2.63**	**1.82**	**1.06**
A 马列主义、毛泽东思想	2.27	0.96		17.31	15.31		28.67	29.63		1.66	1.93	
B 哲学	0.52	1.05		14.46	12.18		46.13	27.72		3.19	2.28	
C 社会科学总论	0.41	0.71	0.21	15.54	16.24	17.03	45.96	34.49	30.67	2.96	2.12	1.80
D 政治、法律	0.97	0.98	9.07	11.35	13.28	1.14	28.30	28.68	3.53	2.49	2.16	3.09
E 军事	0.52	0.75		14.78	13.09		46.56	26.61		3.15	2.03	
F 经济	0.43	0.53	0.30	16.45	17.31	62.50	47.89	37.92	180.00	2.91	2.19	2.88
G 文化、科学、教育、体育	1.70	3.40	14.29	8.49	6.93	7.16	17.71	11.43	7.55	2.09	1.65	1.06
H 语言、文字	0.66	1.21		13.16	16.87		32.99	32.69		2.51	1.94	
I 文学	0.90	1.63	0.41	10.30	10.70	17.74	27.70	22.91	29.35	2.69	2.14	1.65
J 艺术	0.53	0.90	0.46	8.39	7.98	3.21	49.99	22.44	6.84	5.95	2.81	2.13
K 历史、地理	0.63	1.05	0.26	13.42	11.06	11.50	49.12	28.01	38.12	3.66	2.53	3.31
N 自然科学总论	0.51	0.96		11.56	10.88		37.26	32.24		3.22	2.96	
O 数理科学、化学	0.38	0.51	0.06	14.90	16.26	22.50	34.80	30.67	30.00	2.34	1.89	1.33
P 天文学、地球科学	0.36	0.52		11.25	12.52		43.57	29.66		3.87	2.37	
Q 生物科学	0.58	0.59	0.50	9.39	14.29	16.00	37.17	32.26	26.80	3.96	2.26	1.68
R 医药、卫生	0.49	0.66	0.15	16.27	16.43	18.83	50.07	35.61	32.85	3.08	2.17	1.74
S 农业科学	0.32	0.43	2.36	10.81	10.68	3.87	38.87	24.95	11.04	3.60	2.34	2.85
T 工业技术	0.35	0.40	0.10	15.90	17.91	18.75	49.90	38.02	39.60	3.14	2.12	2.11
U 交通运输	0.38	0.71		13.52	13.68		43.93	35.93		3.25	2.63	
V 航空、航天	0.26	0.43		15.36	11.08		65.97	33.80		4.29	3.05	
X 环境科学	0.36	0.49		9.99	9.08		33.66	22.34		3.37	2.46	
Z 综合性图书	0.56	1.01		15.86	12.18		81.15	39.48		5.12	3.24	

使用《中国标准书号》各类图书的
平均印数、平均印张、平均定价和平均印张定价（续表1）

中　央

	平均印数（万册/种）			平均印张（印张/册）			平均定价（元/册）			平均印张定价（元/印张）		
	初版	重印	租型	初版	重印	租型	初版	重印	租型	初版	重印	租型
使用《标准书号》部分合计	**0.74**	**1.63**	**7.85**	**12.85**	**10.42**	**7.16**	**35.03**	**18.64**	**7.52**	**2.73**	**1.79**	**1.05**
A 马列主义、毛泽东思想	3.28	1.17		17.31	15.56		28.15	29.99		1.63	1.93	
B 哲学	0.55	1.02		14.70	13.96		47.31	31.79		3.22	2.28	
C 社会科学总论	0.45	0.79		15.15	16.57		46.20	34.14		3.05	2.06	
D 政治、法律	1.13	1.02		11.14	13.45		27.51	29.33		2.47	2.18	
E 军事	0.54	0.47		14.46	17.25		48.26	37.24		3.34	2.16	
F 经济	0.47	0.56		16.55	17.59		47.52	39.58		2.87	2.25	
G 文化、科学、教育、体育	1.45	4.60	7.85	10.40	7.56	7.16	19.93	10.78	7.52	1.92	1.43	1.05
H 语言、文字	0.72	1.29		15.29	18.71		37.47	35.91		2.45	1.92	
I 文学	0.78	1.22		11.83	13.90		31.61	26.70		2.67	1.92	
J 艺术	0.56	0.67		9.86	10.29		59.84	30.28		6.07	2.94	
K 历史、地理	0.78	1.15		13.86	10.37		48.22	28.27		3.48	2.73	
N 自然科学总论	0.46	0.66		14.07	15.21		52.58	42.83		3.74	2.82	
O 数理科学、化学	0.40	0.48		15.09	18.44		36.21	33.80		2.40	1.83	
P 天文学、地球科学	0.28	0.41		12.99	15.14		54.49	34.31		4.19	2.27	
Q 生物科学	0.42	0.39		11.43	20.93		43.39	41.63		3.80	1.99	
R 医药、卫生	0.59	0.61		17.29	20.19		51.90	41.78		3.00	2.07	
S 农业科学	0.30	0.37		11.82	12.14		40.15	27.83		3.40	2.29	
T 工业技术	0.37	0.40		16.91	18.63		50.48	38.99		2.99	2.09	
U 交通运输	0.39	0.81		13.16	13.82		47.28	36.21		3.59	2.62	
V 航空、航天	0.24	0.25		16.24	14.41		74.00	37.99		4.56	2.64	
X 环境科学	0.30	0.27		12.50	14.76		41.56	31.85		3.32	2.16	
Z 综合性图书	0.60	1.16		14.65	14.31		67.89	52.22		4.63	3.65	

使用《中国标准书号》各类图书的
平均印数、平均印张、平均定价和平均印张定价（续表2）

地　方

	平均印数（万册/种）			平均印张（印张/册）			平均定价（元/册）			平均印张定价（元/印张）		
	初版	重印	租型	初版	重印	租型	初版	重印	租型	初版	重印	租型
使用《标准书号》部分合计	**1. 11**	**2. 48**	**14. 25**	**8. 94**	**7. 23**	**7. 15**	**22. 93**	**13. 28**	**7. 55**	**2. 56**	**1. 84**	**1. 06**
A 马列主义、毛泽东思想	0. 24	0. 60		17. 23	14. 45		42. 79	28. 39		2. 48	1. 97	
B 哲学	0. 49	1. 11		14. 10	9. 61		44. 46	21. 84		3. 15	2. 27	
C 社会科学总论	0. 36	0. 55	0. 21	16. 30	15. 28	17. 03	45. 50	35. 50	30. 67	2. 79	2. 32	1. 80
D 政治、法律	0. 49	0. 81	9. 07	12. 73	12. 33	1. 14	33. 47	25. 00	3. 53	2. 63	2. 03	3. 09
E 军事	0. 48	1. 12		15. 54	10. 70		42. 46	20. 48		2. 73	1. 91	
F 经济	0. 33	0. 46	0. 30	16. 14	16. 44	62. 50	49. 05	32. 88	180. 00	3. 04	2. 00	2. 88
G 文化、科学、教育、体育	1. 76	3. 13	14. 30	8. 10	6. 72	7. 16	17. 27	11. 64	7. 55	2. 13	1. 73	1. 06
H 语言、文字	0. 61	1. 09		10. 78	13. 62		27. 98	27. 02		2. 59	1. 98	
I 文学	0. 96	1. 77	0. 41	9. 73	9. 94	17. 74	26. 26	22. 01	29. 35	2. 70	2. 21	1. 65
J 艺术	0. 52	1. 01	0. 46	7. 73	7. 22	3. 21	45. 54	19. 89	6. 84	5. 89	2. 75	2. 13
K 历史、地理	0. 50	0. 91	0. 26	12. 82	12. 20	11. 50	50. 34	27. 59	38. 12	3. 93	2. 26	3. 31
N 自然科学总论	0. 55	1. 13		10. 24	9. 40		29. 14	28. 61		2. 85	3. 04	
O 数理科学、化学	0. 35	0. 57	0. 06	14. 54	11. 76	22. 50	32. 18	24. 23	30. 00	2. 21	2. 06	1. 33
P 天文学、地球科学	0. 52	0. 66		9. 46	10. 59		32. 36	26. 24		3. 42	2. 48	
Q 生物科学	0. 75	0. 93	0. 50	8. 25	9. 70	16. 00	33. 69	25. 77	26. 80	4. 09	2. 66	1. 68
R 医药、卫生	0. 37	0. 78	0. 15	14. 26	9. 38	18. 83	46. 46	24. 01	32. 85	3. 26	2. 56	1. 74
S 农业科学	0. 34	0. 64	2. 36	9. 47	7. 69	3. 87	37. 16	19. 03	11. 04	3. 92	2. 48	2. 85
T 工业技术	0. 32	0. 38	0. 10	13. 49	14. 69	18. 75	48. 51	33. 67	39. 60	3. 60	2. 29	2. 11
U 交通运输	0. 37	0. 36		14. 35	12. 55		36. 10	33. 49		2. 52	2. 67	
V 航空、航天	0. 31	0. 78		13. 07	9. 00		45. 01	31. 19		3. 44	3. 47	
X 环境科学	0. 48	1. 45		7. 14	4. 66		24. 73	14. 95		3. 47	3. 20	
Z 综合性图书	0. 54	0. 92		16. 61	10. 74		89. 44	30. 86		5. 38	2. 87	

各地区使用《中国标准书号》图书的平均印数、平均印张、平均定价和平均印张定价

使用《标准书号》部分合计

	平均印数（万册/种）			平均印张（印张/册）			平均定价（元/册）			平均印张定价（元/印张）		
	初版	重印	租型	初版	重印	租型	初版	重印	租型	初版	重印	租型
全国总计	**0.96**	**2.14**	**14.24**	**10.20**	**8.20**	**7.15**	**26.84**	**14.90**	**7.55**	**2.63**	**1.82**	**1.06**
中　　央	**0.74**	**1.63**	**7.85**	**12.85**	**10.42**	**7.16**	**35.03**	**18.64**	**7.52**	**2.73**	**1.79**	**1.05**
地　　方	**1.11**	**2.48**	**14.25**	**8.94**	**7.23**	**7.15**	**22.93**	**13.28**	**7.55**	**2.56**	**1.84**	**1.06**
北　　京	1.65	2.23		10.06	8.72		26.64	18.47		2.65	2.12	
天　　津	0.60	1.10	5.18	9.74	9.22	7.69	35.79	22.84	7.76	3.67	2.48	1.01
河　　北	1.51	2.56	20.50	8.13	7.28	7.34	16.99	13.16	7.22	2.09	1.81	0.98
山　　西	1.76	2.60	24.98	15.04	7.94	7.79	22.96	17.43	8.39	1.53	2.20	1.08
内 蒙 古	0.54	1.45	8.50	8.77	6.24	7.86	20.33	7.47	8.12	2.32	1.20	1.03
辽　　宁	0.84	1.48	4.49	7.94	7.77	6.42	20.02	14.08	6.45	2.52	1.81	1.00
吉　　林	0.81	0.99	6.13	8.55	8.32	7.07	24.98	17.06	8.39	2.92	2.05	1.19
黑 龙 江	0.56	0.98	7.24	10.31	8.79	7.42	19.05	20.53	8.00	1.85	2.33	1.08
上　　海	0.83	1.89	0.31	9.92	8.80	16.00	32.22	18.63	24.00	3.25	2.12	1.50
江　　苏	1.26	2.99	49.41	8.57	6.35	6.20	19.66	10.26	6.63	2.29	1.62	1.07
浙　　江	1.35	2.85	20.15	8.50	6.40	7.16	24.12	11.66	7.33	2.84	1.82	1.02
安　　徽	1.26	2.90	12.73	7.87	7.51	7.54	19.51	12.41	7.64	2.48	1.65	1.01
福　　建	1.17	2.68	17.37	8.95	7.73	7.33	19.74	14.28	6.78	2.21	1.85	0.93
江　　西	1.10	3.64	25.86	7.27	5.95	7.98	20.73	10.42	7.57	2.85	1.75	0.95
山　　东	1.78	3.23	16.36	6.39	5.22	5.61	16.30	9.96	6.99	2.55	1.91	1.25
河　　南	0.72	3.28	34.19	8.23	6.66	7.94	23.63	10.02	7.47	2.87	1.50	0.94
湖　　北	0.93	1.62	15.22	9.80	8.33	7.49	31.79	15.89	8.88	3.24	1.91	1.19
湖　　南	2.31	4.06	21.93	8.79	7.77	6.43	18.64	13.98	7.69	2.12	1.80	1.20
广　　东	1.09	4.34	42.24	9.25	7.17	7.91	23.09	9.55	7.18	2.50	1.33	0.91
广　　西	1.33	4.35	13.52	8.72	6.69	7.63	22.65	10.22	7.39	2.60	1.53	0.97
海　　南	0.85	1.51	4.95	9.23	7.63	5.73	23.01	14.38	6.70	2.49	1.88	1.17
重　　庆	1.38	2.34	10.99	8.20	5.79	6.53	20.48	10.99	8.57	2.50	1.90	1.31
四　　川	0.75	3.27	16.07	9.49	7.32	7.59	24.21	10.70	7.83	2.55	1.46	1.03
贵　　州	0.99	6.58	12.43	7.57	4.47	7.05	17.87	7.02	7.59	2.36	1.57	1.08
云　　南	0.85	2.46	18.36	9.04	7.84	7.90	22.31	14.80	7.41	2.47	1.89	0.94
西　　藏	0.43	1.42	2.51	10.45	6.20	7.09	24.51	11.66	8.05	2.35	1.88	1.14
陕　　西	0.88	2.14	9.28	11.36	8.38	7.36	26.45	16.77	7.89	2.33	2.00	1.07
甘　　肃	0.80	1.47	12.44	9.61	8.69	7.68	27.40	17.26	7.20	2.85	1.99	0.94
青　　海	0.48	0.69	3.24	10.34	8.33	7.80	27.89	7.53	7.42	2.70	0.90	0.95
宁　　夏	0.71	1.65	8.30	11.23	9.95	7.29	25.23	23.39	8.63	2.25	2.35	1.18
新　　疆	1.36	2.05	5.36	8.25	7.94	6.70	19.21	20.30	7.49	2.33	2.56	1.12
兵　　团	1.00			10.18			38.38			3.77		

各地区使用《中国标准书号》各类图书的平均印数、平均印张、平均定价和平均印张定价（续表1）

A　马克思主义、列宁主义、毛泽东思想

	平均印数（万册/种）			平均印张（印张/册）			平均定价（元/册）			平均印张定价（元/印张）		
	初版	重印	租型	初版	重印	租型	初版	重印	租型	初版	重印	租型
全国总计	**2.27**	**0.96**		**17.31**	**15.31**		**28.67**	**29.63**		**1.66**	**1.93**	
中　央	**3.28**	**1.17**		**17.31**	**15.56**		**28.15**	**29.99**		**1.63**	**1.93**	
地　方	**0.24**	**0.60**		**17.23**	**14.45**		**42.79**	**28.39**		**2.48**	**1.97**	
北　京	0.16	0.45		18.91	12.76		43.44	25.72		2.30	2.02	
天　津	0.31			16.07			28.84			1.79		
河　北	0.20			18.75			41.00			2.19		
山　西	0.40			16.92			39.00			2.30		
内蒙古	0.35	0.20		25.24	39.12		30.98	45.00		1.23	1.15	
辽　宁	0.19	0.18		15.31	15.00		32.86	58.47		2.15	3.90	
吉　林	0.21	0.92		17.68	11.62		39.56	22.31		2.24	1.92	
黑龙江	0.11	0.10		25.45	22.19		66.56	29.32		2.62	1.32	
上　海	0.23	0.36		19.72	25.09		51.38	56.30		2.61	2.24	
江　苏	0.26	0.88		15.23	13.09		31.25	32.63		2.05	2.49	
浙　江	0.45	0.10		13.77	8.75		32.77	15.00		2.38	1.71	
安　徽	0.10			12.55			35.75			2.85		
福　建	0.11	0.40		13.73	14.00		42.73	32.00		3.11	2.29	
江　西	0.30			15.13			24.80			1.64		
山　东	0.42	0.48		6.72	9.04		67.10	24.79		9.98	2.74	
河　南	0.17			22.28			59.47			2.67		
湖　北	0.12	1.14		16.88	15.92		38.89	27.98		2.30	1.76	
湖　南	0.41	0.31		17.06	14.73		38.83	26.75		2.28	1.82	
广　东	0.24	0.24		15.96	8.84		32.25	20.15		2.02	2.28	
广　西	0.09	1.15		16.45	10.32		45.28	25.91		2.75	2.51	
海　南		0.45			21.25			43.67			2.05	
重　庆		0.55			10.18			19.00			1.87	
四　川	0.34	0.47		23.22	29.97		53.10	48.09		2.29	1.60	
贵　州												
云　南	0.07			15.81			49.00			3.10		
西　藏												
陕　西	0.14	1.12		18.21	13.40		78.98	21.00		4.34	1.57	
甘　肃												
青　海												
宁　夏												
新　疆	0.40			19.99			42.07			2.10		
兵　团												

各地区使用《中国标准书号》各类图书的平均印数、平均印张、平均定价和平均印张定价（续表2）

B 哲 学

	平均印数（万册/种）			平均印张（印张/册）			平均定价（元/册）			平均印张定价（元/印张）		
	初版	重印	租型	初版	重印	租型	初版	重印	租型	初版	重印	租型
全国总计	**0.52**	**1.05**		**14.46**	**12.18**		**46.13**	**27.72**		**3.19**	**2.28**	
中　央	**0.55**	**1.02**		**14.70**	**13.96**		**47.31**	**31.79**		**3.22**	**2.28**	
地　方	**0.49**	**1.11**		**14.10**	**9.61**		**44.46**	**21.84**		**3.15**	**2.27**	
北　京	0.69	0.85		13.93	14.24		32.13	34.79		2.31	2.44	
天　津	0.79	2.42		13.58	13.87		35.28	33.07		2.60	2.38	
河　北	0.10	0.71		23.17	17.95		56.09	35.66		2.42	1.99	
山　西	0.53	0.66		10.37	9.36		31.81	18.84		3.07	2.01	
内蒙古	0.11	0.43		14.82	17.37		38.10	26.44		2.57	1.52	
辽　宁	0.32	0.69		17.61	13.79		35.21	28.00		2.00	2.03	
吉　林	0.69	0.75		13.61	12.05		42.18	27.06		3.10	2.24	
黑龙江	0.32	0.32		13.23	18.55		35.62	32.23		2.69	1.74	
上　海	0.34	0.78		14.70	13.03		54.45	30.00		3.70	2.30	
江　苏	0.67	0.63		11.82	15.58		33.32	28.65		2.82	1.84	
浙　江	0.40	0.70		13.97	13.06		42.01	32.23		3.01	2.47	
安　徽	0.32	0.34		14.19	15.10		28.86	37.45		2.03	2.48	
福　建	0.37	1.31		16.63	11.63		62.97	19.44		3.79	1.67	
江　西	0.63	0.61		12.32	12.26		28.22	25.76		2.29	2.10	
山　东	0.33	0.56		7.64	11.20		36.99	36.79		4.84	3.29	
河　南	0.46	0.36		9.52	12.77		30.00	27.38		3.15	2.14	
湖　北	0.65	0.55		13.34	14.87		34.54	29.27		2.59	1.97	
湖　南	0.74	0.38		11.42	12.20		22.02	28.48		1.93	2.33	
广　东	0.35	0.41		13.62	18.37		36.60	34.38		2.69	1.87	
广　西	0.98	2.03		6.44	13.36		26.71	38.40		4.14	2.87	
海　南	0.48	0.51		16.63	21.03		38.38	41.20		2.31	1.96	
重　庆	0.43	0.21		13.03	15.39		36.38	32.07		2.79	2.08	
四　川	0.31	0.31		17.00	15.65		70.06	30.40		4.12	1.94	
贵　州	0.26	52.68		11.90	1.29		45.87	3.62		3.85	2.81	
云　南	0.24	0.20		17.13	14.33		67.68	26.00		3.95	1.81	
西　藏	0.22	0.44		16.09	14.15		49.72	22.86		3.09	1.61	
陕　西	0.23	0.37		20.26	16.01		66.25	33.24		3.27	2.08	
甘　肃	0.31			19.51			115.22			5.91		
青　海	0.25	0.28		17.36	15.97		40.49	28.19		2.33	1.77	
宁　夏	0.36	0.15		20.55	27.86		28.62	23.11		1.39	0.83	
新　疆	0.35	0.83		9.42	10.32		24.70	19.04		2.62	1.84	
兵　团												

各地区使用《中国标准书号》各类图书的平均印数、平均印张、平均定价和平均印张定价（续表3）

C 社会科学总论

	平均印数（万册/种）			平均印张（印张/册）			平均定价（元/册）			平均印张定价（元/印张）		
	初版	重印	租型	初版	重印	租型	初版	重印	租型	初版	重印	租型
全国总计	**0.41**	**0.71**	**0.21**	**15.54**	**16.24**	**17.03**	**45.96**	**34.49**	**30.67**	**2.96**	**2.12**	**1.80**
中　　央	**0.45**	**0.79**		**15.15**	**16.57**		**46.20**	**34.14**		**3.05**	**2.06**	
地　　方	**0.36**	**0.55**	**0.21**	**16.30**	**15.28**	**17.03**	**45.50**	**35.50**	**30.67**	**2.79**	**2.32**	**1.80**
北　　京	0.58	0.65		17.54	14.83		41.67	28.93		2.38	1.95	
天　　津	0.46	0.98		19.94	16.57		54.05	39.37		2.71	2.38	
河　　北	0.33	0.60		18.94	22.25		44.55	56.00		2.35	2.52	
山　　西	0.14	0.30		19.95	6.25		48.45	13.00		2.43	2.08	
内 蒙 古	0.26	1.79		17.65	15.73		49.15	27.06		2.78	1.72	
辽　　宁	0.22	0.38		18.59	16.33		42.17	32.38		2.27	1.98	
吉　　林	0.39	1.11		15.02	13.48		50.51	33.33		3.36	2.47	
黑 龙 江	0.36	0.38		16.49	25.54		34.54	40.56		2.10	1.59	
上　　海	0.45	0.50	0.31	19.50	17.46	16.00	48.99	40.56	24.00	2.51	2.32	1.50
江　　苏	0.55	0.71		14.33	14.50		38.66	30.31		2.70	2.09	
浙　　江	0.48	0.61		15.05	15.85		49.79	47.04		3.31	2.97	
安　　徽	0.19	0.28		16.07	12.99		38.57	27.18		2.40	2.09	
福　　建	0.36	0.58		10.53	22.22		30.57	35.39		2.90	1.59	
江　　西	0.21	0.54		13.20	9.56		31.21	22.16		2.36	2.32	
山　　东	0.43	0.41		8.52	7.91		45.38	30.55		5.33	3.86	
河　　南	0.17	0.19		13.41	11.84		37.62	35.73		2.81	3.02	
湖　　北	0.34	0.32		14.93	17.38		50.68	38.88		3.39	2.24	
湖　　南	0.28	0.37		17.95	15.42		48.97	31.20		2.73	2.02	
广　　东	0.35	0.24		15.68	18.48		41.64	37.02		2.66	2.00	
广　　西	0.34	2.38		14.35	13.05		41.87	33.27		2.92	2.55	
海　　南	0.39	0.73	0.11	19.82	22.83	20.00	44.16	49.93	50.00	2.23	2.19	2.50
重　　庆	0.29	0.24		15.83	18.39		38.63	38.35		2.44	2.08	
四　　川	0.21	0.39		15.44	11.21		40.84	22.86		2.64	2.04	
贵　　州	0.12			9.95			37.50			3.77		
云　　南	0.14			19.63			74.19			3.78		
西　　藏	0.10			25.50			48.00			1.88		
陕　　西	0.21	0.44		15.79	16.14		33.82	33.80		2.14	2.09	
甘　　肃	0.16	7.83		19.21	5.08		63.12	15.15		3.29	2.98	
青　　海	0.30	0.30		6.56	32.13		13.00	45.00		1.98	1.40	
宁　　夏	0.31	0.10		51.28	17.35		35.05	42.00		0.68	2.42	
新　　疆	0.35	0.30		13.61	12.44		36.69	25.00		2.70	2.01	
兵　　团	0.90			16.92			34.00			2.01		

各地区使用《中国标准书号》各类图书的平均印数、平均印张、平均定价和平均印张定价（续表4）

D　政治、法律

	平均印数（万册/种）			平均印张（印张/册）			平均定价（元/册）			平均印张定价（元/印张）		
	初版	重印	租型	初版	重印	租型	初版	重印	租型	初版	重印	租型
全国总计	**0.97**	**0.98**	**9.07**	**11.35**	**13.28**	**1.14**	**28.30**	**28.68**	**3.53**	**2.49**	**2.16**	**3.09**
中　　央	**1.13**	**1.02**		**11.14**	**13.45**		**27.51**	**29.33**		**2.47**	**2.18**	
地　　方	**0.49**	**0.81**	**9.07**	**12.73**	**12.33**	**1.14**	**33.47**	**25.00**	**3.53**	**2.63**	**2.03**	**3.09**
北　　京	0.40	0.53		16.37	9.05		39.61	16.61		2.42	1.84	
天　　津	0.17	0.37		17.15	17.11		40.63	36.09		2.37	2.11	
河　　北	0.46	0.17		6.66	15.87		18.08	25.81		2.71	1.63	
山　　西	0.37	2.54		15.68	6.05		48.20	14.51		3.07	2.40	
内 蒙 古	0.27	0.23		19.76	33.74		51.47	77.00		2.60	2.28	
辽　　宁	0.24	0.39		16.59	16.08		40.77	29.83		2.46	1.85	
吉　　林	0.60	0.63		13.24	10.98		34.75	29.59		2.62	2.70	
黑 龙 江	0.23	0.54		16.98	15.51		38.43	25.98		2.26	1.68	
上　　海	0.30	0.96		16.96	15.55		55.25	33.65		3.26	2.16	
江　　苏	0.44	0.47	0.84	12.48	14.66	2.00	42.27	36.17	5.20	3.39	2.47	2.60
浙　　江	0.39	1.24	15.00	12.76	14.53	1.26	37.87	29.81	3.50	2.97	2.05	2.78
安　　徽	0.24	1.66		14.06	6.18		40.68	12.02		2.89	1.95	
福　　建	0.32	0.72		18.52	12.34		46.90	26.62		2.53	2.16	
江　　西	0.27	0.39		15.27	13.48		42.29	22.08		2.77	1.64	
山　　东	0.99	0.27		6.03	19.80		19.47	58.59		3.23	2.96	
河　　南	0.36	0.65	4.00	10.77	12.80	1.26	37.11	33.06	3.50	3.45	2.58	2.78
湖　　北	0.29	1.31	23.00	17.01	7.09	1.00	67.17	9.73	3.50	3.95	1.37	3.50
湖　　南	0.72	0.82		9.32	8.33		23.11	18.70		2.48	2.24	
广　　东	0.27	0.34		17.16	19.51		45.43	38.29		2.65	1.96	
广　　西	1.52	1.37		11.46	15.22		21.61	29.35		1.89	1.93	
海　　南	0.60	2.53		11.85	12.02		29.04	23.77		2.45	1.98	
重　　庆	0.85	0.19		14.66	15.43		29.59	29.48		2.02	1.91	
四　　川	0.39	0.37		16.31	14.49		42.53	30.63		2.61	2.11	
贵　　州	0.14	0.53		15.07	15.59		54.85	26.67		3.64	1.71	
云　　南	0.29	0.18		14.17	18.61		46.02	44.90		3.25	2.41	
西　　藏	0.25	0.35		15.97	6.27		43.66	12.21		2.73	1.95	
陕　　西	2.38	1.54		8.88	9.78		13.04	13.10		1.47	1.34	
甘　　肃	0.20	0.35		22.78	23.24		59.79	60.46		2.62	2.60	
青　　海	0.19	0.20		11.36	4.00		29.15	8.00		2.57	2.00	
宁　　夏	0.16	3.10		22.65	17.95		75.96	26.29		3.35	1.46	
新　　疆	0.27	0.24	2.50	9.78	13.55	1.26	26.63	24.25	3.50	2.72	1.79	2.78
兵　　团	0.20			18.07			65.37			3.62		

各地区使用《中国标准书号》各类图书的平均印数、平均印张、平均定价和平均印张定价（续表5）

E 军 事

	平均印数（万册/种）			平均印张（印张/册）			平均定价（元/册）			平均印张定价（元/印张）		
	初版	重印	租型	初版	重印	租型	初版	重印	租型	初版	重印	租型
全国总计	**0.52**	**0.75**		**14.78**	**13.09**		**46.56**	**26.61**		**3.15**	**2.03**	
中　央	**0.54**	**0.47**		**14.46**	**17.25**		**48.26**	**37.24**		**3.34**	**2.16**	
地　方	**0.48**	**1.12**		**15.54**	**10.70**		**42.46**	**20.48**		**2.73**	**1.91**	
北　京	1.18	0.98		16.55	10.85		47.89	16.99		2.89	1.57	
天　津	0.32	0.38		15.80	15.67		35.17	91.91		2.23	5.87	
河　北	0.27			20.43			115.79			5.67		
山　西	0.35	0.30		17.31	11.00		65.05	18.00		3.76	1.64	
内蒙古	0.40	0.30		15.96	12.31		31.63	22.10		1.98	1.80	
辽　宁	0.36	0.59		23.28	16.16		90.44	25.76		3.89	1.59	
吉　林	0.52	0.46		12.13	10.17		38.57	29.66		3.18	2.92	
黑龙江	0.30	0.79		15.84	13.91		31.34	18.16		1.98	1.31	
上　海	0.38	0.71		17.99	10.29		55.63	25.40		3.09	2.47	
江　苏	0.31	1.81		23.16	8.67		68.69	17.92		2.97	2.07	
浙　江	0.37	8.50		7.40	6.05		69.30	7.98		9.36	1.32	
安　徽	1.47	2.28		10.37	14.62		25.45	23.79		2.45	1.63	
福　建	0.15	10.03		21.50	23.00		52.00	32.00		2.42	1.39	
江　西	0.79	0.40		11.27	11.92		20.30	17.00		1.80	1.43	
山　东	1.06	7.81		13.93	7.48		35.60	15.75		2.56	2.11	
河　南	0.49	0.96		12.52	7.92		29.98	16.34		2.40	2.06	
湖　北	0.44	0.67		16.95	11.92		42.04	21.54		2.48	1.81	
湖　南	0.37	0.33		18.10	13.56		40.88	32.04		2.26	2.36	
广　东	0.34	0.51		21.14	13.52		55.46	29.11		2.62	2.15	
广　西	0.14	0.31		14.16	5.67		38.21	10.00		2.70	1.76	
海　南	0.27			7.97			32.23			4.04		
重　庆		0.93			14.50			31.80			2.19	
四　川	0.41	0.40		17.37	12.01		36.22	23.70		2.08	1.97	
贵　州	0.02			6.82			16.00			2.35		
云　南	1.20			5.18			7.81			1.51		
西　藏												
陕　西	0.19	0.64		18.74	16.61		53.13	29.51		2.84	1.78	
甘　肃		0.13			9.69			26.00			2.68	
青　海	0.10			23.00			48.00			2.09		
宁　夏	0.60			12.00			19.80			1.65		
新　疆												
兵　团	0.08			20.47			40.00			1.95		

各地区使用《中国标准书号》各类图书的平均印数、平均印张、平均定价和平均印张定价（续表6）

F 经 济

	平均印数（万册/种）			平均印张（印张/册）			平均定价（元/册）			平均印张定价（元/印张）		
	初版	重印	租型	初版	重印	租型	初版	重印	租型	初版	重印	租型
全国总计	**0.43**	**0.53**	**0.30**	**16.45**	**17.31**	**62.50**	**47.89**	**37.92**	**180.00**	**2.91**	**2.19**	**2.88**
中　央	**0.47**	**0.56**		**16.55**	**17.59**		**47.52**	**39.58**		**2.87**	**2.25**	
地　方	**0.33**	**0.46**	**0.30**	**16.14**	**16.44**	**62.50**	**49.05**	**32.88**	**180.00**	**3.04**	**2.00**	**2.88**
北　京	0.44	0.42		17.33	11.91		50.12	24.24		2.89	2.04	
天　津	0.25	0.27		18.99	17.82		62.13	33.94		3.27	1.90	
河　北	0.14	0.93		19.79	8.36		40.57	14.51		2.05	1.74	
山　西	0.32	0.21		15.45	13.27		54.93	22.63		3.56	1.71	
内蒙古	0.08			24.00			63.79			2.66		
辽　宁	0.22	0.56		16.85	18.05		44.66	31.10		2.65	1.72	
吉　林	0.29	0.61		14.61	10.45		45.14	22.00		3.09	2.11	
黑龙江	0.36	0.22		7.78	16.09		23.71	26.48		3.05	1.65	
上　海	0.44	0.60		16.66	17.07		45.37	33.71		2.72	1.97	
江　苏	0.28	0.31		16.01	14.93		55.10	31.38		3.44	2.10	
浙　江	0.45	0.73		15.88	14.53		48.97	42.07		3.08	2.89	
安　徽	0.19	0.34		16.97	13.52		61.11	27.26		3.60	2.02	
福　建	0.29	0.34		16.91	21.51		54.85	35.69		3.24	1.66	
江　西	0.25	0.15		15.57	15.78		37.66	29.89		2.42	1.89	
山　东	0.21	0.62		12.30	14.34		44.84	29.10		3.64	2.03	
河　南	0.30	0.25		11.83	11.85		41.70	37.10		3.52	3.13	
湖　北	0.39	0.30		13.94	17.73		64.15	31.85		4.60	1.80	
湖　南	0.27	0.22		15.69	17.05		44.89	35.54		2.86	2.08	
广　东	0.29	0.27		19.48	17.16		49.68	38.93		2.55	2.27	
广　西	0.20	1.06		20.85	30.20		71.03	59.21		3.41	1.96	
海　南	0.29	0.53	0.30	19.44	22.66	62.50	43.91	40.85	180.00	2.26	1.80	2.88
重　庆	0.25	0.20		16.01	16.82		36.43	32.54		2.28	1.94	
四　川	0.37	0.36		14.96	15.37		43.27	34.10		2.89	2.22	
贵　州	0.23			6.80			28.37			4.17		
云　南	0.30	0.13		16.35	16.85		52.89	104.40		3.23	6.20	
西　藏	0.15			17.83			30.80			1.73		
陕　西	0.20	0.29		18.19	12.13		48.53	24.49		2.67	2.02	
甘　肃	0.12			20.95			59.75			2.85		
青　海	0.46			8.49			15.92			1.88		
宁　夏	0.18	1.20		21.62	10.88		66.44	30.13		3.07	2.77	
新　疆	0.47			11.19			29.88			2.67		
兵　团	0.18			25.91			152.50			5.89		

各地区使用《中国标准书号》各类图书的平均印数、平均印张、平均定价和平均印张定价（续表7）

G 文化、科学、教育、体育

	平均印数（万册/种）			平均印张（印张/册）			平均定价（元/册）			平均印张定价（元/印张）		
	初版	重印	租型	初版	重印	租型	初版	重印	租型	初版	重印	租型
全国总计	**1.70**	**3.40**	**14.29**	**8.49**	**6.93**	**7.16**	**17.71**	**11.43**	**7.55**	**2.09**	**1.65**	**1.06**
中　央	**1.45**	**4.60**	**7.85**	**10.40**	**7.56**	**7.16**	**19.93**	**10.78**	**7.52**	**1.92**	**1.43**	**1.05**
地　方	**1.76**	**3.13**	**14.30**	**8.10**	**6.72**	**7.16**	**17.27**	**11.64**	**7.55**	**2.13**	**1.73**	**1.06**
北　京	2.49	2.53		9.64	7.77		23.41	16.72		2.43	2.15	
天　津	0.84	1.41	5.18	6.74	9.08	7.69	23.55	18.47	7.76	3.50	2.03	1.01
河　北	1.87	2.72	20.56	7.64	7.37	7.33	14.82	12.22	7.22	1.94	1.66	0.98
山　西	3.29	2.76	24.98	15.51	7.85	7.79	20.12	17.32	8.39	1.30	2.21	1.08
内蒙古	1.10	1.61	8.50	6.29	5.94	7.86	10.52	6.76	8.12	1.67	1.14	1.03
辽　宁	1.73	2.24	4.49	6.61	6.59	6.42	12.60	10.85	6.45	1.91	1.65	1.00
吉　林	0.99	1.05	6.13	7.98	7.95	7.07	22.11	16.20	8.39	2.77	2.04	1.19
黑龙江	1.00	1.51	7.25	9.31	7.86	7.42	14.04	19.38	8.00	1.51	2.46	1.08
上　海	1.78	3.10		7.79	6.51		24.02	13.97		3.08	2.14	
江　苏	1.85	3.95	49.68	7.84	5.86	6.20	14.19	8.88	6.63	1.81	1.52	1.07
浙　江	1.69	3.44	20.16	7.76	5.78	7.17	16.06	9.39	7.34	2.07	1.63	1.02
安　徽	1.89	3.80	12.73	6.83	7.27	7.54	14.51	11.45	7.64	2.12	1.57	1.01
福　建	2.25	3.31	17.37	7.94	7.48	7.33	13.08	13.36	6.78	1.65	1.79	0.93
江　西	1.36	5.65	25.86	5.97	5.46	7.98	15.88	8.23	7.57	2.66	1.51	0.95
山　东	2.58	3.68	16.36	6.62	5.18	5.61	12.87	9.20	6.99	1.94	1.78	1.25
河　南	1.47	4.27	35.45	7.06	6.60	7.94	12.31	9.38	7.47	1.74	1.42	0.94
湖　北	1.48	2.38	15.23	8.75	6.65	7.51	27.43	12.14	8.90	3.14	1.83	1.19
湖　南	3.45	4.84	21.93	7.91	7.35	6.43	14.75	12.69	7.69	1.86	1.73	1.20
广　东	2.23	5.60	43.19	7.72	7.07	7.91	12.88	8.80	7.18	1.67	1.25	0.91
广　西	2.20	5.16	13.52	7.51	6.01	7.63	14.07	7.70	7.39	1.87	1.28	0.97
海　南	1.45	1.64	5.07	6.91	7.11	5.70	13.84	12.44	6.61	2.00	1.75	1.16
重　庆	2.51	3.43	10.99	6.40	4.98	6.53	11.21	9.01	8.57	1.75	1.81	1.31
四　川	1.25	5.54	16.07	7.91	7.09	7.59	16.61	9.75	7.83	2.10	1.37	1.03
贵　州	2.50	6.04	12.43	8.39	6.14	7.05	10.25	7.63	7.59	1.22	1.24	1.08
云　南	1.27	2.54	18.36	8.26	7.75	7.90	16.71	14.62	7.41	2.02	1.89	0.94
西　藏	1.23	1.94	2.52	6.51	5.92	7.09	10.29	10.85	8.05	1.58	1.83	1.14
陕　西	1.73	2.70	9.30	10.38	8.05	7.36	21.02	15.29	7.89	2.03	1.90	1.07
甘　肃	1.37	1.50	12.44	8.44	8.11	7.68	19.67	16.83	7.20	2.33	2.08	0.94
青　海	1.15	0.77	3.24	7.82	8.12	7.80	10.87	6.28	7.42	1.39	0.77	0.95
宁　夏	1.12	1.73	8.30	10.33	9.90	7.29	21.09	23.17	8.63	2.04	2.34	1.18
新　疆	1.56	2.15	5.48	8.36	7.93	6.71	19.71	20.30	7.49	2.36	2.56	1.12
兵　团	1.63			9.31			31.46			3.38		

各地区使用《中国标准书号》各类图书的平均印数、平均印张、平均定价和平均印张定价（续表8）

H 语言、文字

	平均印数（万册/种）			平均印张（印张/册）			平均定价（元/册）			平均印张定价（元/印张）		
	初版	重印	租型	初版	重印	租型	初版	重印	租型	初版	重印	租型
全国总计	**0.66**	**1.21**		**13.16**	**16.87**		**32.99**	**32.69**		**2.51**	**1.94**	
中　央	**0.72**	**1.29**		**15.29**	**18.71**		**37.47**	**35.91**		**2.45**	**1.92**	
地　方	**0.61**	**1.09**		**10.78**	**13.62**		**27.98**	**27.02**		**2.59**	**1.98**	
北　京	1.76	1.61		11.00	9.98		25.54	15.72		2.32	1.57	
天　津	0.38	0.30		12.46	12.27		31.38	26.78		2.52	2.18	
河　北	0.60	1.60		15.54	3.60		32.58	16.60		2.10	4.60	
山　西	0.26	0.30		11.36	17.15		27.49	28.40		2.42	1.66	
内蒙古	0.18	0.62		12.75	16.79		35.40	24.17		2.78	1.44	
辽　宁	0.47	0.52		10.00	12.37		24.69	29.27		2.47	2.37	
吉　林	0.74	0.61		7.39	10.69		21.05	25.68		2.85	2.40	
黑龙江	0.15	0.29		11.98	13.80		27.34	25.11		2.28	1.82	
上　海	0.50	1.58		12.91	15.81		33.96	30.33		2.63	1.92	
江　苏	0.61	0.56		11.47	13.68		27.32	25.95		2.38	1.90	
浙　江	1.07	1.10		9.19	9.51		22.51	17.93		2.45	1.89	
安　徽	0.59	0.61		11.48	11.39		65.49	25.06		5.70	2.20	
福　建	0.35	0.29		13.64	15.26		35.30	28.72		2.59	1.88	
江　西	0.69	0.99		8.78	9.35		22.11	14.70		2.52	1.57	
山　东	0.52	1.66		11.21	7.35		37.02	23.75		3.30	3.23	
河　南	0.61	0.41		10.58	14.92		35.32	65.04		3.34	4.36	
湖　北	0.56	0.44		10.13	14.34		24.23	29.42		2.39	2.05	
湖　南	0.59	0.34		17.95	17.68		39.25	34.93		2.19	1.98	
广　东	0.44	0.53		10.85	16.15		31.18	39.07		2.87	2.42	
广　西	0.86	1.32		13.53	15.46		31.53	28.63		2.33	1.85	
海　南	0.21	0.30		12.09	4.37		32.95	29.80		2.72	6.82	
重　庆	0.37	0.31		13.79	14.69		33.99	29.49		2.46	2.01	
四　川	0.37	0.67		19.75	11.25		39.37	24.96		1.99	2.22	
贵　州	0.44			5.71			36.21			6.34		
云　南	0.20	2.07		15.19	10.92		58.19	25.85		3.83	2.37	
西　藏	0.25	0.90		13.31	5.34		24.53	9.41		1.84	1.76	
陕　西	0.38	0.55		16.03	13.98		36.50	32.07		2.28	2.29	
甘　肃	0.58	1.94		6.73	10.95		15.57	17.09		2.31	1.56	
青　海	0.12	0.20		11.42	8.27		33.83	12.20		2.96	1.48	
宁　夏	0.40	0.20		14.14	10.32		32.06	25.53		2.27	2.47	
新　疆	0.39	0.43		10.92	4.14		26.60	10.92		2.44	2.64	
兵　团	0.12			11.01			28.26			2.57		

各地区使用《中国标准书号》各类图书的平均印数、平均印张、平均定价和平均印张定价（续表9）

I 文 学

	平均印数（万册/种）			平均印张（印张/册）			平均定价（元/册）			平均印张定价（元/印张）		
	初版	重印	租型	初版	重印	租型	初版	重印	租型	初版	重印	租型
全国总计	**0.90**	**1.63**	**0.41**	**10.30**	**10.70**	**17.74**	**27.70**	**22.91**	**29.35**	**2.69**	**2.14**	**1.65**
中　　央	**0.78**	**1.22**		**11.83**	**13.90**		**31.61**	**26.70**		**2.67**	**1.92**	
地　　方	**0.96**	**1.77**	**0.41**	**9.73**	**9.94**	**17.74**	**26.26**	**22.01**	**29.35**	**2.70**	**2.21**	**1.65**
北　　京	1.61	2.53		8.40	11.84		22.82	24.35		2.72	2.06	
天　　津	0.99	1.56		9.63	7.34		31.63	22.93		3.28	3.12	
河　　北	1.23	1.26	0.50	9.92	5.99	33.00	22.75	23.38	58.00	2.29	3.90	1.76
山　　西	0.38	1.18		13.23	12.54		40.81	24.01		3.08	1.91	
内 蒙 古	0.29	0.22		13.84	15.67		31.66	37.75		2.29	2.41	
辽　　宁	0.76	2.21		9.05	8.49		22.87	18.35		2.53	2.16	
吉　　林	0.83	0.60		9.28	13.02		25.93	24.16		2.79	1.85	
黑 龙 江	0.24	0.30	0.05	14.48	17.94	15.00	31.30	28.25	19.90	2.16	1.57	1.33
上　　海	0.73	1.41		11.13	11.39		30.06	27.38		2.70	2.40	
江　　苏	1.01	1.67		11.07	11.66		28.21	21.94		2.55	1.88	
浙　　江	2.33	3.20		8.56	8.63		22.03	17.44		2.57	2.02	
安　　徽	0.93	1.37		10.91	9.72		25.87	20.82		2.37	2.14	
福　　建	0.63	2.08		11.83	6.90		30.17	17.42		2.55	2.53	
江　　西	1.11	1.97		8.59	5.74		20.43	15.34		2.38	2.67	
山　　东	1.47	2.13		4.84	5.14		19.51	16.01		4.03	3.11	
河　　南	0.38	1.50	0.50	11.76	4.07	17.36	35.08	11.08	27.34	2.98	2.72	1.58
湖　　北	0.81	1.56		12.03	15.75		28.79	32.61		2.39	2.07	
湖　　南	1.72	2.40		12.55	13.29		31.40	28.41		2.50	2.14	
广　　东	0.59	1.68	0.30	12.81	8.92	6.93	32.42	21.90	13.80	2.53	2.46	1.99
广　　西	1.33	3.03		9.76	11.61		29.39	25.53		3.01	2.20	
海　　南	0.70	0.95	0.32	12.29	10.84	15.32	36.06	32.00	33.25	2.93	2.95	2.17
重　　庆	1.36	1.99		9.52	7.53		28.19	15.37		2.96	2.04	
四　　川	0.63	0.79		11.10	10.73		29.53	24.96		2.66	2.33	
贵　　州	1.00	1.10		4.79	11.39		16.45	28.77		3.44	2.53	
云　　南	0.45	1.31		10.67	14.19		28.35	23.18		2.66	1.63	
西　　藏	0.25	0.47	0.30	17.59	6.85	10.69	35.67	11.11	18.00	2.03	1.62	1.68
陕　　西	0.53	1.32		11.46	9.25		35.90	21.19		3.13	2.29	
甘　　肃	0.33	0.70		12.08	7.40		28.23	17.96		2.34	2.43	
青　　海	0.25	0.27		13.72	14.17		34.68	28.15		2.53	1.99	
宁　　夏	0.30	0.24		11.41	13.43		28.83	43.94		2.53	3.27	
新　　疆	1.06	0.60		5.63	9.36		13.53	24.42		2.40	2.61	
兵　　团	0.34			14.39			39.56			2.75		

各地区使用《中国标准书号》各类图书的平均印数、平均印张、平均定价和平均印张定价（续表10）

J 艺 术

	平均印数（万册/种）			平均印张（印张/册）			平均定价（元/册）			平均印张定价（元/印张）		
	初版	重印	租型	初版	重印	租型	初版	重印	租型	初版	重印	租型
全国总计	**0.53**	**0.90**	**0.46**	**8.39**	**7.98**	**3.21**	**49.99**	**22.44**	**6.84**	**5.95**	**2.81**	**2.13**
中　央	**0.56**	**0.67**		**9.86**	**10.29**		**59.84**	**30.28**		**6.07**	**2.94**	
地　方	**0.52**	**1.01**	**0.46**	**7.73**	**7.22**	**3.21**	**45.54**	**19.89**	**6.84**	**5.89**	**2.75**	**2.13**
北　京	0.51	0.76		9.64	10.37		63.90	29.93		6.63	2.89	
天　津	0.48	0.45		7.84	6.48		55.59	38.92		7.09	6.01	
河　北	0.27	2.06		8.98	3.35		63.56	32.15		7.07	9.60	
山　西	0.42	0.68		9.76	18.44		45.00	29.20		4.61	1.58	
内蒙古	0.47	0.23		8.00	37.53		24.79	80.94		3.10	2.16	
辽　宁	0.19	0.21		10.72	9.31		76.42	41.40		7.13	4.45	
吉　林	0.84	1.42		6.23	7.74		24.83	15.45		3.99	2.00	
黑龙江	0.14	0.15		7.94	11.45		33.18	24.71		4.18	2.16	
上　海	0.46	1.24		10.00	8.50		49.50	17.51		4.95	2.06	
江　苏	0.89	1.37		4.72	5.35		23.14	17.41		4.91	3.26	
浙　江	0.39	0.45		10.79	8.47		91.80	27.46		8.51	3.24	
安　徽	0.30	0.71		10.56	7.33		67.06	22.32		6.35	3.05	
福　建	0.25	0.34		10.34	7.18		76.48	23.72		7.40	3.30	
江　西	0.42	0.88		8.15	5.66		61.73	16.73		7.57	2.96	
山　东	0.61	1.38		5.48	3.95		48.04	12.09		8.76	3.06	
河　南	0.41	0.62		7.86	5.44		67.47	14.71		8.59	2.70	
湖　北	0.49	0.69		8.09	7.60		55.64	19.58		6.88	2.58	
湖　南	0.81	1.10		9.33	8.43		36.86	24.89		3.95	2.95	
广　东	0.81	2.72		6.85	4.83		30.50	14.14		4.46	2.93	
广　西	0.58	0.63		9.32	16.27		53.58	66.69		5.75	4.10	
海　南	0.33	0.30		7.50	21.00		35.72	98.00		4.76	4.67	
重　庆	0.51	0.37		9.09	15.39		36.34	36.13		4.00	2.35	
四　川	0.45	0.44		6.79	6.07		38.54	21.85		5.67	3.60	
贵　州	0.20	0.30		10.36	5.58		115.81	40.84		11.17	7.32	
云　南	0.28	0.77		9.81	4.58		72.72	13.93		7.41	3.04	
西　藏	0.26	0.63		13.34	4.95		64.79	22.10		4.86	4.46	
陕　西	0.18	0.54		20.69	7.84		151.98	36.86		7.34	4.70	
甘　肃	0.20	0.49		17.67	7.75		107.56	46.67		6.09	6.02	
青　海	0.20	1.03		14.27	3.66		80.38	6.31		5.63	1.72	
宁　夏	0.26	0.13		10.48	14.90		77.51	123.40		7.40	8.28	
新　疆	0.71	0.46	0.46	4.39	4.11	3.21	17.68	10.00	6.84	4.03	2.44	2.13
兵　团	1.04			3.55			60.82			17.15		

各地区使用《中国标准书号》各类图书的平均印数、平均印张、平均定价和平均印张定价（续表11）

K 历史、地理

	平均印数（万册/种）			平均印张（印张/册）			平均定价（元/册）			平均印张定价（元/印张）		
	初版	重印	租型	初版	重印	租型	初版	重印	租型	初版	重印	租型
全国总计	**0.63**	**1.05**	**0.26**	**13.42**	**11.06**	**11.50**	**49.12**	**28.01**	**38.12**	**3.66**	**2.53**	**3.31**
中　　央	**0.78**	**1.15**		**13.86**	**10.37**		**48.22**	**28.27**		**3.48**	**2.73**	
地　　方	**0.50**	**0.91**	**0.26**	**12.82**	**12.20**	**11.50**	**50.34**	**27.59**	**38.12**	**3.93**	**2.26**	**3.31**
北　　京	0.68	1.10		14.44	14.46		45.23	28.10		3.13	1.94	
天　　津	0.39	0.56		18.30	13.50		51.07	47.79		2.79	3.54	
河　　北	0.15	0.66		33.00	8.49		177.36	10.97		5.37	1.29	
山　　西	0.38	0.29		15.69	13.05		66.29	37.81		4.22	2.90	
内 蒙 古	0.16	0.30		22.16	8.79		102.11	16.89		4.61	1.92	
辽　　宁	0.61	0.48		8.48	13.25		22.24	25.39		2.62	1.92	
吉　　林	0.52	0.60		13.93	11.98		53.63	26.56		3.85	2.22	
黑 龙 江	0.43	0.24		12.37	9.93		40.50	36.78		3.27	3.70	
上　　海	0.51	0.87		12.30	14.79		61.74	32.19		5.02	2.18	
江　　苏	0.42	0.98		15.07	10.15		65.29	22.08		4.33	2.18	
浙　　江	1.36	2.74		8.21	13.79		27.50	30.32		3.35	2.20	
安　　徽	0.29	0.44		12.46	20.75		65.51	57.63		5.26	2.78	
福　　建	0.42	1.48		12.88	6.38		45.14	13.56		3.50	2.13	
江　　西	0.69	2.96		13.95	11.69		39.92	24.46		2.86	2.09	
山　　东	0.58	1.09		7.90	8.97		38.71	15.81		4.90	1.76	
河　　南	0.37	0.63		13.05	9.69		64.74	21.52		4.96	2.22	
湖　　北	0.35	0.39		13.75	16.03		63.23	34.40		4.60	2.15	
湖　　南	0.65	0.40		11.56	12.14		49.55	38.94		4.29	3.21	
广　　东	0.35	0.53		19.27	10.56		66.68	26.86		3.46	2.54	
广　　西	0.43	0.85		17.35	19.66		66.06	45.87		3.81	2.33	
海　　南	0.36	0.43	0.06	19.06	31.89	31.75	48.44	60.78	190.00	2.54	1.91	5.98
重　　庆	0.38	0.84		13.21	7.57		59.75	23.37		4.52	3.09	
四　　川	0.62	0.73		8.87	2.91		38.74	13.16		4.37	4.52	
贵　　州	0.57	0.71		9.06	10.86		35.53	40.36		3.92	3.72	
云　　南	0.20	0.21		23.17	21.37		107.05	75.91		4.62	3.55	
西　　藏	0.31	0.45		12.98	10.51		34.80	24.84		2.68	2.36	
陕　　西	0.35	0.36	0.45	15.65	8.52	8.82	67.20	33.85	18.00	4.29	3.97	2.04
甘　　肃	0.44	0.56		14.43	12.62		42.36	30.33		2.93	2.40	
青　　海	0.26	0.25		20.91	10.69		119.57	24.92		5.72	2.33	
宁　　夏	0.23	0.47		24.64	11.24		76.08	26.29		3.09	2.34	
新　　疆	0.29	0.28		14.81	8.39		39.54	15.64		2.67	1.86	
兵　　团	0.59			13.25			67.60			5.10		

各地区使用《中国标准书号》各类图书的平均印数、平均印张、平均定价和平均印张定价（续表12）

N　自然科学总论

	平均印数（万册/种）			平均印张（印张/册）			平均定价（元/册）			平均印张定价（元/印张）		
	初版	重印	租型	初版	重印	租型	初版	重印	租型	初版	重印	租型
全国总计	**0.51**	**0.96**		**11.56**	**10.88**		**37.26**	**32.24**		**3.22**	**2.96**	
中　　央	**0.46**	**0.66**		**14.07**	**15.21**		**52.58**	**42.83**		**3.74**	**2.82**	
地　　方	**0.55**	**1.13**		**10.24**	**9.40**		**29.14**	**28.61**		**2.85**	**3.04**	
北　　京	1.17	2.46		14.44	11.30		28.68	29.32		1.99	2.60	
天　　津	0.50	0.40		9.80	9.20		27.00	27.74		2.76	3.01	
河　　北	0.10			14.46			79.02			5.46		
山　　西	0.08	0.30		5.83	15.93		19.73	29.58		3.38	1.86	
内 蒙 古	0.39			9.43			18.69			1.98		
辽　　宁	0.39	0.20		12.61	15.78		36.36	32.95		2.88	2.09	
吉　　林	0.46	0.58		7.37	12.92		20.65	28.36		2.80	2.20	
黑 龙 江	0.53	0.15		14.75	21.09		29.62	26.00		2.01	1.23	
上　　海	0.25	0.49		13.68	14.47		45.21	27.48		3.31	1.90	
江　　苏	0.63	0.44		7.72	13.85		24.71	28.87		3.20	2.08	
浙　　江	0.52	0.92		12.77	13.59		48.33	27.34		3.79	2.01	
安　　徽	0.37			6.38			18.52			2.90		
福　　建	0.41			11.38			56.88			5.00		
江　　西	1.50	1.16		10.74	10.44		25.00	23.92		2.33	2.29	
山　　东	0.22	0.90		21.46	3.92		49.91	46.70		2.33	11.92	
河　　南	0.60	0.50		7.44	11.33		29.80	18.97		4.01	1.67	
湖　　北	0.34	0.38		10.74	11.62		33.26	31.36		3.10	2.70	
湖　　南	0.91			5.32			22.06			4.15		
广　　东	0.25	0.10		9.04	16.90		35.19	22.00		3.89	1.30	
广　　西	0.60	2.24		12.97	7.28		33.59	28.68		2.59	3.94	
海　　南	0.35			20.71			44.77			2.16		
重　　庆		0.20			17.36			63.28			3.65	
四　　川	2.08	0.43		2.41	7.78		24.41	25.46		10.12	3.27	
贵　　州	0.13			12.22			28.20			2.31		
云　　南	0.11			16.56			45.51			2.75		
西　　藏		0.30			4.04			7.00			1.73	
陕　　西	0.71	0.72		4.94	5.03		14.59	65.73		2.95	13.06	
甘　　肃	0.21	0.28		14.78	7.44		46.47	19.30		3.14	2.59	
青　　海	0.30			13.43			50.00			3.72		
宁　　夏												
新　　疆	0.38			8.20			18.46			2.25		
兵　　团												

各地区使用《中国标准书号》各类图书的平均印数、平均印张、平均定价和平均印张定价（续表13）

O 数理科学、化学

	平均印数（万册/种）			平均印张（印张/册）			平均定价（元/册）			平均印张定价（元/印张）		
	初版	重印	租型	初版	重印	租型	初版	重印	租型	初版	重印	租型
全国总计	**0.38**	**0.51**	**0.06**	**14.90**	**16.26**	**22.50**	**34.80**	**30.67**	**30.00**	**2.34**	**1.89**	**1.33**
中　　央	**0.40**	**0.48**		**15.09**	**18.44**		**36.21**	**33.80**		**2.40**	**1.83**	
地　　方	**0.35**	**0.57**	**0.06**	**14.54**	**11.76**	**22.50**	**32.18**	**24.23**	**30.00**	**2.21**	**2.06**	**1.33**
北　　京	1.17	3.15		13.68	10.46		23.68	18.39		1.73	1.76	
天　　津	0.55	1.31		7.35	4.24		17.56	11.90		2.39	2.81	
河　　北	0.02	5.00		20.89	12.38		37.36	16.29		1.79	1.32	
山　　西	0.18	0.30		8.87	10.27		19.71	16.00		2.22	1.56	
内 蒙 古	0.13	0.14		15.89	13.42		27.24	19.23		1.71	1.43	
辽　　宁	0.37	0.32		15.37	14.20		27.23	27.68		1.77	1.95	
吉　　林	0.36	0.49		12.61	8.61		30.33	21.45		2.40	2.49	
黑 龙 江	0.16	0.18		20.04	18.84		45.83	33.88		2.29	1.80	
上　　海	0.32	0.45		17.10	17.14		38.38	34.72		2.24	2.03	
江　　苏	0.33	0.33		18.66	13.86		33.91	26.59		1.82	1.92	
浙　　江	0.26	0.46		14.97	8.29		37.85	18.46		2.53	2.23	
安　　徽	0.33	0.65		16.36	12.91		37.88	22.16		2.32	1.72	
福　　建	0.33	0.24		18.64	18.98		35.31	32.24		1.89	1.70	
江　　西	1.73	0.94		10.79	10.66		24.11	22.45		2.23	2.11	
山　　东	0.23	0.44		15.99	16.32		29.52	27.40		1.85	1.68	
河　　南	0.29	0.33		12.05	16.76		27.20	28.64		2.26	1.71	
湖　　北	0.31	0.35		17.75	15.36		37.64	26.37		2.12	1.72	
湖　　南	0.47	0.33		13.86	18.79		32.62	38.97		2.35	2.07	
广　　东	0.27	0.19		10.46	16.29		30.57	30.34		2.92	1.86	
广　　西	0.29	0.26		11.58	12.33		31.12	30.64		2.69	2.49	
海　　南	0.31	0.45	0.06	12.07	12.87	22.50	30.65	31.63	30.00	2.54	2.46	1.33
重　　庆	0.38	0.22		13.37	17.50		30.93	31.56		2.31	1.80	
四　　川	0.37	0.27		9.41	11.14		24.43	24.65		2.60	2.21	
贵　　州	0.05			19.26			45.00			2.34		
云　　南	0.06	0.20		23.39	17.00		50.76	38.00		2.17	2.24	
西　　藏												
陕　　西	0.34	0.75		14.14	13.63		37.14	38.72		2.63	2.84	
甘　　肃	0.77	0.76		10.20	12.26		21.49	28.15		2.11	2.30	
青　　海	0.20	0.60		10.19	16.50		24.80	30.00		2.43	1.82	
宁　　夏	0.10			9.13			28.00			3.07		
新　　疆	0.23			13.25			30.00			2.26		
兵　　团												

各地区使用《中国标准书号》各类图书的平均印数、平均印张、平均定价和平均印张定价（续表14）

P 天文学、地球科学

	平均印数（万册/种）			平均印张（印张/册）			平均定价（元/册）			平均印张定价（元/印张）		
	初版	重印	租型	初版	重印	租型	初版	重印	租型	初版	重印	租型
全国总计	**0.36**	**0.52**		**11.25**	**12.52**		**43.57**	**29.66**		**3.87**	**2.37**	
中　　央	**0.28**	**0.41**		**12.99**	**15.14**		**54.49**	**34.31**		**4.19**	**2.27**	
地　　方	**0.52**	**0.66**		**9.46**	**10.59**		**32.36**	**26.24**		**3.42**	**2.48**	
北　　京	0.60	2.16		7.81	8.42		47.48	17.44		6.08	2.07	
天　　津	0.15	0.36		7.05	8.98		28.90	26.96		4.10	3.00	
河　　北												
山　　西	0.28	0.39		9.03	6.75		46.34	19.00		5.13	2.81	
内 蒙 古	0.69			9.89			9.67			0.98		
辽　　宁	0.24	0.37		9.37	7.44		31.60	19.08		3.37	2.57	
吉　　林	0.70	0.64		5.31	11.27		24.65	30.64		4.64	2.72	
黑 龙 江	0.06	0.06		18.49	14.19		45.92	28.32		2.48	2.00	
上　　海	0.58	0.50		6.00	19.31		37.23	39.62		6.21	2.05	
江　　苏	0.19	0.32		17.86	9.30		45.15	22.66		2.53	2.44	
浙　　江	0.32	0.83		11.77	8.51		62.43	27.38		5.31	3.22	
安　　徽	4.10	0.36		10.51	11.41		25.83	32.26		2.46	2.83	
福　　建	0.61	0.21		6.56	2.35		28.32	12.55		4.32	5.34	
江　　西	1.14	1.46		10.53	11.62		27.74	24.75		2.63	2.13	
山　　东	0.25	1.24		13.52	10.47		45.26	18.62		3.35	1.78	
河　　南	0.40	0.34		8.15	13.17		21.07	26.37		2.58	2.00	
湖　　北	0.25	0.38		14.14	14.59		51.81	32.81		3.66	2.25	
湖　　南	0.09	0.10		10.83	22.00		62.87	48.00		5.81	2.18	
广　　东	0.27	0.20		6.65	19.25		31.52	36.00		4.74	1.87	
广　　西	0.66	0.34		5.28	13.17		19.97	30.29		3.79	2.30	
海　　南	0.41	1.00		9.28	9.50		49.48	49.00		5.33	5.16	
重　　庆	0.55	0.21		14.85	16.27		64.36	31.51		4.33	1.94	
四　　川	0.40	0.24		7.19	11.93		19.45	26.71		2.70	2.24	
贵　　州	1.17			4.61			33.07			7.17		
云　　南	0.56	0.23		11.80	25.37		27.38	34.43		2.32	1.36	
西　　藏	0.20	0.30		10.00	1.00		20.00	5.00		2.00	5.00	
陕　　西	0.13	1.27		13.38	4.93		45.17	58.62		3.38	11.88	
甘　　肃	0.14			24.31			65.61			2.70		
青　　海	0.10	0.20		8.75	8.82		20.00	19.00		2.29	2.16	
宁　　夏	0.36			7.19			19.71			2.74		
新　　疆	0.23			6.09			15.00			2.46		
兵　　团	4.00			6.00			48.00			8.00		

各地区使用《中国标准书号》各类图书的平均印数、平均印张、平均定价和平均印张定价（续表15）

Q　生物科学

	平均印数（万册/种）			平均印张（印张/册）			平均定价（元/册）			平均印张定价（元/印张）		
	初版	重印	租型	初版	重印	租型	初版	重印	租型	初版	重印	租型
全国总计	**0.58**	**0.59**	**0.50**	**9.39**	**14.29**	**16.00**	**37.17**	**32.26**	**26.80**	**3.96**	**2.26**	**1.68**
中　央	**0.42**	**0.39**		**11.43**	**20.93**		**43.39**	**41.63**		**3.80**	**1.99**	
地　方	**0.75**	**0.93**	**0.50**	**8.25**	**9.70**	**16.00**	**33.69**	**25.77**	**26.80**	**4.09**	**2.66**	**1.68**
北　京	1.64	3.17		11.12	9.54		36.69	17.78		3.30	1.86	
天　津	0.87	0.41		10.00	8.69		26.67	28.96		2.67	3.33	
河　北	0.47	1.60		10.15	8.99		32.54	30.44		3.20	3.38	
山　西	0.43			13.66			61.71			4.52		
内蒙古	0.10			21.13			77.47			3.67		
辽　宁	0.29	0.28		7.70	6.50		28.94	20.81		3.76	3.20	
吉　林	0.98	0.77		6.26	8.78		35.94	25.19		5.74	2.87	
黑龙江	0.11	0.10		9.05	14.61		42.05	26.06		4.65	1.78	
上　海	0.42	0.33		6.92	14.20		35.68	33.55		5.16	2.36	
江　苏	0.61	0.74		13.64	13.72		110.05	33.28		8.07	2.43	
浙　江	0.88	0.50		4.41	11.10		25.16	37.15		5.70	3.35	
安　徽	1.07	0.22		9.71	9.19		25.19	26.42		2.59	2.87	
福　建	0.25	2.46		11.44	9.50		64.06	25.00		5.60	2.63	
江　西	1.02	1.58		12.07	11.40		26.59	24.51		2.20	2.15	
山　东	0.45	0.66		5.72	7.72		39.83	18.01		6.96	2.33	
河　南	0.57	0.26	0.50	4.54	10.86	16.00	28.93	25.06	26.80	6.38	2.31	1.68
湖　北	0.40	0.41		12.22	10.73		37.76	28.57		3.09	2.66	
湖　南	0.14	0.25		13.28	8.50		51.77	20.60		3.90	2.42	
广　东	0.40	2.45		9.19	7.06		33.86	24.56		3.68	3.48	
广　西	0.99	1.45		7.10	12.95		21.92	54.89		3.09	4.24	
海　南	0.30	0.50		7.59	2.62		28.26	25.00		3.72	9.53	
重　庆	0.38	0.30		17.45	10.81		85.63	48.27		4.91	4.46	
四　川	0.73	0.30		6.50	8.94		21.00	23.19		3.23	2.59	
贵　州	0.06			19.76			168.00			8.50		
云　南	0.26			12.98			102.29			7.88		
西　藏		0.20			6.35			20.00			3.15	
陕　西	1.08	1.09		5.84	5.47		17.79	54.34		3.05	9.94	
甘　肃	0.24	0.10		8.59	17.75		22.04	39.00		2.57	2.20	
青　海	0.20	0.20		9.28	8.34		40.50	17.50		4.36	2.10	
宁　夏		0.05			3.61			38.00			10.51	
新　疆	0.33	1.36		5.60	6.30		11.60	9.00		2.07	1.43	
兵　团												

各地区使用《中国标准书号》各类图书的平均印数、平均印张、平均定价和平均印张定价（续表16）

R 医药、卫生

	平均印数（万册/种）			平均印张（印张/册）			平均定价（元/册）			平均印张定价（元/印张）		
	初版	重印	租型	初版	重印	租型	初版	重印	租型	初版	重印	租型
全国总计	**0.49**	**0.66**	**0.15**	**16.27**	**16.43**	**18.83**	**50.07**	**35.61**	**32.85**	**3.08**	**2.17**	**1.74**
中　　央	**0.59**	**0.61**		**17.29**	**20.19**		**51.90**	**41.78**		**3.00**	**2.07**	
地　　方	**0.37**	**0.78**	**0.15**	**14.26**	**9.38**	**18.83**	**46.46**	**24.01**	**32.85**	**3.26**	**2.56**	**1.74**
北　　京	0.75	0.85		15.63	12.94		42.03	28.01		2.69	2.16	
天　　津	0.21	0.43		21.27	27.98		67.24	56.88		3.16	2.03	
河　　北	0.42	3.41		16.87	21.51		40.51	33.01		2.40	1.53	
山　　西	1.03	0.29		6.68	11.04		18.94	19.38		2.83	1.76	
内 蒙 古	0.11	0.15		14.05	24.18		66.67	28.00		4.75	1.16	
辽　　宁	0.27	0.61		14.19	7.12		70.65	27.69		4.98	3.89	
吉　　林	0.15	0.63		18.00	14.40		52.08	32.24		2.89	2.24	
黑 龙 江	0.25	0.05		21.78	16.13		47.60	30.50		2.19	1.89	
上　　海	0.36	0.41		14.34	13.55		55.64	34.08		3.88	2.52	
江　　苏	0.81	0.38		14.24	15.12		42.34	38.52		2.97	2.55	
浙　　江	0.74	7.45		6.88	1.59		24.69	5.48		3.59	3.46	
安　　徽	0.77	0.39		10.92	18.61		27.99	39.27		2.56	2.11	
福　　建	1.54	0.81		8.11	10.19		26.21	28.99		3.23	2.85	
江　　西	0.68	0.57		18.55	12.30		90.21	25.70		4.86	2.09	
山　　东	0.55	0.89		5.80	8.18		41.64	43.33		7.18	5.30	
河　　南	0.27	0.23	0.20	8.20	9.45	11.56	50.16	46.55	10.27	6.11	4.93	0.89
湖　　北	0.28	0.31		13.79	13.44		39.61	33.33		2.87	2.48	
湖　　南	0.16	0.62		19.34	17.93		73.77	34.41		3.81	1.92	
广　　东	0.44	0.68		14.23	10.50		48.03	29.31		3.38	2.79	
广　　西	0.31	0.55		13.59	13.49		49.55	34.61		3.65	2.57	
海　　南	0.44	0.60		20.31	18.65		53.60	37.28		2.64	2.00	
重　　庆	0.30	0.50		12.62	10.71		35.17	23.10		2.79	2.16	
四　　川	0.38	0.52		16.37	12.78		47.64	37.24		2.91	2.91	
贵　　州	0.23	1.00		16.34	7.93		60.58	27.35		3.71	3.45	
云　　南	0.28	0.47		9.28	9.21		31.21	47.74		3.36	5.18	
西　　藏	0.25	0.44		15.10	29.18		56.91	48.16		3.77	1.65	
陕　　西	0.27	0.34		23.51	20.87		64.49	54.05		2.74	2.59	
甘　　肃	0.18			16.99			45.97			2.71		
青　　海	0.21			18.43			53.45			2.90		
宁　　夏	0.16	0.11		10.18	9.59		44.87	32.47		4.41	3.39	
新　　疆	0.17	0.66	0.10	13.35	15.87	33.39	30.67	28.20	78.00	2.30	1.78	2.34
兵　　团	0.09			53.99			233.56			4.33		

各地区使用《中国标准书号》各类图书的平均印数、平均印张、平均定价和平均印张定价（续表17）

S　农业科学

	平均印数（万册/种）			平均印张（印张/册）			平均定价（元/册）			平均印张定价（元/印张）		
	初版	重印	租型	初版	重印	租型	初版	重印	租型	初版	重印	租型
全国总计	**0.32**	**0.43**	**2.36**	**10.81**	**10.68**	**3.87**	**38.87**	**24.95**	**11.04**	**3.60**	**2.34**	**2.85**
中　央	**0.30**	**0.37**		**11.82**	**12.14**		**40.15**	**27.83**		**3.40**	**2.29**	
地　方	**0.34**	**0.64**	**2.36**	**9.47**	**7.69**	**3.87**	**37.16**	**19.03**	**11.04**	**3.92**	**2.48**	**2.85**
北　京	0.74	2.13		11.78	6.83		40.53	9.44		3.44	1.38	
天　津	0.18	0.12		14.95	12.08		61.80	24.17		4.14	2.00	
河　北	0.15	0.20		11.45	12.84		27.75	23.71		2.42	1.85	
山　西	0.36	0.10		13.06	12.76		59.11	25.00		4.53	1.96	
内蒙古	0.21	0.35		12.33	6.93		65.42	25.00		5.31	3.61	
辽　宁	0.25	0.92		9.71	6.23		38.65	14.79		3.98	2.37	
吉　林	0.41	0.62		13.39	6.65		31.33	13.52		2.34	2.03	
黑龙江	0.10	0.10		13.02	13.77		45.62	26.87		3.50	1.95	
上　海	0.33	0.20		10.53	10.88		46.75	33.94		4.44	3.12	
江　苏	0.67	0.57		8.57	7.55		43.77	32.24		5.11	4.27	
浙　江	0.27	0.39		8.84	8.76		55.07	20.91		6.23	2.39	
安　徽	0.63	0.29		10.49	8.80		22.59	25.49		2.15	2.90	
福　建	0.40	0.73		10.62	11.79		37.22	28.92		3.50	2.45	
江　西	0.32	2.96		11.80	7.88		50.12	14.80		4.25	1.88	
山　东	0.24	0.82		7.81	6.63		28.73	18.76		3.68	2.83	
河　南	0.37	0.56		7.71	5.47		32.30	12.60		4.19	2.30	
湖　北	0.33	0.37		12.42	10.45		55.35	31.01		4.46	2.97	
湖　南	0.42	2.47		7.77	7.61		20.92	13.72		2.69	1.80	
广　东	0.26	0.70	3.10	9.22	7.31	3.84	52.37	16.94	10.80	5.68	2.32	2.81
广　西	0.15	0.32		11.69	4.93		65.39	11.84		5.59	2.40	
海　南	0.29		0.15	18.31		5.75	49.79		26.00	2.72		4.52
重　庆	0.27	0.17		16.16	13.91		48.36	35.79		2.99	2.57	
四　川	0.31	0.29		7.32	8.07		26.18	15.96		3.57	1.98	
贵　州	0.07	0.99		8.93	7.23		41.80	26.78		4.68	3.71	
云　南	0.20	0.22		10.85	5.67		49.06	14.55		4.52	2.57	
西　藏	0.13			23.61			50.25			2.13		
陕　西	0.17	0.34		11.73	7.52		53.88	17.71		4.59	2.36	
甘　肃	0.49	0.28		5.51	6.76		16.26	14.91		2.95	2.21	
青　海	0.77	0.20		7.63	18.06		19.09	23.00		2.50	1.27	
宁　夏	0.19	0.84		11.61	15.62		24.67	27.61		2.13	1.77	
新　疆	0.39	0.62		7.75	9.85		21.36	18.64		2.76	1.89	
兵　团	0.05			12.00			20.00			1.67		

各地区使用《中国标准书号》各类图书的平均印数、平均印张、平均定价和平均印张定价（续表18）

T　工业技术

	平均印数（万册/种）			平均印张（印张/册）			平均定价（元/册）			平均印张定价（元/印张）		
	初版	重印	租型	初版	重印	租型	初版	重印	租型	初版	重印	租型
全国总计	**0.35**	**0.40**	**0.10**	**15.90**	**17.91**	**18.75**	**49.90**	**38.02**	**39.60**	**3.14**	**2.12**	**2.11**
中　　央	**0.37**	**0.40**		**16.91**	**18.63**		**50.48**	**38.99**		**2.99**	**2.09**	
地　　方	**0.32**	**0.38**	**0.10**	**13.49**	**14.69**	**18.75**	**48.51**	**33.67**	**39.60**	**3.60**	**2.29**	**2.11**
北　　京	0.88	1.23		14.18	13.41		44.65	31.94		3.15	2.38	
天　　津	0.31	0.32		14.86	18.89		56.48	44.74		3.80	2.37	
河　　北	0.18	1.03		10.45	9.44		37.29	15.22		3.57	1.61	
山　　西	0.40	0.20		15.55	5.78		43.85	20.75		2.82	3.59	
内 蒙 古	0.14	0.18		14.30	12.64		44.41	19.35		3.11	1.53	
辽　　宁	0.27	0.32		13.73	15.59		66.14	34.22		4.82	2.20	
吉　　林	0.38	1.04		12.97	10.87		33.37	24.89		2.57	2.29	
黑 龙 江	0.21	0.21		16.52	17.93		34.55	30.79		2.09	1.72	
上　　海	0.33	0.36		15.78	14.36		57.99	33.81		3.67	2.35	
江　　苏	0.34	0.37		13.54	15.50		54.35	34.39		4.01	2.22	
浙　　江	0.25	0.32		13.09	15.81		48.32	39.26		3.69	2.48	
安　　徽	0.32	0.28		15.30	16.06		38.16	32.73		2.49	2.04	
福　　建	0.32	0.61		11.44	16.98		57.86	28.87		5.06	1.70	
江　　西	0.34	1.00		13.28	19.58		54.30	37.29		4.09	1.90	
山　　东	0.65	0.83		4.78	8.29		28.02	29.85		5.86	3.60	
河　　南	0.31	0.38		9.40	13.46		43.28	34.95		4.61	2.60	
湖　　北	0.27	0.30	0.10	16.07	18.12	18.75	60.30	35.06	39.60	3.75	1.94	2.11
湖　　南	0.32	0.35		16.67	15.79		49.12	34.88		2.95	2.21	
广　　东	0.27	0.32		14.30	15.19		48.81	30.37		3.41	2.00	
广　　西	0.32	1.38		13.96	10.81		106.40	39.72		7.62	3.67	
海　　南	0.43	0.59		11.16	19.33		45.78	43.43		4.10	2.25	
重　　庆	0.29	0.27		13.75	14.97		36.49	29.86		2.65	1.99	
四　　川	0.29	0.26		15.64	14.26		37.26	30.12		2.38	2.11	
贵　　州	0.28			10.37			57.09			5.51		
云　　南	0.20	0.45		16.37	9.43		122.18	51.49		7.46	5.46	
西　　藏	0.18	0.47		17.51	3.52		38.92	13.57		2.22	3.85	
陕　　西	0.22	0.31		15.20	16.67		34.37	41.50		2.26	2.49	
甘　　肃	0.11	0.67		25.82	6.77		94.48	13.61		3.66	2.01	
青　　海	0.15	0.20		27.80	11.26		88.73	15.00		3.19	1.33	
宁　　夏	0.13			16.60			161.33			9.72		
新　　疆	0.21	0.60		8.33	5.67		22.19	10.00		2.66	1.76	
兵　　团	0.32			17.23			43.88			2.55		

各地区使用《中国标准书号》各类图书的平均印数、平均印张、平均定价和平均印张定价（续表19）

U 交通运输

	平均印数（万册/种）			平均印张（印张/册）			平均定价（元/册）			平均印张定价（元/印张）		
	初版	重印	租型	初版	重印	租型	初版	重印	租型	初版	重印	租型
全国总计	**0.38**	**0.71**		**13.52**	**13.68**		**43.93**	**35.93**		**3.25**	**2.63**	
中　　央	**0.39**	**0.81**		**13.16**	**13.82**		**47.28**	**36.21**		**3.59**	**2.62**	
地　　方	**0.37**	**0.36**		**14.35**	**12.55**		**36.10**	**33.49**		**2.52**	**2.67**	
北　　京	1.04	1.71		15.20	2.87		42.16	22.01		2.77	7.68	
天　　津	0.20	0.32		14.50	10.14		41.83	35.92		2.89	3.54	
河　　北	0.21			5.18			37.69			7.28		
山　　西	0.24			12.90			47.26			3.66		
内 蒙 古	0.26			12.35			23.48			1.90		
辽　　宁	0.26	0.39		15.26	14.68		34.84	39.41		2.28	2.68	
吉　　林	0.50	0.47		6.89	15.52		21.59	36.55		3.13	2.35	
黑 龙 江	0.16	0.15		13.71	14.75		32.00	30.10		2.33	2.04	
上　　海	0.17	0.19		18.71	17.56		58.82	36.92		3.14	2.10	
江　　苏	0.36	0.29		15.77	19.32		64.62	42.50		4.10	2.20	
浙　　江	0.30	2.59		8.35	7.18		32.40	24.28		3.88	3.38	
安　　徽	1.38	0.28		11.53	15.81		27.36	37.53		2.37	2.37	
福　　建	0.13			35.34			227.11			6.43		
江　　西	0.06	0.28		11.75	9.77		23.69	19.45		2.02	1.99	
山　　东	0.33	0.31		11.73	13.99		29.78	35.43		2.54	2.53	
河　　南	0.19	0.37		12.62	21.25		35.74	35.27		2.83	1.66	
湖　　北	0.18	0.27		13.35	10.84		32.98	24.19		2.47	2.23	
湖　　南	0.32	0.31		14.56	14.71		33.45	31.78		2.30	2.16	
广　　东	0.30	0.25		11.43	11.82		38.58	24.68		3.38	2.09	
广　　西	0.36	0.20		6.52	11.80		47.17	25.20		7.23	2.14	
海　　南												
重　　庆	0.25	0.23		14.81	15.86		30.53	30.03		2.06	1.89	
四　　川	0.59	0.23		16.45	13.57		30.14	28.20		1.83	2.08	
贵　　州												
云　　南	0.25			15.16			50.87			3.35		
西　　藏												
陕　　西	0.37	1.74		13.18	8.82		36.34	44.50		2.76	5.05	
甘　　肃	0.10			32.25			78.00			2.42		
青　　海												
宁　　夏	0.18			10.45			46.57			4.46		
新　　疆	0.45			16.82			40.00			2.38		
兵　　团												

各地区使用《中国标准书号》各类图书的平均印数、平均印张、平均定价和平均印张定价（续表20）

V 航空、航天

	平均印数（万册/种）			平均印张（印张/册）			平均定价（元/册）			平均印张定价（元/印张）		
	初版	重印	租型	初版	重印	租型	初版	重印	租型	初版	重印	租型
全国总计	**0.26**	**0.43**		**15.36**	**11.08**		**65.97**	**33.80**		**4.29**	**3.05**	
中　央	**0.24**	**0.25**		**16.24**	**14.41**		**74.00**	**37.99**		**4.56**	**2.64**	
地　方	**0.31**	**0.78**		**13.07**	**9.00**		**45.01**	**31.19**		**3.44**	**3.47**	
北　京	0.60	1.97		3.91	6.52		21.89	17.12		5.60	2.62	
天　津	2.00	0.23		36.75	9.29		99.00	27.66		2.69	2.98	
河　北	0.05			25.50			150.00			5.88		
山　西		0.25			11.01			17.40			1.58	
内蒙古												
辽　宁	0.50	0.30		5.37	8.79		22.80	20.00		4.25	2.28	
吉　林	0.73	0.50		2.84	12.00		48.26	29.50		17.01	2.46	
黑龙江	0.13	0.12		26.94	17.97		74.45	44.00		2.76	2.45	
上　海	0.16	0.08		17.51	37.80		64.48	109.48		3.68	2.90	
江　苏	0.51	0.33		5.67	11.86		12.80	27.74		2.26	2.34	
浙　江	0.80	1.31		2.47	18.62		15.80	36.00		6.40	1.93	
安　徽	0.24			8.76			25.76			2.94		
福　建		2.46			10.20			30.00			2.94	
江　西		1.58			11.68			25.51			2.18	
山　东	0.20			19.75			60.00			3.04		
河　南	0.30	0.75		7.07	11.50		30.17	19.23		4.27	1.67	
湖　北		0.38			11.83			30.02			2.54	
湖　南	0.12			19.03			63.67			3.35		
广　东	0.30			5.70			29.80			5.23		
广　西	1.00			6.25			48.00			7.68		
海　南	0.30			7.00			29.80			4.26		
重　庆												
四　川	0.09	0.20		11.08	17.99		32.01	36.16		2.89	2.01	
贵　州												
云　南												
西　藏												
陕　西	0.17	1.40		13.84	4.33		37.50	46.94		2.71	10.85	
甘　肃	0.78			22.55			38.06			1.69		
青　海												
宁　夏												
新　疆												
兵　团												

各地区使用《中国标准书号》各类图书的平均印数、平均印张、平均定价和平均印张定价（续表21）

X 环境科学

	平均印数（万册/种）			平均印张（印张/册）			平均定价（元/册）			平均印张定价（元/印张）		
	初版	重印	租型	初版	重印	租型	初版	重印	租型	初版	重印	租型
全国总计	**0.36**	**0.49**		**9.99**	**9.08**		**33.66**	**22.34**		**3.37**	**2.46**	
中　　央	**0.30**	**0.27**		**12.50**	**14.76**		**41.56**	**31.85**		**3.32**	**2.16**	
地　　方	**0.48**	**1.45**		**7.14**	**4.66**		**24.73**	**14.95**		**3.47**	**3.20**	
北　　京	0.51	1.44		12.94	9.81		40.77	20.92		3.15	2.13	
天　　津	1.85	0.32		3.61	20.03		11.72	48.84		3.25	2.44	
河　　北	0.50			8.26			26.80			3.24		
山　　西	0.60			5.33			15.00			2.81		
内 蒙 古	0.36			7.09			25.44			3.59		
辽　　宁	2.15	0.18		2.33	16.97		16.82	31.26		7.23	1.84	
吉　　林	0.72	1.40		6.92	6.00		23.10	20.16		3.34	3.36	
黑 龙 江	0.19	0.13		13.87	25.61		35.53	35.14		2.56	1.37	
上　　海	0.70	0.42		3.34	10.63		15.54	34.02		4.65	3.20	
江　　苏	0.19	0.22		15.72	16.73		39.15	40.84		2.49	2.44	
浙　　江	0.37	6.95		7.71	1.72		23.68	5.08		3.07	2.95	
安　　徽	1.14	4.37		11.16	3.03		27.59	8.53		2.47	2.81	
福　　建	0.17			9.42			32.92			3.49		
江　　西	0.18	0.75		19.98	12.42		96.36	26.60		4.82	2.14	
山　　东	0.16	0.33		10.45	5.57		37.80	22.46		3.62	4.03	
河　　南	0.24	0.46		8.39	6.69		29.36	13.39		3.50	2.00	
湖　　北	0.19	0.30		14.61	14.31		45.10	33.36		3.09	2.33	
湖　　南	0.24	0.57		11.42	10.10		55.21	21.58		4.83	2.14	
广　　东	0.29	0.57		13.69	7.32		33.60	18.98		2.46	2.59	
广　　西	0.42	0.43		9.27	11.23		29.35	26.28		3.17	2.34	
海　　南	0.03	0.30		34.25	33.97		58.00	59.00		1.69	1.74	
重　　庆	0.20	0.14		17.44	6.07		34.94	14.71		2.00	2.42	
四　　川	0.35	0.09		4.68	12.43		29.93	26.82		6.39	2.16	
贵　　州	0.18			13.97			59.17			4.24		
云　　南	0.47	0.20		11.09	5.63		25.00	8.00		2.25	1.42	
西　　藏	0.28	0.35		4.94	3.80		14.82	13.00		3.00	3.42	
陕　　西	0.09	5.10		19.05	3.55		53.81	49.51		2.82	13.96	
甘　　肃	0.09			19.59			33.06			1.69		
青　　海	0.20			13.91			165.63			11.90		
宁　　夏	0.10	6.63		29.61	8.19		72.88	28.19		2.46	3.44	
新　　疆	0.43			10.49			34.33			3.27		
兵　　团	0.10			18.00			98.00			5.44		

各地区使用《中国标准书号》各类图书的平均印数、平均印张、平均定价和平均印张定价（续表22）

Z 综合性图书

	平均印数（万册/种）			平均印张（印张/册）			平均定价（元/册）			平均印张定价（元/印张）		
	初版	重印	租型	初版	重印	租型	初版	重印	租型	初版	重印	租型
全国总计	**0.56**	**1.01**		**15.86**	**12.18**		**81.15**	**39.48**		**5.12**	**3.24**	
中 央	**0.60**	**1.16**		**14.65**	**14.31**		**67.89**	**52.22**		**4.63**	**3.65**	
地 方	**0.54**	**0.92**		**16.61**	**10.74**		**89.44**	**30.86**		**5.38**	**2.87**	
北 京	1.26	1.79		14.86	17.65		41.94	38.62		2.82	2.19	
天 津	0.43	0.17		27.29	10.63		61.21	26.69		2.24	2.51	
河 北	0.41	0.63		15.04	10.32		52.41	22.99		3.49	2.23	
山 西	0.15			25.98			158.51			6.10		
内蒙古	0.20	0.30		19.82	56.03		92.85	98.00		4.68	1.75	
辽 宁	0.31	0.50		14.24	14.85		48.94	25.18		3.44	1.70	
吉 林	0.77	0.46		13.42	11.18		46.91	23.77		3.50	2.13	
黑龙江	0.18	0.85		11.70	60.00		33.34	168.00		2.85	2.80	
上 海	0.25	1.00		18.61	19.27		92.29	68.66		4.96	3.56	
江 苏	0.38	0.16		13.31	15.87		107.37	75.80		8.07	4.78	
浙 江	1.24	1.03		18.72	14.73		122.66	41.50		6.55	2.82	
安 徽	1.24	0.73		7.72	7.73		25.45	22.04		3.30	2.85	
福 建	0.12			19.69			121.26			6.16		
江 西	1.24	0.83		9.74	10.42		29.10	21.46		2.99	2.06	
山 东	0.53	0.72		9.76	2.11		92.41	29.56		9.47	14.02	
河 南	0.17	0.50		24.20	11.24		158.28	20.00		6.54	1.78	
湖 北	0.81	0.52		11.30	9.40		38.25	22.58		3.39	2.40	
湖 南	0.31			21.11			116.94			5.54		
广 东	0.34	0.30		48.16	11.61		585.37	31.49		12.16	2.71	
广 西	0.29	1.65		14.84	2.74		87.57	17.16		5.90	6.25	
海 南	0.53	0.48		9.19	24.37		45.35	41.11		4.93	1.69	
重 庆		0.15			7.75			10.90			1.41	
四 川	0.31	0.40		12.59	9.14		60.96	24.85		4.84	2.72	
贵 州	0.18	0.45		12.99	7.98		46.85	22.67		3.61	2.84	
云 南	0.18	0.46		25.29	22.46		143.98	33.53		5.69	1.49	
西 藏	0.20			7.52			20.00			2.66		
陕 西	0.14	1.13		27.56	4.02		156.03	41.06		5.66	10.22	
甘 肃	1.56	2.52		18.02	23.74		31.94	29.29		1.77	1.23	
青 海	0.12			29.55			203.86			6.90		
宁 夏	0.14	0.10		40.37	29.12		169.93	278.00		4.21	9.55	
新 疆	0.24	0.39		21.89	7.54		64.16	16.00		2.93	2.12	
兵 团	0.09			36.52			216.33			5.92		

各类课本的平均印数、平均印张、平均定价和平均印张定价

	平均印数（万册/种）			平均印张（印张/册）			平均定价（元/册）			平均印张定价（元/印张）		
	初版	重印	租型	初版	重印	租型	初版	重印	租型	初版	重印	租型
课　本　合　计	**1.19**	**2.57**	**16.15**	**10.29**	**7.97**	**7.27**	**18.72**	**11.90**	**7.55**	**1.82**	**1.49**	**1.04**
（1）大专及以上课本	0.49	0.53	0.10	16.93	17.82	13.25	34.97	34.31	26.40	2.07	1.93	1.99
（2）中专、技校课本	0.51	1.25	2.21	13.70	12.23	10.93	30.23	21.79	13.51	2.21	1.78	1.24
（3）中学课本	7.81	11.58	15.31	7.05	6.87	8.34	8.42	7.59	8.31	1.19	1.10	1.00
（4）小学课本	7.96	12.28	18.37	5.47	4.83	5.91	7.23	6.24	6.56	1.32	1.29	1.11
（5）业余教育课本	0.85	1.06		16.45	13.84		41.69	34.61		2.53	2.50	
（6）扫盲课本	0.43	65.00		8.19	11.04		24.62	47.31		3.00	4.29	
（7）教学用书	0.65	0.62	0.58	15.11	12.86	11.41	38.25	27.85	26.74	2.53	2.17	2.34

全国少数民族文字图书出版数量与去年相比增减百分比

	图书总计				使用《中国标准书号》部分							
					书籍				课本			
	种数		印数	印张	种数		印数	印张	种数		印数	印张
	合计	初版			合计	初版			合计	初版		
全国总计	**14.46**	**12.52**	**18.09**	**12.80**	**30.51**	**14.89**	**35.90**	**14.78**	**-9.76**	**-3.68**	**4.34**	**10.66**
中　央	19.54	14.42	35.68	-24.76	14.78	13.23	12.82	-33.84	156.25	55.56	1125.00	498.63
地　方	14.14	12.35	17.47	16.54	32.16	15.06	37.81	24.73	-10.60	-4.79	2.98	9.08

续表

	不使用《中国标准书号》部分—图片合计			
	种数		印数	印张
	合计	初版		
全国总计	**-66.67**	**-33.33**		**277.27**
中　央				
地　方	-66.67	-33.33		277.27

全国少数民族文字

	图书总计				使用《中国标			
					书籍			
	种数（种）		印数（万册、张）	印张（千印张）	种数（种）		印数（万册、张）	印张（千印张）
	合计	初版			合计	初版		
全国合计	**9192**	**4369**	**6912**	**535428**	**6314**	**3896**	**3471**	**285245**
中央合计	**569**	**365**	**270**	**32298**	**528**	**351**	**220**	**27918**
民族出版社	508	310	194	21078	475	303	186	19925
中国人民公安大学出版社	3	3	5	499	3	3	5	499
中国藏学出版社	34	34	20	6609	34	34	20	6609
中国农业出版社	11	7	8	432	11	7	8	432
中央广播电视大学出版社	3	2	2	240	1	1		27
中央民族大学出版社	9	9	40	3169	3	3		155
宗教文化出版社	1		1	270	1		1	270
地　方	**8623**	**4004**	**6642**	**503130**	**5786**	**3545**	**3251**	**257327**
内蒙古	1639	543	1305	96098	883	446	466	34805
辽　宁	168	86	50	4360	140	77	39	3637
吉　林	565	314	151	12992	396	272	96	9127
黑龙江	43	38	6	537	43	38	6	537
广　西	78	75	47	2985	37	35	23	1225
四　川	580	350	420	39010	425	287	208	23985
贵　州	16	16	2	335	16	16	2	335
云　南	161	159	58	5210	144	144	49	4397
西　藏	517	153	548	38685	364	153	232	18034
陕　西	3			53				
甘　肃	130	126	36	4363	130	126	36	4363
青　海	360	82	324	24823	153	82	39	4760
新　疆	4363	2062	3695	273679	3055	1869	2055	152122

注：本年出版少数民族文字图书的文种有：布依文、朝鲜文、德宏傣文、侗文、规范彝文、哈尼文、哈萨克文、景颇文、柯
壮文23种。

图书出版数量

准书号》部分				不使用《中国标准书号》部分—图片合计				附：活页文选、影印书等用纸	
课　本									
种数（种）		印数（万册、张）	印张（千印张）	种数（种）		印数（万册、张）	印张（千印张）	印数（万册、张）	印张（千印张）
合计	初版			合计	初版				
2876	**471**	**3438**	**250072**	**2**	**2**	**2**	**83**	**1**	**27**
41	**14**	**49**	**4364**					**1**	**15**
33	7	7	1137					1	15
2	1	2	213						
6	6	40	3014						
2835	**457**	**3389**	**245708**	**2**	**2**	**2**	**83**		**12**
756	97	839	61293						
28	9	11	723						
169	42	55	3865						
41	40	24	1760						
155	63	212	15025						
15	13	7	730	2	2	2	83		
153		316	20651						
3			53						
207		285	20063						
1308	193	1640	121545						12

尔克孜文、拉祜文、傈僳文、满文、蒙古文、苗文、纳西文、佤文、维吾尔文、西双版纳文、锡伯文、瑶文、载佤文、藏文、

二、期刊出版

全国各地区各类期刊

	合计					
	种数（种）	平均期印数（万册）	总印数（万册）	总印张（千印张）	总金额（万元）	种数（种）
全国总计	**10014**	**14628.25**	**287833**	**16778491**	**2429687**	**366**
中　　央	**2996**	**5352.78**	**89547**	**6528208**	**999242**	**67**
地　　方	**7018**	**9275.48**	**198285**	**10250283**	**1430445**	**299**
北　　京	172	186.42	3673	273572	42101	2
天　　津	254	212.17	3143	166314	28919	3
河　　北	227	215.06	4715	218933	32999	9
山　　西	201	139.54	2573	161261	28222	3
内 蒙 古	147	104.75	2081	107723	13128	3
辽　　宁	320	489.24	8847	372945	54430	6
吉　　林	242	286.02	8433	406213	57561	3
黑 龙 江	314	217.76	4467	253583	35200	9
上　　海	637	715.31	12855	713319	101946	14
江　　苏	468	398.01	11431	501333	91675	18
浙　　江	226	512.97	7744	360522	56563	21
安　　徽	186	313.01	5351	245739	47066	23
福　　建	176	196.26	3970	190973	25233	8
江　　西	165	267.61	7476	230605	31779	6
山　　东	270	476.18	11083	511933	64232	19
河　　南	248	356.09	8602	408239	54688	22
湖　　北	425	949.45	25125	1458924	147041	20
湖　　南	254	593.76	14099	686226	89706	13
广　　东	389	727.24	14458	844427	120227	28
广　　西	184	190.40	4754	193264	32271	13
海　　南	44	45.42	754	55304	10085	2
重　　庆	138	234.78	4972	305012	51116	4
四　　川	354	331.90	5662	357288	53509	14
贵　　州	90	80.30	1756	91090	17078	6
云　　南	127	207.02	3792	203412	26039	6
西　　藏	35	18.29	238	14261	2176	1
陕　　西	287	199.39	3693	224506	33684	6
甘　　肃	134	434.92	9672	525365	57810	7
青　　海	54	21.03	299	20044	2961	
宁　　夏	37	34.07	840	65166	8892	1
新　　疆	198	113.41	1609	77012	11301	8
兵　　团	15	7.71	119	5776	804	1

注：含高校学报、公报、政报、年鉴 1517 种，平均期印数 348 万册，总印数 4725 万册，总印张 767267 千印张。

出版数量

综合				哲学、社会科学				
平均期印数（万册）	总印数（万册）	总印张（千印张）	总金额（万元）	种数（种）	平均期印数（万册）	总印数（万册）	总印张（千印张）	总金额（万元）
912.32	**19694**	**1048803**	**131806**	**2635**	**7023.40**	**131424**	**6871711**	**1076932**
105.70	**2610**	**173613**	**28145**	**902**	**3509.52**	**59874**	**3248846**	**564019**
806.62	**17084**	**875190**	**103661**	**1733**	**3513.89**	**71550**	**3622865**	**512913**
0.35	1	206	77	48	71.23	1585	104177	15303
1.80	21	1238	206	49	62.90	999	48673	7406
2.62	32	1890	542	59	91.39	1861	84917	12201
1.08	33	2470	487	52	56.27	920	50520	8554
0.85	9	605	90	51	60.37	846	38488	5376
6.23	98	6706	755	72	278.54	5745	229484	31628
2.03	47	3169	676	63	63.09	1799	84438	14918
3.13	30	1935	393	77	105.07	1967	107503	14078
14.86	506	23937	3420	143	226.65	4751	256726	38319
5.15	89	5457	1552	103	136.22	3894	176987	31146
3.44	24	1625	329	48	113.11	1980	105547	16726
2.46	13	1274	220	35	70.97	1266	62707	11175
4.19	47	2030	470	55	130.00	2809	123317	14949
3.87	117	6763	854	47	78.16	1679	57198	8138
10.64	342	15751	3102	75	255.37	4261	252441	29882
2.92	18	1822	255	68	169.90	4096	208407	25848
320.78	6205	269655	26231	102	254.53	6860	317819	39302
2.02	9	1286	385	54	141.26	3177	140558	18879
26.81	397	26193	4716	99	357.88	7377	430567	53732
7.53	206	9913	1564	48	76.19	1469	70895	10369
8.20	96	9616	1792	13	14.40	211	12840	3545
2.70	74	5988	1455	32	146.39	2216	131257	22943
23.34	691	20940	4814	76	141.17	2077	110635	19010
2.74	41	2465	715	29	53.45	1183	65705	12264
1.05	22	1747	487	38	96.63	1285	84248	10568
0.50	2	170	10	12	9.65	101	4736	667
4.70	86	5353	822	57	86.95	1707	95456	12816
333.01	7737	439071	46738	34	66.65	1324	50581	5931
				18	8.88	150	6338	1024
0.50	6	818	240	14	25.16	731	55916	7475
7.09	84	5088	264	56	60.52	1130	49391	8124
0.03	0.10	9	0.40	6	4.96	95	4394	618

全国各地区各类期刊

	自然科学、技术						
	种数（种）	平均期印数（万册）	总印数（万册）	总印张（千印张）	总金额（万元）	种数（种）	平均期印数（万册）
全国总计	**4983**	**2647.89**	**39551**	**3353139**	**476594**	**1377**	**2829.81**
中　央	**1538**	**1002.42**	**13475**	**1769434**	**222594**	**349**	**574.78**
地　方	**3445**	**1645.47**	**26075**	**1583705**	**254001**	**1028**	**2255.03**
北　京	77	37.83	522	43346	7761	32	66.97
天　津	147	64.96	803	45449	10124	35	37.76
河　北	110	54.43	824	56427	10968	35	53.73
山　西	91	37.84	512	37906	5671	34	25.51
内蒙古	49	12.33	217	14973	1797	21	11.50
辽　宁	180	98.01	1250	71542	12510	45	95.78
吉　林	105	30.12	516	49631	7756	43	45.65
黑龙江	159	44.83	877	46079	6713	50	40.70
上　海	363	185.71	2273	188384	26942	79	104.91
江　苏	263	125.55	2640	110736	21411	58	105.54
浙　江	109	45.62	462	26895	5173	32	323.52
安　徽	89	56.23	674	45430	5844	26	158.75
福　建	72	25.27	232	20340	3382	29	24.77
江　西	71	22.81	341	17527	2804	32	154.38
山　东	131	62.76	1454	73743	10287	31	124.02
河　南	114	57.82	1242	62333	9360	25	86.93
湖　北	211	79.32	1116	80752	13997	62	72.34
湖　南	131	112.06	1666	81872	13166	40	287.80
广　东	183	210.99	4263	215922	29206	47	99.97
广　西	78	39.21	756	31875	5991	30	62.60
海　南	15	7.27	147	8314	1154	11	13.43
重　庆	80	30.74	656	52397	9529	19	54.10
四　川	202	84.15	1015	101021	14967	44	74.20
贵　州	33	6.74	66	5045	836	15	13.50
云　南	50	22.47	339	18504	2894	21	20.55
西　藏	4	0.34	1	76	8	13	6.99
陕　西	173	52.26	860	53532	9698	37	43.09
甘　肃	66	13.25	129	10607	1805	20	21.14
青　海	18	1.99	11	632	95	10	4.46
宁　夏	11	3.00	28	1938	377	7	4.52
新　疆	55	17.54	164	9412	1624	44	15.91
兵　团	5	2.03	20	1065	152	1	0.06

出版数量（续表1）

文化、教育			文学、艺术				
总印数（万册）	总印张（千印张）	总金额（万元）	种数（种）	平均期印数（万册）	总印数（万册）	总印张（千印张）	总金额（万元）
64777	**3526762**	**498875**	**653**	**1214.83**	**32388**	**1978076**	**245480**
10088	**1108246**	**140413**	**140**	**160.36**	**3500**	**228069**	**44071**
54689	**2418516**	**358462**	**513**	**1054.47**	**28888**	**1750007**	**201409**
1377	111033	17097	13	10.04	188	14810	1863
678	30498	5650	20	44.75	642	40457	5534
1764	58771	7235	14	12.90	235	16927	2052
802	53005	8190	21	18.84	306	17361	5319
296	15250	1551	23	19.71	713	38408	4314
1526	50845	7428	17	10.68	227	14369	2109
1269	48315	8181	28	145.13	4802	220660	26029
1183	73408	11136	19	24.02	411	24658	2881
1541	84910	16319	38	183.17	3784	159362	16947
4149	175119	31229	26	25.55	659	33034	6337
4652	173881	28015	16	27.28	626	52574	6321
3014	99788	13556	13	24.61	385	36540	16271
718	35380	4729	12	12.05	165	9906	1703
5121	140912	18649	9	8.40	217	8205	1334
4245	146743	17031	14	23.39	782	23256	3929
2115	86967	10271	19	38.53	1132	48709	8954
1868	88966	12630	30	222.48	9077	701732	54881
7739	349429	47068	16	50.63	1507	113081	10209
1756	127844	25906	32	31.59	666	43901	6668
2284	78165	13951	15	4.87	39	2418	396
284	23188	3360	3	2.13	16	1346	234
2020	114945	17136	3	0.85	7	426	54
1635	101823	11432	18	9.03	244	22868	3286
389	10154	1757	7	3.88	77	7722	1506
591	30658	4203	12	66.33	1554	68254	7887
130	9024	1457	5	0.81	4	255	35
789	53922	7224	14	12.39	250	16242	3124
476	24619	3291	7	0.86	5	486	45
66	8293	1309	8	5.71	73	4781	533
66	5625	721	4	0.90	9	868	80
149	7019	748	35	12.36	82	6102	541
0.36	19	2	2	0.64	4	289	32

全国各地区少儿期刊、画刊出版数量

	少儿期刊					画刊				
	种数（种）	平均期印数（万册）	总印数（万册）	总印张（千印张）	总金额（万元）	种数（种）	平均期印数（万册）	总印数（万册）	总印张（千印张）	总金额（万元）
全国总计	**209**	**1889.90**	**54164**	**2014412**	**321567**	**53**	**60.93**	**938**	**92366**	**15306**
中　　央	**34**	**315.60**	**9589**	**267616**	**69414**	**18**	**36.47**	**528**	**60969**	**8037**
地　　方	**175**	**1574.30**	**44575**	**1746796**	**252153**	**35**	**24.47**	**409**	**31397**	**7269**
北　　京	4	5.87	83	2764	586					
天　　津	6	12.28	344	9700	3049	1	0.88	5	369	104
河　　北	3	20.91	771	13021	2374	2	1.90	29	1583	492
山　　西	3	3.00	64	2200	420	1	0.88	32	2357	475
内 蒙 古	5	26.66	869	42811	4886	1	0.25	2	60	18
辽　　宁	7	51.03	894	25313	6101					
吉　　林	7	16.22	515	21800	3544	1	0.30	11	752	324
黑 龙 江	8	27.61	550	25138	3410	2	1.50	13	1137	260
上　　海	22	78.87	1642	49527	10984	1	0.41	5	244	74
江　　苏	12	90.29	4642	163321	37732	1	0.16	6	195	90
浙　　江	7	249.86	3228	86231	17324	2	1.05	14	688	128
安　　徽	9	127.85	2011	43715	9313					
福　　建	3	10.58	309	9076	2351	1	0.36	4	217	52
江　　西	6	28.46	1020	20108	3287	2	1.80	27	1536	435
山　　东	6	85.67	3091	75876	11105					
河　　南	4	13.51	366	11820	3139					
湖　　北	6	228.23	9659	585723	46135	2	1.29	39	2680	637
湖　　南	10	210.70	5839	258758	34284	2	0.78	9	1264	168
广　　东	10	56.37	1382	41842	7672	4	6.16	113	11217	2093
广　　西	9	38.15	1714	46798	10397	3	1.00	9	508	146
海　　南										
重　　庆	2	15.28	753	32086	5650					
四　　川	7	24.89	722	26825	6209	1	0.50	6	446	150
贵　　州	1	1.00	2	125	30	1	1.50	36	1757	540
云　　南	4	72.50	1693	72871	8665	1	0.50	18	1395	450
西　　藏	1	1.30	31	936	218					
陕　　西	5	29.44	970	37739	6975	2	1.65	20	1897	380
甘　　肃	3	32.08	993	28649	3675					
青　　海	1	2.00	72	2268	360					
宁　　夏						1	0.50	6	818	240
新　　疆	4	13.70	343	9755	2276	3	1.10	6	278	10
兵　　团										

各类期刊占期刊出版总数的百分比

	种数	总印数	总印张	总金额
综　　　　合	3. 65	6. 84	6. 25	5. 42
哲学、社会科学	26. 31	45. 66	40. 96	44. 32
自然科学、技术	49. 76	13. 74	19. 98	19. 62
文　化、教　育	13. 75	22. 50	21. 02	20. 53
文　学、艺　术	6. 52	11. 25	11. 79	10. 10
少　儿　期　刊	2. 09	18. 82	12. 01	13. 23
画　　　　刊	0. 53	0. 33	0. 55	0. 63
动　漫　期　刊	0. 36	4. 21	4. 89	2. 87

平均期印数在 25 万册以上的期刊

期刊名称	刊期	平均期印数（册）
中央		
时事报告（大学生版）	半年刊	3177827
求是	半月刊	1570000
中共中央办公厅通讯	月刊	1500000
时事（《时事报告》中学生版）	月刊	1201687
青年文摘	半月刊	1184500
半月谈	半月刊	1022014
特别文摘	半月刊	896262
中国税务	月刊	842000
中国纪检监察	半月刊	756000
党建	月刊	708663
幼儿画报	旬刊	609132
长安	月刊	541150
党建研究	月刊	525340
保密工作	月刊	515000
中国国家地理	月刊	493933
时事画刊	季刊	480547
时事报告（职教版）	半年刊	457840
党风廉政建设	月刊	440104
我们爱科学	周刊	406766
嘉人	月刊	400000
半月选读	半月刊	400000
中国民航	月刊	350000
风尚志	月刊	350000
时事报告	月刊	346802
党建研究内参	月刊	346500
商业周刊（中文版）	半月刊	337000
秘书工作	月刊	322000
半月谈内部版	月刊	317434
人民调解	月刊	302850
财经	周刊	300000
人民论坛	旬刊	260000
中国火炬	月刊	260000
河北		
老人世界	月刊	382000

平均期印数在25万册以上的期刊（续表1）

期刊名称	刊期	平均期印数（册）
辽宁		
共产党员	半月刊	680000
党建文汇	半月刊	425000
老同志之友	半月刊	330000
小学生优秀作文	月刊	308247
新少年	月刊	269774
吉林		
意林	旬刊	1080000
黑龙江		
党的生活	月刊	390000
上海		
故事会	半月刊	1005833
浙江		
小学生时代	月刊	1575350
中学生天地	月刊	755625
浙江共产党员	月刊	325500
安徽		
小学生导读	月刊	500000
江淮	月刊	340000
初中生必读	月刊	300000
福建		
福建支部生活	月刊	306700
江西		
小学生之友	旬刊	650000
初中生之友	旬刊	320000
山东		
当代小学生	旬刊	600000
37°女人	月刊	500000
支部生活	月刊	470000
党员干部之友	月刊	390000
河南		
老人春秋	半月刊	393142
招生考试之友	半月刊	317975
妇女生活	半月刊	280800
中学生阅读（初中版）	半月刊	277000

平均期印数在25万册以上的期刊（续表2）

期刊名称	刊期	平均期印数（册）
湖北		
特别关注	月刊	2263758
知音漫客	周刊	1260000
知音	旬刊	720000
小学生天地	旬刊	660000
情感读本	旬刊	340000
党员生活	月刊	250000
湖南		
小学生导刊	旬刊	669000
爱你	月刊	350000
初中生	旬刊	337000
神漫	旬刊	331633
湖南农业	月刊	305000
放学后	旬刊	300000
老年人	月刊	282000
新湘评论	半月刊	280000
广东		
家庭医生	半月刊	1048000
南方	双周刊	572870
家庭	半月刊	485000
福	半月刊	300000
南方航空	月刊	280000
人之初	半月刊	280000
广西		
当代广西	半月刊	327980
重庆		
党员文摘	月刊	652333
当代党员	月刊	326275
四川		
四川党的建设（农村版）	月刊	356000
云南		
漫画派对	半月刊	640000
云岭先锋	月刊	505700
陕西		
当代陕西	月刊	312500
甘肃		
读者	半月刊	2923218
党的建设	月刊	300000

主要刊期的期刊出版数量

	月刊					双月刊					季刊				
	种数（种）	平均期印数（万册）	总印数（万册）	总印张（千印张）	总金额（万元）	种数（种）	平均期印数（万册）	总印数（万册）	总印张（千印张）	总金额（万元）	种数（种）	平均期印数（万册）	总印数（万册）	总印张（千印张）	总金额（万元）
全　国	**3400**	**6403**	**75961**	**5019233**	**795548**	**3233**	**896**	**5424**	**425514**	**80580**	**1168**	**268**	**1069**	**72026**	**18895**
中　央	**1324**	**2652**	**31075**	**2379157**	**388483**	**649**	**253**	**1533**	**114659**	**28552**	**222**	**126**	**503**	**31031**	**9873**
地　方	**2076**	**3750**	**44886**	**2640076**	**407066**	**2584**	**643**	**3890**	**310855**	**52027**	**946**	**142**	**567**	**40996**	**9023**
北　京	68	99	1183	104471	15592	43	10	61	5370	1248	22	4	15	1378	210
天　津	98	110	1298	81807	12690	93	31	189	14934	2623	23	3	13	817	204
河　北	57	89	1074	60124	10061	75	15	92	7471	1281	36	4	17	1457	162
山　西	58	62	730	47412	10870	65	18	105	7772	1333	32	7	26	1829	487
内蒙古	45	45	538	27098	3540	56	9	51	3788	504	15	2	6	512	61
辽　宁	123	228	2732	118849	20971	122	27	163	11236	2661	31	4	18	1455	212
吉　林	76	40	472	33304	5384	66	13	77	6872	1173	26	3	11	938	651
黑龙江	107	98	1125	62195	8861	107	19	113	9303	1425	30	3	12	907	190
上　海	233	341	4113	259285	45475	242	79	497	40492	6887	73	10	42	2530	657
江　苏	86	89	1067	69247	11004	200	50	303	25758	4394	82	10	40	2963	509
浙　江	79	380	4562	206632	31086	75	18	112	8126	1595	35	4	17	1160	384
安　徽	47	201	2430	103142	25932	83	21	129	10981	1867	25	3	13	760	123
福　建	52	101	1220	61795	10504	70	17	105	9493	1160	36	5	18	1268	149
江　西	39	61	748	39097	5696	62	11	66	5190	1024	24	3	12	869	123
山　东	56	180	2162	118545	13115	117	39	236	16059	2457	34	6	24	1673	310
河　南	55	49	585	35683	5940	87	17	104	8894	1398	33	4	18	1444	221
湖　北	120	342	4082	241611	26732	153	35	211	16479	3005	35	4	17	1433	281
湖　南	69	217	2599	138730	20617	98	19	115	10477	1455	36	5	20	1492	207
广　东	126	244	2880	232914	38066	134	46	273	18898	2993	44	6	23	1487	264
广　西	67	71	849	46859	7406	63	12	73	5335	666	25	4	17	1020	197
海　南	20	23	272	21256	3769	7	4	23	2510	623	6	1	3	185	26
重　庆	42	143	1734	84164	13159	52	11	66	6074	1080	5	1	4	134	41
四　川	110	179	2138	164261	23238	138	37	223	18543	3001	56	8	33	2268	471
贵　州	20	26	322	20517	2820	37	6	35	2853	385	15	10	39	3164	1809
云　南	38	105	1254	84279	10644	52	8	48	4149	639	15	2	8	504	72
西　藏	5	6	75	5913	982	10	3	20	1990	269	13	5	22	1295	195
陕　西	77	85	1016	76119	10386	111	26	155	14055	2341	36	6	24	1912	333
甘　肃	36	65	779	45103	4955	61	10	58	6091	942	13	2	7	697	97
青　海	9	9	111	5861	863	13	2	14	1123	117	23	4	14	1122	131
宁　夏	13	7	75	6416	1494	9	3	16	1358	224	6	1	3	218	26
新　疆	42	53	628	35769	4981	75	25	151	8628	1202	59	8	31	2030	213
兵　团	3	3	34	1618	233	8	1	7	552	55	2	0.33	1	77	5

各类期刊的平均印张和平均定价

	每册		每印张定价（元）
	印张	定价（元）	
综　　合	5.33	6.69	1.26
哲学、社会科学	5.23	8.19	1.57
自然科学、技术	8.48	12.05	1.42
文化、教育	5.44	7.70	1.41
文学、艺术	6.11	7.58	1.24
少儿期刊	3.72	5.94	1.60
画　　刊	9.85	16.32	1.66
动　　漫	6.77	5.76	0.85

全国少数民族文字期刊分类出版数量

	合计					综合					哲学、社会科学				
	种数（种）	平均期印数（万册）	总印数（万册）	总印张（千印张）	总金额（万元）	种数（种）	平均期印数（万册）	总印数（万册）	总印张（千印张）	总金额（万元）	种数（种）	平均期印数（万册）	总印数（万册）	总印张（千印张）	总金额（万元）
全国总计	**223**	**124.76**	**1245.87**	**58589.91**	**6871.55**	**10**	**2.74**	**31.91**	**1621.78**	**254.00**	**75**	**77.91**	**858.54**	**37463.68**	**4496.20**
中　央	**20**	**20.52**	**125.65**	**6863.29**	**1006.37**	**4**	**0.88**	**10.50**	**446.25**	**126.00**	**11**	**18.11**	**105.97**	**5682.64**	**770.21**
地　方	**203**	**104.24**	**1120.22**	**51726.62**	**5865.18**	**6**	**1.86**	**21.41**	**1175.53**	**128.00**	**64**	**59.79**	**752.57**	**31781.04**	**3725.99**
内蒙古	42	28.76	396.28	17071.66	1988.72						19	24.86	363.36	14835.22	1757.16
吉　林	13	3.93	41.82	2813.69	250.10						4	2.62	31.44	1741.99	155.74
黑龙江	2	0.58	3.96	218.45	24.60										
广　西	1	0.28	1.68	67.32	5.05										
四　川	4	1.75	7.00	347.52	60.36						2	1.60	6.40	320.00	57.60
云　南	3	0.38	1.68	79.68	11.40										
西　藏	14	5.77	45.29	1890.38	208.23	1	0.50	2.00	170.10	10.00	5	3.84	36.77	1258.55	148.26
甘　肃	3	0.66	2.32	200.79	14.60						2	0.16	0.32	32.26	1.60
青　海	12	2.48	12.08	889.29	69.40						4	0.62	4.24	199.25	12.88
新　疆	109	59.65	608.11	28147.84	3232.72	5	1.36	19.41	1005.43	118.00	28	26.09	310.04	13393.77	1592.75

续表 1

	自然科学、技术					文化、教育					文学、艺术				
	种数（种）	平均期印数（万册）	总印数（万册）	总印张（千印张）	总金额（万元）	种数（种）	平均期印数（万册）	总印数（万册）	总印张（千印张）	总金额（万元）	种数（种）	平均期印数（万册）	总印数（万册）	总印张（千印张）	总金额（万元）
全国总计	**38**	**12.87**	**122.07**	**5676.05**	**781.75**	**36**	**13.46**	**120.44**	**4968.00**	**510.11**	**64**	**17.79**	**112.91**	**8860.40**	**829.49**
中　央											**5**	**1.53**	**9.18**	**734.40**	**110.16**
地　方	**38**	**12.87**	**122.07**	**5676.05**	**781.75**	**36**	**13.46**	**120.44**	**4968.00**	**510.11**	**59**	**16.26**	**103.73**	**8126.00**	**719.33**
内蒙古	8	1.30	9.96	449.04	73.62	3	0.51	5.88	324.02	32.64	12	2.09	17.08	1463.38	125.30
吉　林	2	0.17	1.63	111.89	12.84	2	0.39	3.54	206.50	17.70	5	0.76	5.21	753.31	63.82
黑龙江											2	0.58	3.96	218.45	24.60
广　西											1	0.28	1.68	67.32	5.05
四　川											2	0.15	0.60	27.52	2.76
云　南											3	0.38	1.68	79.68	11.40
西　藏	1	0.07	0.28	24.30	2.80	4	0.90	4.30	302.30	30.45	3	0.46	1.94	135.13	16.72
甘　肃											1	0.50	2.00	168.53	13.00
青　海	2	0.16	0.64	50.02	6.12	3	0.70	3.20	254.07	20.20	3	1.00	4.00	385.95	30.20
新　疆	25	11.17	109.56	5040.80	686.37	24	10.97	103.52	3881.11	409.12	27	10.07	65.58	4826.73	426.48

续表 2

	少儿期刊					画刊				
	种数（种）	平均期印数（万册）	总印数（万册）	总印张（千印张）	总金额（万元）	种数（种）	平均期印数（万册）	总印数（万册）	总印张（千印张）	总金额（万元）
全国总计	**6**	**18.72**	**279.22**	**10528.51**	**1241.73**	**6**	**1.48**	**13.10**	**575.69**	**130.80**
中　央						**4**	**0.88**	**10.50**	**446.25**	**126.00**
地　方	**6**	**18.72**	**279.22**	**10528.51**	**1241.73**	**2**	**0.60**	**2.60**	**129.44**	**4.80**
内蒙古	2	12.26	216.77	8591.22	1075.90					
吉　林	1	0.75	9.05	512.89	45.23					
黑龙江	1	0.50	3.00	150.00	15.00					
广　西										
四　川										
云　南										
西　藏										
甘　肃										
青　海										
新　疆	2	5.20	50.40	1274.40	105.60	2	0.60	2.60	129.44	4.80

全国少数民族文字期刊出版数量与上年相比增减百分比

	种数	总印数	总印张	总金额
全　国	-1.76	-0.69	0.17	4.34
中　央	-4.76	-0.62	3.01	0.45
地　方	-1.46	-0.70	-0.19	5.04

三、报纸出版

全国各级报纸出版数量

	合计					中央及省、自治区、直辖市级				
	种数（种）	平均期印数（万份）	总印数（万份）	总印张（千印张）	总金额（万元）	种数（种）	平均期印数（万份）	总印数（万份）	总印张（千印张）	总金额（万元）
全国总计	**1906**	**20968.37**	**4300869**	**155493017**	**4342544**	**1005**	**15695.56**	**2892537**	**101239278**	**3064916**
中　　央	**218**	**3098.35**	**794422**	**22746574**	**873100**	**218**	**3098.35**	**794422**	**22746574**	**873100**
地　　方	**1688**	**17870.02**	**3506446**	**132746444**	**3469444**	**787**	**12597.22**	**2098115**	**78492704**	**2191816**
北　　京	35	291.22	79060	4003522	76713	35	291.22	79060	4003522	76713
天　　津	24	215.62	61758	2305984	61778	24	215.62	61758	2305984	61778
河　　北	65	727.36	145933	3635190	125326	29	539.73	96148	2058957	82192
山　　西	60	2386.52	203549	2207225	198233	36	2250.97	175728	1591644	172427
内 蒙 古	58	140.76	32815	752915	31649	23	82.74	16608	432771	17603
辽　　宁	70	645.00	132935	6169999	101183	19	402.45	68253	3182517	45613
吉　　林	52	860.69	81153	2513952	102321	24	775.78	60515	1891094	82499
黑 龙 江	68	370.65	66308	1731443	63894	27	167.02	35226	881884	25193
上　　海	70	480.85	107528	4818950	118674	70	480.85	107528	4818950	118674
江　　苏	81	1213.40	263924	10837995	249569	30	738.70	143580	6237125	132936
浙　　江	68	1034.45	311449	12264408	275141	21	414.12	111084	3761976	105955
安　　徽	51	429.67	104553	3754237	80449	19	207.28	44862	903653	40606
福　　建	42	479.37	106072	4701385	100292	19	330.63	56491	2714567	56557
江　　西	41	1075.61	114169	2683678	104001	19	976.12	81185	1606242	74484
山　　东	87	988.92	292442	13785693	258881	29	541.58	166946	9255757	155902
河　　南	78	1526.05	204286	5902974	209332	32	1254.23	136411	3650288	141557
湖　　北	73	646.07	153920	5380400	164841	27	268.86	70471	2517470	78760
湖　　南	48	679.48	133554	4785859	115525	22	503.50	86502	3452488	89403
广　　东	100	1265.84	327660	20081573	476263	33	588.24	150900	10154239	279926
广　　西	54	249.09	68974	2082133	58749	21	128.72	32956	1126119	27976
海　　南	14	80.56	23513	751382	25547	10	60.76	18331	587603	19689
重　　庆	27	263.64	58362	2932913	65101	24	254.82	55809	2871786	63065
四　　川	88	642.23	162781	6476186	168143	38	378.68	85250	3617752	97448
贵　　州	30	120.47	33244	1053802	31536	13	57.95	15621	491937	15799
云　　南	42	165.92	46062	1452292	40247	18	115.52	30408	1144051	29388
西　　藏	25	39.09	7803	201548	5646	11	25.48	5345	114143	3352
陕　　西	43	260.35	60132	2239657	58069	27	166.19	36723	1489832	34795
甘　　肃	50	254.23	50767	1044155	43437	23	177.31	27824	481296	28438
青　　海	26	42.28	10546	347183	6634	15	25.45	5603	166680	4031
宁　　夏	14	44.44	10806	308632	11400	9	32.89	7156	192565	7698
新　　疆	85	220.05	43975	1438169	34061	35	125.66	23543	707217	16545
兵　　团	19	30.14	6414	101012	6812	5	18.15	4292	80595	4816

全国各级报纸出版数量（续表）

	地、市级					县级				
	种数（种）	平均期印数（万份）	总印数（万份）	总印张（千印张）	总金额（万元）	种数（种）	平均期印数（万份）	总印数（万份）	总印张（千印张）	总金额（万元）
全国总计	**882**	**5242.70**	**1399981**	**54079923**	**1270885**	**19**	**30.11**	**8351**	**173816**	**6744**
中央										
地方	**882**	**5242.70**	**1399981**	**54079923**	**1270885**	**19**	**30.11**	**8351**	**173816**	**6744**
北京										
天津										
河北	35	186.12	49423	1572610	42713	1	1.51	362	3624	420
山西	23	135.22	27790	615273	25748	1	0.32	31	307	58
内蒙古	32	56.81	16034	318511	13903	3	1.20	173	1633	143
辽宁	48	240.85	64394	2986043	55289	3	1.70	288	1439	281
吉林	28	84.92	20638	622858	19822					
黑龙江	41	203.63	31083	849558	38702					
上海										
江苏	51	474.70	120344	4600869	116633					
浙江	44	604.38	194700	8355495	164760	3	15.95	5666	146937	4425
安徽	32	222.39	59691	2850584	39843					
福建	23	148.74	49581	1986818	43735					
江西	20	96.18	32459	1072185	29081	2	3.31	525	5251	436
山东	58	447.34	125497	4529936	102979					
河南	46	271.81	67875	2252686	67775					
湖北	43	372.73	82343	2851865	85266	3	4.47	1106	11064	814
湖南	26	175.98	47052	1333371	26122					
广东	67	677.60	176760	9927335	196336					
广西	33	120.38	36017	956014	30773					
海南	4	19.80	5183	163779	5859					
重庆	3	8.82	2553	61127	2036					
四川	50	263.55	77531	2858434	70696					
贵州	17	62.52	17623	561865	15737					
云南	24	50.40	15654	308241	10859					
西藏	14	13.61	2457	87405	2295					
陕西	16	94.16	23409	749825	23274					
甘肃	27	76.92	22942	562859	14999					
青海	9	15.41	4766	177053	2450	2	1.42	178	3450	153
宁夏	5	11.55	3650	116067	3702					
新疆	49	94.17	20410	730839	17502	1	0.23	23	113	14
兵团	14	11.99	2122	20417	1996					

各级综合报纸出版数量

	合计					中央及省、自治区、直辖市级				
	种数（种）	平均期印数（万份）	总印数（万份）	总印张（千印张）	总金额（万元）	种数（种）	平均期印数（万份）	总印数（万份）	总印张（千印张）	总金额（万元）
全国总计	**846**	**8508.31**	**2844086**	**126100316**	**2753423**	**207**	**4731.59**	**1613247**	**76619890**	**1665903**
中央	**21**	**1085.31**	**373339**	**12013843**	**377706**	**21**	**1085.31**	**373339**	**12013843**	**377706**
地方	**825**	**7423.00**	**2470747**	**114086472**	**2375716**	**186**	**3646.28**	**1239908**	**64606047**	**1288197**
北京	10	176.67	61988	3684666	58960	10	176.67	61988	3684666	58960
天津	5	124.90	45309	1963582	45303	5	124.90	45309	1963582	45303
河北	26	247.40	81213	2720997	76308	4	107.99	36324	1300706	37031
山西	23	115.49	36078	956912	35940	6	47.46	13065	394056	14159
内蒙古	36	95.52	28145	655681	26564	7	43.15	12679	342617	12679
辽宁	39	316.16	105648	5730055	82562	7	150.93	51645	3000911	32277
吉林	23	108.16	35304	1745939	28101	4	52.58	18296	1168404	13011
黑龙江	29	129.82	41974	1297024	29671	7	62.56	20361	643853	12933
上海	12	178.25	63831	3596963	78422	12	178.25	63831	3596963	78422
江苏	48	554.30	196304	9769789	190041	11	268.82	95787	5744684	96281
浙江	42	722.07	258707	10884587	231016	5	248.14	88336	3392898	82722
安徽	28	214.61	71596	3170762	56688	3	42.68	15579	398736	19718
福建	22	250.19	86072	3727284	82901	6	120.04	39347	1898046	41301
江西	28	187.30	62088	2284389	50310	7	89.81	29506	1208963	21115
山东	40	683.75	238680	12521790	217592	9	391.73	138237	8784752	133853
河南	35	359.46	111853	4767480	119334	3	158.85	53479	2742990	63073
湖北	34	375.79	127934	4832136	125979	4	157.11	56252	2206803	56009
湖南	28	271.63	89895	3765681	51899	5	135.18	46806	2523701	30037
广东	48	963.35	284924	18299252	394908	5	403.68	123555	8767392	227023
广西	30	169.61	57409	1849040	46051	7	68.35	22578	931550	17269
海南	4	38.44	13766	534157	13766	2	27.88	9936	397423	9936
重庆	12	158.67	53863	2800189	53096	9	149.85	51310	2739061	51060
四川	41	327.41	111550	5482940	107469	4	125.17	43682	2882426	45533
贵州	17	81.96	28102	953367	26242	4	35.96	12627	429271	11994
云南	29	116.45	38370	1226298	30710	5	66.04	22715	918057	19851
西藏	17	23.13	5771	189199	4203	3	9.52	3314	101794	1908
陕西	18	148.10	49704	2067898	46194	4	79.89	27658	1361703	24672
甘肃	25	102.25	31205	775429	21801	5	35.82	9394	232814	8044
青海	14	27.82	8895	318182	5375	5	13.72	4610	151383	3128
宁夏	8	21.57	7083	200412	7284	3	10.02	3433	84345	3581
新疆	49	113.85	32933	1231196	25920	12	46.67	14134	532467	10620
兵团	5	18.94	4552	83199	5108	3	16.85	4135	79031	4697

各级综合报纸出版数量（续表）

	地、市级					县　级				
	种数（种）	平　均期印数（万份）	总印数（万份）	总印张（千印张）	总金额（万元）	种数（种）	平　均期印数（万份）	总印数（万份）	总印张（千印张）	总金额（万元）
全国总计	**622**	**3755.62**	**1225356**	**49392649**	**1083644**	**17**	**21.11**	**5483**	**87776**	**3876**
中　　央										
地　　方	**622**	**3755.62**	**1225356**	**49392649**	**1083644**	**17**	**21.11**	**5483**	**87776**	**3876**
北　　京										
天　　津										
河　　北	21	137.90	44527	1416667	38858	1	1.51	362	3624	420
山　　西	16	67.71	22982	562548	21723	1	0.32	31	307	58
内 蒙 古	26	51.16	15294	311432	13743	3	1.20	173	1633	143
辽　　宁	29	163.53	53715	2727705	50004	3	1.70	288	1439	281
吉　　林	19	55.58	17008	577535	15090					
黑 龙 江	22	67.26	21614	653171	16738					
上　　海										
江　　苏	37	285.48	100517	4025105	93760					
浙　　江	35	465.98	167522	7429233	146685	2	7.95	2850	62457	1609
安　　徽	25	171.92	56017	2772027	36969					
福　　建	16	130.15	46725	1829238	41600					
江　　西	19	94.18	32057	1070175	28759	2	3.31	525	5251	436
山　　东	31	292.02	100443	3737038	83739					
河　　南	32	200.61	58374	2024490	56261					
湖　　北	27	214.21	70575	2614269	69156	3	4.47	1106	11064	814
湖　　南	23	136.44	43089	1241980	21862					
广　　东	43	559.67	161368	9531859	167885					
广　　西	23	101.26	34831	917491	28781					
海　　南	2	10.56	3830	136734	3830					
重　　庆	3	8.82	2553	61127	2036					
四　　川	37	202.24	67868	2600514	61936					
贵　　州	13	46.01	15475	524096	14249					
云　　南	24	50.40	15654	308241	10859					
西　　藏	14	13.61	2457	87405	2295					
陕　　西	14	68.21	22046	706195	21522					
甘　　肃	20	66.42	21811	542614	13757					
青　　海	8	13.68	4159	164908	2146	1	0.42	126	1890	101
宁　　夏	5	11.55	3650	116067	3702					
新　　疆	36	66.96	18777	698616	15286	1	0.23	23	113	14
兵　　团	2	2.09	417	4168	411					

各级专业报纸出版数量

	合　计					中央及省、自治区、直辖市级				
	种数（种）	平　均期印数（万份）	总印数（万份）	总印张（千印张）	总金额（万元）	种数（种）	平　均期印数（万份）	总印数（万份）	总印张（千印张）	总金额（万元）
全国总计	**712**	**9366.83**	**1108772**	**21408195**	**1236541**	**569**	**8700.03**	**1002729**	**19088415**	**1122342**
中　　央	**164**	**1477.51**	**334403**	**8873724**	**396136**	**164**	**1477.51**	**334403**	**8873724**	**396136**
地　　方	**548**	**7889.31**	**774370**	**12534471**	**840405**	**405**	**7222.51**	**668327**	**10214690**	**726206**
北　　京	16	65.70	10570	171065	10979	16	65.70	10570	171065	10979
天　　津	12	48.34	9068	218616	10746	12	48.34	9068	218616	10746
河　　北	24	394.07	54237	546184	40706	19	381.47	51202	508202	39522
山　　西	25	2212.22	158352	1058132	154213	20	2153.71	154013	1027767	150656
内 蒙 古	15	23.30	2641	48916	2570	10	18.40	1940	43202	2488
辽　　宁	15	245.11	18194	167172	13741	10	233.52	15702	134446	12430
吉　　林	17	725.96	43555	705420	71461	12	708.05	40505	677652	67533
黑 龙 江	24	175.31	14930	204278	26365	15	63.27	7756	102307	6939
上　　海	39	148.57	20347	772178	24747	39	148.57	20347	772178	24747
江　　苏	21	294.11	42873	647514	40630	13	205.11	30094	361146	28736
浙　　江	16	166.65	35538	825451	30531	9	100.70	12643	176104	14612
安　　徽	14	58.04	11216	190292	9168	9	51.48	9823	176355	8998
福　　建	11	181.17	14789	846666	11494	9	174.46	12545	713436	10359
江　　西	7	804.93	46783	256922	46627	6	802.93	46381	254912	46306
山　　东	27	158.41	30685	513608	22640	15	106.41	21430	291617	15253
河　　南	32	950.68	78447	901456	77456	25	920.18	71469	766720	68849
湖　　北	30	124.94	14193	304742	22128	18	78.56	9270	211191	15727
湖　　南	12	266.38	32553	785074	46866	10	257.88	30522	748409	45231
广　　东	34	187.58	33342	1463860	59590	18	134.28	24131	1222455	41492
广　　西	11	52.52	8849	157452	9245	8	44.13	8221	144681	8172
海　　南	7	35.98	9440	210446	11273	6	32.24	8363	188901	9657
重　　庆	7	30.56	2486	74856	4010	7	30.56	2486	74856	4010
四　　川	28	156.75	31913	609425	40865	23	128.15	25737	450716	36068
贵　　州	5	11.19	2073	45900	2859	4	8.69	1693	38300	2099
云　　南	8	34.04	5905	195115	8179	8	34.04	5905	195115	8179
西　　藏	5	13.46	1924	10485	1388	5	13.46	1924	10485	1388
陕　　西	15	64.58	6257	87943	7586	14	61.53	6074	86113	7439
甘　　肃	23	147.99	18937	260407	20986	17	139.49	17910	243282	20056
青　　海	7	10.26	1412	24891	964	6	8.53	804	12747	661
宁　　夏	4	18.07	2355	55752	2723	4	18.07	2355	55752	2723
新　　疆	24	71.35	8649	156596	5973	16	49.30	7289	134398	4033
兵　　团	13	11.08	1856	17657	1698	2	1.30	156	1564	119

各级专业报纸出版数量（续表）

	地、市级					县级				
	种数（种）	平均期印数（万份）	总印数（万份）	总印张（千印张）	总金额（万元）	种数（种）	平均期印数（万份）	总印数（万份）	总印张（千印张）	总金额（万元）
全国总计	**142**	**658.80**	**103227**	**2235300**	**111383**	**1**	**8.00**	**2816**	**84480**	**2816**
中　　央										
地　　方	**142**	**658.80**	**103227**	**2235300**	**111383**	**1**	**8.00**	**2816**	**84480**	**2816**
北　　京										
天　　津										
河　　北	5	12.60	3036	37981	1183					
山　　西	5	58.51	4339	30365	3557					
内 蒙 古	5	4.90	701	5714	82					
辽　　宁	5	11.60	2493	32727	1311					
吉　　林	5	17.92	3050	27768	3927					
黑 龙 江	9	112.04	7174	101971	19427					
上　　海										
江　　苏	8	89.00	12779	286368	11894					
浙　　江	6	57.94	20079	564867	13103	1	8.00	2816	84480	2816
安　　徽	5	6.56	1394	13937	170					
福　　建	2	6.71	2244	133230	1135					
江　　西	1	2.00	402	2010	322					
山　　东	12	52.00	9255	221991	7388					
河　　南	7	30.50	6977	134736	8607					
湖　　北	12	46.38	4923	93552	6401					
湖　　南	2	8.50	2031	36665	1636					
广　　东	16	53.30	9211	241405	18097					
广　　西	3	8.39	628	12771	1072					
海　　南	1	3.74	1077	21545	1616					
重　　庆										
四　　川	5	28.60	6176	158709	4797					
贵　　州	1	2.50	380	7600	760					
云　　南										
西　　藏										
陕　　西	1	3.05	183	1830	146					
甘　　肃	6	8.50	1027	17125	930					
青　　海	1	1.73	607	12145	304					
宁　　夏										
新　　疆	8	22.05	1360	22198	1940					
兵　　团	11	9.78	1699	16093	1579					

各级生活服务报纸出版数量

	合计					中央及省、自治区、直辖市级				
	种数（种）	平均期印数（万份）	总印数（万份）	总印张（千印张）	总金额（万元）	种数（种）	平均期印数（万份）	总印数（万份）	总印张（千印张）	总金额（万元）
全国总计	**221**	**1416.73**	**125335**	**4509180**	**150716**	**122**	**751.37**	**71327**	**2409986**	**94695**
中　　央	**16**	**217.12**	**16871**	**532648**	**27934**	**16**	**217.12**	**16871**	**532648**	**27934**
地　　方	**205**	**1199.61**	**108463**	**3976532**	**122783**	**106**	**534.25**	**54455**	**1877337**	**66761**
北　　京	4	11.18	600	21290	540	4	11.18	600	21290	540
天　　津	3	15.17	784	27933	1025	3	15.17	784	27933	1025
河　　北	12	55.57	2937	163479	4001	3	19.95	1077	45518	1328
山　　西	9	43.23	4583	115630	4959	7	34.23	4115	93270	4491
内 蒙 古	6	6.94	499	17717	678	5	6.19	460	16352	600
辽　　宁	13	59.73	6363	239222	2951	2	18.00	906	47160	906
吉　　林	7	10.22	858	40467	1375	5	7.50	716	35840	1214
黑 龙 江	11	43.95	3991	161445	4834	3	22.72	1853	69601	2553
上　　海	9	51.12	7758	335724	4714	9	51.12	7758	335724	4714
江　　苏	8	107.11	7497	304797	11809	2	6.90	450	15400	830
浙　　江	7	105.19	10453	465616	9332	4	24.73	3354	104220	4359
安　　徽	3	48.31	6949	278984	4915	2	19.00	5428	218160	2818
福　　建	7	20.27	1050	44226	1736	2	8.39	439	19876	736
江　　西	3	72.89	4106	128370	5517	3	72.89	4106	128370	5517
山　　东	16	108.82	15585	633247	14100	3	35.00	4940	156000	5200
河　　南	8	55.71	3993	122110	4377	1	15.00	1470	28650	1470
湖　　北	5	113.44	8417	162111	10444	3	16.79	3397	68692	3721
湖　　南	4	43.57	3092	77943	4080	3	12.53	1161	23218	1455
广　　东	11	44.10	2149	143736	10109	9	42.38	2060	141323	9854
广　　西	10	15.23	949	56563	1699	3	4.50	390	30810	780
海　　南	2	0.64	32	1279	96	2	0.64	32	1279	96
重　　庆	6	15.40	783	22731	2096	6	15.40	783	22731	2096
四　　川	15	72.84	8212	207432	10792	7	40.13	4726	108221	6829
贵　　州	4	18.81	1973	41249	989	1	4.80	205	11079	260
云　　南	3	5.40	509	13899	509	3	5.40	509	13899	509
西　　藏	1	0.10	5	104	6	1	0.10	5	104	6
陕　　西	6	34.40	2165	63750	2503	5	11.50	985	21950	898
甘　　肃	1	2.00	104	3120	312					
青　　海	2	2.00	104	3120	156	1	1.00	52	1560	104
宁　　夏	2	4.80	1368	52468	1394	2	4.80	1368	52468	1394
新　　疆	6	11.36	590	26615	732	2	6.30	328	16640	458
兵　　团	1	0.12	6	156	6					

各级生活服务报纸出版数量（续表）

	地、市级					县　级				
	种数（种）	平　均期印数（万份）	总印数（万份）	总印张（千印张）	总金额（万元）	种数（种）	平　均期印数（万份）	总印数（万份）	总印张（千印张）	总金额（万元）
全国总计	**98**	**664.37**	**53956**	**2097635**	**55970**	**1**	**1.00**	**52**	**1560**	**52**
中　　央										
地　　方	**98**	**664.37**	**53956**	**2097635**	**55970**	**1**	**1.00**	**52**	**1560**	**52**
北　　京										
天　　津										
河　　北	9	35.62	1860	117961	2673					
山　　西	2	9.00	468	22360	468					
内 蒙 古	1	0.75	39	1365	78					
辽　　宁	11	41.73	5457	192062	2045					
吉　　林	2	2.72	142	4627	161					
黑 龙 江	8	21.23	2138	91844	2281					
上　　海										
江　　苏	6	100.21	7047	289397	10979					
浙　　江	3	80.45	7099	361396	4972					
安　　徽	1	29.31	1521	60824	2097					
福　　建	5	11.88	612	24350	1000					
江　　西										
山　　东	13	73.82	10645	477247	8900					
河　　南	7	40.71	2523	93460	2907					
湖　　北	2	96.65	5020	93419	6722					
湖　　南	1	31.04	1931	54726	2625					
广　　东	2	1.72	88	2413	256					
广　　西	7	10.73	559	25753	919					
海　　南										
重　　庆										
四　　川	8	32.72	3487	99211	3963					
贵　　州	3	14.01	1768	30170	728					
云　　南										
西　　藏										
陕　　西	1	22.90	1180	41800	1605					
甘　　肃	1	2.00	104	3120	312					
青　　海						1	1.00	52	1560	52
宁　　夏										
新　　疆	4	5.06	262	9975	275					
兵　　团	1	0.12	6	156	6					

各级读者对象报纸出版数量

	合计					中央及省、自治区、直辖市级				
	种数（种）	平均期印数（万份）	总印数（万份）	总印张（千印张）	总金额（万元）	种数（种）	平均期印数（万份）	总印数（万份）	总印张（千印张）	总金额（万元）
全国总计	**105**	**1295.51**	**173746**	**2797997**	**159221**	**89**	**1158.43**	**158916**	**2514133**	**143250**
中　　央	**13**	**231.21**	**57548**	**1187797**	**62180**	**13**	**231.21**	**57548**	**1187797**	**62180**
地　　方	**92**	**1064.30**	**116198**	**1610200**	**97041**	**76**	**927.22**	**101368**	**1326336**	**81071**
北　　京	5	37.67	5902	126502	6234	5	37.67	5902	126502	6234
天　　津	3	22.25	6102	85949	4110	3	22.25	6102	85949	4110
河　　北	3	30.33	7545	204530	4311	3	30.33	7545	204530	4311
山　　西	3	15.58	4535	76551	3121	3	15.58	4535	76551	3121
内 蒙 古	1	15.00	1530	30600	1836	1	15.00	1530	30600	1836
辽　　宁	3	24.00	2730	33550	1929					
吉　　林	4	11.70	1194	19708	1023	2	3.00	756	6780	378
黑 龙 江	3	19.58	5313	66696	2874	2	18.48	5256	66124	2768
上　　海	9	50.55	7739	74823	6865	9	50.55	7739	74823	6865
江　　苏	3	257.47	17230	115295	7049	3	257.47	17230	115295	7049
浙　　江	3	40.54	6751	88754	4262	3	40.54	6751	88754	4262
安　　徽	4	31.42	3197	37177	2723	3	16.82	2438	33381	2115
福　　建	1	7.50	1125	22500	1125	1	7.50	1125	22500	1125
江　　西	3	10.49	1192	13997	1547	3	10.49	1192	13997	1547
山　　东	4	37.95	7493	117049	4548	2	8.45	2339	23389	1596
河　　南	2	148.20	8793	87928	6965	2	148.20	8793	87928	6965
湖　　北	2	15.00	1400	32000	2750	1	5.00	400	2000	1000
湖　　南	3	47.90	2814	53160	4880	3	47.90	2814	53160	4880
广　　东	6	56.97	5834	132376	9538	1	7.90	1153	23068	1557
广　　西	3	11.74	1767	19078	1754	3	11.74	1767	19078	1754
海　　南										
重　　庆	2	59.00	1230	35138	5900	2	59.00	1230	35138	5900
四　　川	3	57.23	8334	65509	6246	3	57.23	8334	65509	6246
贵　　州	3	7.53	1047	11098	1324	3	7.53	1047	11098	1324
云　　南	1	5.84	858	8580	429	1	5.84	858	8580	429
西　　藏	2	2.40	102	1760	49	2	2.40	102	1760	49
陕　　西	4	13.27	2007	20066	1787	4	13.27	2007	20066	1787
甘　　肃	1	2.00	520	5200	338	1	2.00	520	5200	338
青　　海	2	1.70	111	865	89	2	1.70	111	865	89
宁　　夏										
新　　疆	6	23.48	1803	23762	1436	5	23.38	1793	23712	1435
兵　　团										

各级读者对象报纸出版数量（续表）

	地、市级					县 级				
	种数（种）	平均期印数（万份）	总印数（万份）	总印张（千印张）	总金额（万元）	种数（种）	平均期印数（万份）	总印数（万份）	总印张（千印张）	总金额（万元）
全国总计	**16**	**137.07**	**14830**	**283864**	**15971**					
中　　央										
地　　方	**16**	**137.07**	**14830**	**283864**	**15971**					
北　　京										
天　　津										
河　　北										
山　　西										
内 蒙 古										
辽　　宁	3	24.00	2730	33550	1929					
吉　　林	2	8.70	438	12928	645					
黑 龙 江	1	1.10	57	572	106					
上　　海										
江　　苏										
浙　　江										
安　　徽	1	14.60	759	3796	607					
福　　建										
江　　西										
山　　东	2	29.50	5154	93660	2952					
河　　南										
湖　　北	1	10.00	1000	30000	1750					
湖　　南										
广　　东	5	49.07	4681	109308	7981					
广　　西										
海　　南										
重　　庆										
四　　川										
贵　　州										
云　　南										
西　　藏										
陕　　西										
甘　　肃										
青　　海										
宁　　夏										
新　　疆	1	0.10	10	50	1					
兵　　团										

各级文摘报纸出版数量

	合计					中央及省、自治区、直辖市级				
	种数（种）	平均期印数（万份）	总印数（万份）	总印张（千印张）	总金额（万元）	种数（种）	平均期印数（万份）	总印数（万份）	总印张（千印张）	总金额（万元）
全国总计	**22**	**380.99**	**48930**	**677329**	**42643**	**18**	**354.15**	**46318**	**606854**	**38726**
中央	**4**	**87.19**	**12262**	**138561**	**9144**	**4**	**87.19**	**12262**	**138561**	**9144**
地方	**18**	**293.80**	**36668**	**538769**	**33499**	**14**	**266.96**	**34057**	**468293**	**29582**
北京										
天津	1	4.95	495	9904	594	1	4.95	495	9904	594
河北										
山西										
内蒙古										
辽宁										
吉林	1	4.65	242	2418	363	1	4.65	242	2418	363
黑龙江	1	2.00	100	2000	150					
上海	1	52.35	7852	39262	3926	1	52.35	7852	39262	3926
江苏	1	0.40	20	600	40	1	0.40	20	600	40
浙江										
安徽	2	77.30	11595	77021	6957	2	77.30	11595	77021	6957
福建	1	20.24	3035	60710	3035	1	20.24	3035	60710	3035
江西										
山东										
河南	1	12.00	1200	24000	1200	1	12.00	1200	24000	1200
湖北	2	16.90	1976	49410	3540	1	11.40	1151	28785	2303
湖南	1	50.00	5200	104000	7800	1	50.00	5200	104000	7800
广东	1	13.84	1412	42350	2118					
广西										
海南	1	5.50	275	5500	413					
重庆										
四川	1	28.00	2772	110880	2772	1	28.00	2772	110880	2772
贵州	1	0.97	49	2189	122	1	0.97	49	2189	122
云南	1	4.20	420	8400	420	1	4.20	420	8400	420
西藏										
陕西										
甘肃										
青海	1	0.50	25	125	50	1	0.50	25	125	50
宁夏										
新疆										
兵团										

各级文摘报纸出版数量（续表）

	地、市级					县级				
	种数（种）	平均期印数（万份）	总印数（万份）	总印张（千印张）	总金额（万元）	种数（种）	平均期印数（万份）	总印数（万份）	总印张（千印张）	总金额（万元）
全国总计	**4**	**26.84**	**2612**	**70475**	**3918**					
中央										
地方	**4**	**26.84**	**2612**	**70475**	**3918**					
北京										
天津										
河北										
山西										
内蒙古										
辽宁										
吉林										
黑龙江	1	2.00	100	2000	150					
上海										
江苏										
浙江										
安徽										
福建										
江西										
山东										
河南										
湖北	1	5.50	825	20625	1238					
湖南										
广东	1	13.84	1412	42350	2118					
广西										
海南	1	5.50	275	5500	413					
重庆										
四川										
贵州										
云南										
西藏										
陕西										
甘肃										
青海										
宁夏										
新疆										
兵团										

中央及省、自治区、直辖市级综合报纸出版数量

	开张	版数	刊期	期数	平均期印数（万份）	总印数（万份）	总印张（千印张）	总金额（万元）
参考消息	4	16	周七刊	365	231.53	84508	1444739	84508
21 世纪英文报（英文）	4	16	周一刊	50	5.70	285	5703	713
新华每日电讯	2	8	周七刊	365	161.04	58781	1151461	47025
人民日报	2	24	周七刊	365	333.42	121699	5998246	121699
参考消息大字版	2	16	周七刊	365	1.52	556	18998	1111
中国新闻报	4	12	周五刊	264	1.00	264	3960	264
环球时报（英文版）	4	32	周六刊	308	10.00	3080	123200	6160
经济日报	2	16	周七刊	365	75.58	27587	946262	27587
环球时报	4	16	周六刊	264	116.54	30766	615314	46149
华夏时报	2	32	周二刊	100	5.00	500	40000	2500
光明日报	2	16	周七刊	365	73.03	26658	1030522	21326
国际先驱导报	4	32	周一刊	49	4.74	232	9295	465
人民政协报	2	12	周六刊	301	14.10	4244	127323	4456
人民日报海外版	2	8	周六刊	312	3.05	951	19012	951
人民日报（藏文版）	2	4	周七刊	365	5.00	1825	18250	730
参考消息·北京参考	4	16	周五刊	239	20.00	4780	95600	
中国日报（英文）	2	24	周六刊	310	18.82	5834	350052	11668
北京青年报	2	32	周七刊	365	25.00	9125	730000	9125
北京娱乐信报	4	24	周五刊	241	10.11	2436	71514	2436
京华时报	4	43	周七刊	365	24.65	8997	483608	8997
今日北京（英文）	4	8	周一刊	52	0.50	26	260	39
北京晨报	4	48	周七刊	365	10.18	3717	222995	3717
新京报	4	60	周七刊	365	28.08	10250	768767	7175
北京日报	2	20	周七刊	365	27.09	9888	379532	9888
北京晚报	4	24	周七刊	365	32.99	12040	644065	12040
天津日报	2	16	周七刊	365	31.20	11388	455520	11388
今晚报	2	20	周七刊	365	50.50	18433	921625	18433
城市快报	4	28	周七刊	365	17.90	6534	228673	6534
渤海早报	4		周七刊	365	8.00	2920	87600	2920
大众生活报	4	4	周一刊	16	0.80	13	64	6
每日新报	4	32	周七刊	365	24.50	8943	357700	8943
河北日报	2	12	周七刊	360	33.90	12204	366120	13424
燕赵都市报冀东版	4	8	周二刊	100	6.50	650	6500	650
燕赵都市报	2	16	周七刊	350	64.00	22400	896000	22400
山西日报	2	12	周七刊	365	18.98	6928	207831	8313
山西政协报	2	4	周二刊	104	1.96	203	2034	372
三晋都市报	2	12	周六刊	287	4.00	1148	34440	574

中央及省、自治区、直辖市级综合报纸出版数量（续表1）

	开张	版数	刊期	期数	平均期印数（万份）	总印数（万份）	总印张（千印张）	总金额（万元）
人民代表报	2	8	周三刊	156	8.80	1373	27456	1647
山西晚报	4	32	周七刊	337	8.72	2939	117546	2939
内蒙古日报（蒙文版）	2	8	周七刊	350	2.86	999	19986	999
内蒙古日报	2	12	周七刊	350	19.40	6789	203681	6789
北方新报	4	24	周六刊	295	7.00	2065	61950	2065
内蒙古晨报	4	16	周五刊	261	8.00	2088	41760	2088
内蒙古商报	2	16	周一刊	50	0.50	25	1000	25
辽宁日报	2	12	周七刊	365	17.33	6325	189764	6325
半岛晨报	4	48	周七刊	351	15.71	5514	330853	5514
辽沈晚报	4	48	周七刊	349	71.37	24908	1494488	12454
北方晨报	2	24	周六刊	278	3.61	1002	60138	802
时代商报	2	8	周五刊	271	2.91	789	16049	395
华商晨报	2	28	周七刊	350	37.00	12950	906500	6475
友报	2	8	周一刊	52	3.00	156	3120	312
吉林日报	2	12	周七刊	339	12.00	4068	122040	3254
城市晚报	2	32	周七刊	360	15.00	5400	432000	2700
协商新报	2	4	周二刊	100	0.60	60	600	42
新文化报	2	28	周七刊	351	24.98	8768	613764	7014
黑龙江日报	2	8	周七刊	347	15.13	5250	117716	5250
生活报	4	16	周七刊	343	26.10	8951	353359	4476
黑龙江晨报	4	24	周七刊	345	15.00	5175	155250	2588
远东经贸导报（俄文版）	4	8	周一刊	50	1.00	50	500	100
北方时报	4	8	周三刊	134	1.23	165	1648	115
解放日报	2	20	周七刊	365	39.37	14372	718590	28744
文汇报	2	16	周七刊	365	17.97	6559	262378	6559
新民晚报	4	48	周七刊	365	60.08	21929	1124466	21929
上海日报	4	40	周七刊	361	2.28	824	41181	1647
劳动报	4	24	周七刊	365	19.19	7006	210175	6305
青年报	4	48	周七刊	365	4.89	1785	107119	1785
东方早报	4	64	周七刊	365	7.58	2768	221432	2768
联合时报	2	8	周二刊	99	3.25	322	6442	419
新闻晨报	4	88	周七刊	365	22.49	8208	902869	8208
上海侨报	4	32	周一刊	51	1.13	58	2309	58
新华日报	2	16	周七刊	360	40.95	14743	589720	17692
扬子晚报	4	60	周七刊	362	150.00	54300	4072500	54300
扬州时报	4	24	周五刊	252	3.53	891	26717	623
东台日报	2	8	周六刊	302	3.00	906	18120	453

中央及省、自治区、直辖市级综合报纸出版数量（续表2）

	开张	版数	刊期	期数	平均期印数（万份）	总印数（万份）	总印张（千印张）	总金额（万元）
江南晚报	4	32	周七刊	357	14.00	4998	199920	4998
南京晨报	4	48	周七刊	360	12.58	4528	271689	3170
现代快报	4	32	周七刊	361	32.76	11828	473119	11828
昆山日报	2	8	周七刊	344	3.20	1101	22016	881
江南时报	4	24	周五刊	264	3.20	845	25344	845
海门日报	4	20	周六刊	299	2.60	777	19435	622
靖江日报	4	24	周六刊	291	2.99	870	26103	870
浙江日报	2	20	周七刊	364	40.82	14858	529824	14858
联谊报	2	4	周三刊	147	9.80	1441	19796	936
钱江晚报	4	24	周七刊	365	158.00	57670	2370790	57670
青年时报	4	24	周七刊	365	28.00	10220	306600	5110
现代金报	4	32	周七刊	360	11.52	4147	165888	4147
安徽日报	2	12	周七刊	365	32.68	11929	289236	17893
安徽商报	4	24	周七刊	365	10.00	3650	109500	1825
福建日报	2	12	周七刊	365	35.90	13104	262974	19656
东南早报	4	32	周七刊	365	18.00	6570	262800	4599
东南快报	4	40	周七刊	365	5.37	1961	98046	1373
海峡都市报	4	48	周七刊	365	33.33	12165	729885	12165
海峡导报	2	44	周七刊	358	13.56	4854	533930	2815
江西日报	2	12	周七刊	365	23.22	8477	254304	8392
经济晚报	4	16	周五刊	260	5.40	1404	28080	1404
信息日报	4	16	周七刊	339	8.14	2759	65852	1380
光华时报	2	4	周二刊	100	2.65	265	2650	138
江西晨报	4	48	周七刊	336	8.69	2921	175281	2921
江南都市报	4	40	周七刊	340	40.00	13600	680000	6800
江西商报	2	14	周一刊	47	1.70	80	2797	80
大众日报	2	12	周七刊	365	43.00	15695	537500	14910
齐鲁晚报	4	40	周七刊	358	150.30	53807	2690370	53807
山东商报	4	48	周七刊	357	40.00	14280	700800	14280
半岛都市报	4	80	周七刊	358	122.00	43676	4367600	43676
联合日报	2	4	周六刊	288	5.77	1663	16631	1330
城市信报	2	32	周五刊	245	10.00	2450	196000	2450
生活日报	4	30	周七刊	358	12.39	4435	166304	2217
鲁中晨报	4	40	周七刊	340	6.27	2131	106548	1002
河南日报	2	10	周七刊	355	54.05	19188	479694	28782
东方今报	4	32	周六刊	300	40.00	12000	480000	12000
大河报	4	64	周七刊	344	64.80	22291	1783296	22291

中央及省、自治区、直辖市级综合报纸出版数量（续表3）

	开张	版数	刊期	期数	平均期印数（万份）	总印数（万份）	总印张（千印张）	总金额（万元）
湖北日报	2	16	周七刊	365	43.97	16049	641971	16049
楚天都市报	4	32	周七刊	358	101.57	36361	1454425	36361
楚天金报	4	24	周七刊	358	9.37	3356	100683	3356
湖南日报	2	24	周七刊	365	34.30	12520	751170	12520
湘声报	2	4	周二刊	108	6.93	748	7484	748
当代商报	4	24	周七刊	350	3.50	1225	36750	613
三湘都市报	4	32	周七刊	355	50.10	17787	711477	8893
潇湘晨报	2	28	周七刊	360	40.35	14526	1016820	7263
南方日报	2	24	周七刊	365	96.80	35332	2119920	52998
南方周末	2	32	周一刊	52	76.00	3952	310080	19760
羊城晚报	2	22	周七刊	365	41.66	15205	836280	18550
南方都市报	4	64	周七刊	365	182.60	66649	5331920	133298
新快报	4	56	周七刊	365	6.62	2417	169192	2417
广西日报	2	8	周七刊	362	22.12	8007	196647	6406
华声晨报	4	32	周三刊	150	6.18	927	37080	1391
南国早报	4	48	周七刊	358	19.02	6810	408584	5448
广西政协报	2	4	周三刊	146	3.00	438	4560	438
当代生活报	4	32	周七刊	358	7.00	2506	100240	1253
南国今报	4	40	周七刊	358	9.93	3555	177729	2133
海南日报	2	16	周七刊	365	15.90	5805	232194	5805
南国都市报	4	32	周七刊	345	11.97	4131	165229	4131
重庆日报	2	24	周七刊	365	28.95	10568	634095	10568
重庆晚报	4	24	周七刊	354	18.00	6372	191150	6372
重庆晨报	4	28	周七刊	354	26.18	9267	324360	9267
重庆商报	2	32	周七刊	360	28.10	10116	809280	10116
重庆青年报	2	36	周一刊	48	4.50	216	19440	648
重庆时报	4	48	周七刊	352	32.57	11465	687878	11465
巴渝都市报	4	16	周七刊	350	3.05	1068	21350	534
三峡都市报	4	20	周七刊	353	5.50	1942	48538	1942
四川日报	2	16	周七刊	365	33.83	12348	493905	14817
四川政协报	2	4	周三刊	144	4.60	662	6624	596
华西都市报	2	32	周七刊	359	82.36	29566	2365310	29566
天府早报	4	12	周五刊	252	4.39	1106	16587	553
贵州政协报	2	28	周四刊	197	2.23	440	30812	440
贵州日报	2	12	周七刊	365	16.38	5979	154639	5979
贵州都市报	4	24	周七刊	358	13.80	4941	233240	4941
贵州商报	16	32	周七刊	358	3.54	1267	10580	633

中央及省、自治区、直辖市级综合报纸出版数量（续表4）

	开张	版数	刊期	期数	平均期印数（万份）	总印数（万份）	总印张（千印张）	总金额（万元）
云南日报	2	12	周七刊	365	18.95	6918	179487	8647
春城晚报	4	42	周七刊	351	26.80	9407	493857	4703
云南政协报	2	8	周三刊	152	3.59	546	10914	655
都市时报	4	32	周七刊	350	16.70	5845	233800	5845
西藏日报（藏文版）	2	8	周七刊	365	4.21	1536	30713	614
西藏日报	2	8	周七刊	365	3.32	1210	24202	726
西藏商报	2	32	周六刊	284	2.00	568	46880	568
陕西日报	2	16	周七刊	355	20.92	7428	297121	7502
各界导报	2	12	周六刊	295	3.50	1033	30975	1033
华商报	2	26	周七刊	349	37.47	13077	850007	13077
三秦都市报	4	24	周七刊	340	18.00	6120	183600	3060
甘肃日报	2	8	周七刊	365	14.80	5402	108033	5780
西部商报	4	36	周七刊	335	7.52	2520	113411	1260
民主协商报	2	4	周一刊	52	1.00	52	520	52
青海日报	2	8	周七刊	364	4.13	1503	30069	1503
青海日报（藏文版）	8	24	周一刊	50	0.41	21	310	52
西海都市报	4	32	周七刊	360	8.30	2988	120101	1494
海南报	4	8	周三刊	150	0.55	83	825	66
海南报（藏文版）	4	4	周一刊	48	0.33	16	79	13
宁夏日报	2	16	周七刊	364	6.01	2186	57893	2186
华兴时报	2	12	周五刊	245	1.21	297	8924	446
银川日报	2	8	周七刊	339	2.80	949	17528	949
新疆日报	2	8	周七刊	354	9.00	3186	63720	3186
新疆日报（维文版）	2	8	周七刊	354	5.83	2064	41276	2064
新疆日报（哈文版）	2	4	周七刊	354	1.08	382	3823	191
新疆日报（蒙文版）	2	4	周七刊	354	0.58	205	2053	103
亚洲中心时报	2	4	周三刊	151	1.10	166	1661	100
亚洲中心时报	2	4	周一刊	50	0.13	7	65	5
亚洲中心时报（维文版）	2	4	周二刊	100	0.46	46	460	28
新早报	2	12	周三刊	144	3.00	432	12960	346
新疆都市报	4	48	周六刊	298	13.00	3874	232440	2712
参考消息（哈文版）	4	4	周六刊	302	0.14	42	211	21
参考消息（维文版）	4	4	周六刊	302	0.26	79	394	39
都市消费晨报	4	38	周六刊	302	12.09	3651	173402	1825
兵团日报	2	8	周七刊	347	10.00	3470	69400	4164
兵团日报（维文版）	4	4	周二刊	99	0.35	35	173	42
生活晚报	4	12	周二刊	97	6.50	631	9458	492

主要刊期的报纸出版数量

	周七刊				周六刊				周五刊				周四刊			
	种数（种）	总印数（万份）	总印张（千印张）	总金额（万元）	种数（种）	总印数（万份）	总印张（千印张）	总金额（万元）	种数（种）	总印数（万份）	总印张（千印张）	总金额（万元）	种数（种）	总印数（万份）	总印张（千印张）	总金额（万元）
全国总计	**480**	**2798215**	**122858474**	**2689219**	**266**	**442483**	**12758514**	**446046**	**235**	**284079**	**6298614**	**255734**	**70**	**78119**	**1423579**	**100954**
中　　央	**19**	**500171**	**14038409**	**466674**	**15**	**103036**	**4403428**	**141082**	**39**	**83426**	**1526339**	**88816**	**14**	**31865**	**701244**	**49021**
地　　方	**461**	**2298045**	**108820066**	**2222544**	**251**	**339446**	**8355086**	**304964**	**196**	**200653**	**4772275**	**166918**	**56**	**46254**	**722335**	**51933**
北　　京	8	64278	3707942	61203	1	2640	26400	3960	4	7516	160375	5854				
天　　津	8	55997	2194959	54074									3	1301	20922	1559
河　　北	13	87743	2401954	73405	15	25378	528459	25288	7	8780	259350	6213	2	878	8775	439
山　　西	16	38745	932255	40278	12	27515	303990	24924	3	8417	66400	8177	3	1251	23072	1657
内 蒙 古	8	13697	353340	13220	11	8587	201294	7620	14	6601	117560	5910	4	393	2906	241
辽　　宁	12	87962	5184965	68177	13	11789	380053	8690	14	11566	308564	6067	3	1830	28456	1542
吉　　林	11	33895	1838476	25385	7	3475	45003	2837	3	3750	35144	4644	2	1096	6756	1887
黑 龙 江	13	35337	1123273	23612	12	16335	297768	11406	8	3709	67245	3367	6	2138	16645	2175
上　　海	13	71211	4001861	86093	1	426	21313	426	4	11169	420054	8826	1	654	6536	980
江　　苏	37	188465	9550492	186826	14	24519	391736	21530	8	14618	295865	12327	5	8633	129966	5259
浙　　江	40	271905	11357604	240707	7	10392	170103	6324	5	9709	306130	6250	2	4966	68800	4966
安　　徽	14	67285	3142200	50128	12	13272	258575	10184	7	5212	77045	4201	1	313	6264	219
福　　建	22	89565	3889336	84622	1	529	10584	318	2	1641	29826	1969				
江　　西	11	49609	2037169	40463	10	9386	192065	7021	5	3992	76424	3805	2	1117	9159	751
山　　东	31	233673	12227191	208046	14	23171	567549	17070	10	13452	391663	10336	1	2704	27040	2109
河　　南	4	50050	2475570	60535	23	59952	2352917	59763	18	21403	472028	19298				
湖　　北	11	104848	4280620	104553	20	22149	554450	24565	10	8335	140502	6605	2	1132	19236	1132
湖　　南	20	83589	3645818	47654	4	3925	69449	2587	6	4940	92363	3183	1	1664	41600	2496
广　　东	42	269104	17722441	375420	3	4951	339719	9901	10	19065	819454	22377	3	4283	99626	10568
广　　西	22	54075	1778134	41228	6	6269	116023	6639	1	920	10965	736	2	2641	36495	2641
海　　南	6	19734	654587	19368	2	2517	79145	4496								
重　　庆	7	50797	2716651	50263	3	2553	61127	2036	2	573	2866	286				
四　　川	27	104691	5471750	115648	14	20868	284127	15603	11	14816	300559	11088	4	4053	72197	5346
贵　　州	9	21488	783929	20355	5	5369	114494	4642	6	3592	61988	2201	2	1138	37795	1383
云　　南	14	35740	1269982	30110	9	6196	94380	5653	1	762	30480	762				
西　　藏	3	3826	119714	2420	1	568	46880	568	1	94	938	56				
陕　　西	8	39429	1857320	36205	8	9534	203176	9484	4	2343	27803	2248	1	1150	11500	1518
甘　　肃	16	37020	878028	32068	4	2595	57033	1486	7	2564	21332	1616	1	667	13341	1001
青　　海	4	8929	324152	5216	2	293	3560	151					1	484	9687	484
宁　　夏	3	5508	170321	5508	2	1656	54574	1593	5	2754	58049	3336	1	247	3705	296
新　　疆	7	16377	658632	15590	15	12634	529140	8200	17	7362	111323	4161	2	1513	21699	1276
兵　　团	1	3470	69400	4164					3	998	9982	1020	1	6	156	6

全国少数民族文字报纸出版数量

	种数 （种）	平均期印数 （万份）	总印数 （万份）	总印张 （千印张）	总金额 （万元）
全国总计	**103**	**113.72**	**19609**	**279772**	**14046**
中　　央	**4**	**5.00**	**1825**	**18250**	**730**
地　　方	**99**	**108.72**	**17784**	**261522**	**13316**
内 蒙 古	13	10.64	2431	34444	2404
辽　　宁	2	0.58	50	936	44
吉　　林	8	5.52	733	13073	614
黑 龙 江	2	2.10	369	6880	279
广　　西	1	0.50	25	250	18
四　　川	3	1.80	260	2599	159
云　　南	7	2.71	165	1350	8
西　　藏	11	16.02	2919	53040	1738
青　　海	7	4.70	197	1570	244
新　　疆	42	63.14	10530	146594	7709
兵　　团	3	1.02	103	786	100

全国少数民族文字报纸出版数量与去年相比增减百分比

	种数	平　均 期印数	总印数	总印张	总金额
全　　国	1.94	-3.38	-8.56	-11.94	2.34
中　　央	0.00	-54.55	-3.80	-5.59	-8.98
地　　方	2.02	1.90	-9.02	-12.35	3.04

四、音像、电子出版物出版

按载体形式分类全国各地区录音制品出版品种、数量及发行数量

单位：种、万盒（张）

	录音制品合计					录音带（AT）			
	合计		其中：新版		发行数量	合计		其中：新版	
	种数	数量	种数	数量		种数	数量	种数	数量
全国总计	**9860**	**23383.47**	**3444**	**3193.54**	**21444.18**	**1675**	**13770.19**	**295**	**795.88**
中　　央	**3533**	**15284.05**	**1212**	**1535.07**	**14671.46**	**882**	**10358.42**	**120**	**443.14**
地　　方	**6327**	**8099.42**	**2232**	**1658.47**	**6772.72**	**793**	**3411.77**	**175**	**352.75**
北　　京	137	104.25	136	103.75	55.15	25	2.25	25	2.25
天　　津	50	51.52	20	5.62	37.87	30	45.90		
河　　北	77	403.95	19	7.80	5.08	54	353.26	3	2.80
山　　西	94	148.05	94	148.05	148.15	1	1.00	1	1.00
内 蒙 古	45	14.49	37	12.49	9.57				
辽　　宁	192	26.06	68	14.34	209.54				
吉　　林	118	176.05	74	24.53	490.65	28	97.45	8	11.16
黑 龙 江	28	1.70	28	1.70	2.90				
上　　海	3765	3046.11	717	808.14	2902.31	263	1512.39	23	222.17
江　　苏	216	1016.67	74	26.19	1012.09	60	907.33	3	1.78
浙　　江	117	396.18	87	124.51	291.21	26	120.58	8	4.52
安　　徽	65	32.67	50	30.41	45.86	47	28.09	34	26.49
福　　建	30	6.78	30	6.78	27.24	2	0.60	2	0.60
江　　西	73	40.01	47	24.64	70.64	11	3.30	11	3.30
山　　东	183	320.94	36	23.89	29.56	54	33.86	3	0.45
河　　南	3	0.55	3	0.55	0.20				
湖　　北	50	20.53	25	7.36	30.24	5	7.64	3	0.36
湖　　南	174	547.01	35	28.74	593.74	8	43.71	2	4.38
广　　东	508	1564.74	372	149.88	597.54	113	201.38	21	51.03
广　　西	87	32.10	64	20.70	42.52				
海　　南	23	3.75	23	3.75	2.05	15	1.50	15	1.50
重　　庆	62	27.99	33	14.52	39.12	8	3.26	5	2.80
四　　川	15	8.65	14	8.25	10.20	2	4.00	2	4.00
贵　　州									
云　　南	65	6.20	38	4.94	3.93	15	1.02		
西　　藏	33	26.05	33	26.05	25.55	6	12.15	6	12.15
陕　　西	82	62.24	40	16.71	79.85	20	31.10		
甘　　肃	8	3.50	8	3.50	8.92				
青　　海									
宁　　夏	3	1.00	3	1.00					
新　　疆	24	9.68	24	9.68	1.05				
兵　　团									

按载体形式分类全国各地区录音制品出版品种、数量及发行数量（续表）

单位：种、万盒（张）

	激光唱盘（CD）				高密度激唱盘（DVD－A）				其他载体形式			
	合计		其中：新版		合计		其中：新版		合计		其中：新版	
	种数	数量	种数	数量	种数	数量	种数	数量	种数	数量	种数	数量
全国总计	**5964**	**7286.97**	**2488**	**1776.77**	**246**	**92.68**	**220**	**82.84**	**1975**	**2233.63**	**441**	**538.06**
中　　央	**1525**	**3504.97**	**780**	**695.65**	**70**	**20.44**	**68**	**20.04**	**1056**	**1400.21**	**244**	**376.25**
地　　方	**4439**	**3782.00**	**1708**	**1081.12**	**176**	**72.24**	**152**	**62.79**	**919**	**833.42**	**197**	**161.81**
北　　京	107	100.60	106	100.10	5	1.40	5	1.40				
天　　津	13	3.82	13	3.82	7	1.80	7	1.80				
河　　北	23	50.69	16	5.00								
山　　西	93	147.05	93	147.05								
内 蒙 古	43	14.27	36	12.47	1	0.20			1	0.02	1	0.02
辽　　宁	184	26.06	67	14.34	8	0.00	1	0.00				
吉　　林	83	77.35	59	12.12	6	1.20	6	1.20	1	0.05	1	0.05
黑 龙 江	28	1.70	28	1.70								
上　　海	2633	945.98	515	428.85	32	20.04	18	11.19	837	567.71	161	145.92
江　　苏	154	109.14	69	24.21	2	0.20	2	0.20				
浙　　江	39	244.00	27	88.39	52	31.60	52	31.60				
安　　徽	18	4.57	16	3.92								
福　　建	28	6.19	28	6.19								
江　　西	62	36.71	36	21.34								
山　　东	123	286.48	27	22.84	6	0.60	6	0.60				
河　　南	3	0.55	3	0.55								
湖　　北	41	11.67	21	6.16	1	0.30			3	0.92	1	0.84
湖　　南	144	414.66	28	20.33					22	88.64	5	4.03
广　　东	332	1189.83	298	84.75	37	6.30	37	6.30	26	167.23	16	7.79
广　　西	87	32.10	64	20.70								
海　　南	8	2.25	8	2.25								
重　　庆	43	19.95	26	10.21	1	1.22	1	1.22	10	3.57	1	0.30
四　　川	13	4.65	12	4.25								
贵　　州												
云　　南	36	4.50	24	4.25	13	0.49	13	0.49	1	0.20	1	0.20
西　　藏	26	13.40	26	13.40	1	0.50	1	0.50				
陕　　西	43	25.96	30	14.06	1	0.10			18	5.08	10	2.65
甘　　肃	8	3.50	8	3.50								
青　　海												
宁　　夏	3	1.00	3	1.00								
新　　疆	21	3.38	21	3.38	3	6.30	3	6.30				
兵　　团												

按内容分类全国录音制品出版品种、数量

单位：种、万盒（张）

	AT				CD			
	合计		其中：新版		合计		其中：新版	
	种数	数量	种数	数量	种数	数量	种数	数量
全国合计	**1675**	**13770.19**	**295**	**795.88**	**5964**	**7286.97**	**2488**	**1776.77**
其中：少儿出版	224	961.46	42	44.79	827	352.19	338	192.21
教育	1257	6285.18	217	470.92	1753	3689.44	784	802.03
语言	375	7468.40	63	316.38	828	2667.75	294	442.42
文学艺术	22	3.96	4	2.89	3016	685.87	1093	308.59
科技								
经济					9	3.83	2	1.50
体育	1	0.06			7	2.40	5	2.00
军事								
文学					5	1.70	5	1.40
综合	10	5.59	10	5.59	81	139.01	69	137.55
其他	10	6.99	1	0.10	265	96.96	236	81.28

续表 1

	DVD－A				其他			
	合计		其中：新版		合计		其中：新版	
	种数	数量	种数	数量	种数	数量	种数	数量
全国合计	**246**	**92.68**	**220**	**82.84**	**1975**	**2233.63**	**441**	**538.06**
其中：少儿出版	51	14.90	51	14.90	10	5.76	8	4.46
教育	49	23.03	46	21.83	281	652.27	101	213.82
语言	52	20.46	36	15.60	1227	1385.64	270	266.71
文学艺术	68	10.44	61	6.65	360	156.86	36	41.35
科技								
经济								
体育								
军事								
文学	49	31.20	49	31.20	4	0.80	4	0.80
综合	19	5.52	19	5.52	56	14.33	16	14.02
其他	9	2.04	9	2.04	47	23.73	14	1.36

按内容分类全国各地区录音制品出版品种、数量
（AT）

单位：种、万盒

	录音制品		教育		语言		文学艺术		科技	
	种数	出版数量	种数	出版数量	种数	出版数量	种数	出版数量	种数	出版数量
全国总计	**1675**	**13770.19**	**1257**	**6285.18**	**375**	**7468.40**	**22**	**3.96**		
中　央	**882**	**10358.42**	**568**	**2956.30**	**310**	**7397.80**	**1**	**3.20**		
地　方	**793**	**3411.77**	**689**	**3328.88**	**65**	**70.61**	**21**	**0.76**		
北　京	25	2.25	25	2.25						
天　津	30	45.90	30	45.90						
河　北	54	353.26	54	353.26						
山　西	1	1.00	1	1.00						
内蒙古										
辽　宁										
吉　林	28	97.45	28	97.45						
黑龙江										
上　海	263	1512.39	240	1505.02	2	6.60	21	0.76		
江　苏	60	907.33	60	907.33						
浙　江	26	120.58	18	116.05						
安　徽	47	28.09	47	28.09						
福　建	2	0.60	2	0.60						
江　西	11	3.30	11	3.30						
山　东	54	33.86	11	0.95	43	32.91				
河　南										
湖　北	5	7.64	5	7.64						
湖　南	8	43.71	8	43.71						
广　东	113	201.38	103	194.39						
广　西										
海　南	15	1.50	15	1.50						
重　庆	8	3.26	8	3.26						
四　川	2	4.00	2	4.00						
贵　州										
云　南	15	1.02	15	1.02						
西　藏	6	12.15	6	12.15						
陕　西	20	31.10			20	31.10				
甘　肃										
青　海										
宁　夏										
新　疆										
兵　团										

按内容分类全国各地区录音制品出版品种、数量（续表1）
（AT）

单位：种、万盒

	经济		体育		军事		文学		综合		其他	
	种数	出版数量	种数	出版数量	种数	出版数量	种数	出版数量	种数	出版数量	种数	出版数量
全国总计			**1**	**0.06**					**10**	**5.59**	**10**	**6.99**
中　　央			**1**	**0.06**					**2**	**1.07**		
地　　方									**8**	**4.52**	**10**	**6.99**
北　　京												
天　　津												
河　　北												
山　　西												
内 蒙 古												
辽　　宁												
吉　　林												
黑 龙 江												
上　　海												
江　　苏												
浙　　江									8	4.52		
安　　徽												
福　　建												
江　　西												
山　　东												
河　　南												
湖　　北												
湖　　南												
广　　东											10	6.99
广　　西												
海　　南												
重　　庆												
四　　川												
贵　　州												
云　　南												
西　　藏												
陕　　西												
甘　　肃												
青　　海												
宁　　夏												
新　　疆												
兵　　团												

按内容分类全国各地区录音制品出版品种、数量（续表2）
（CD）

单位：种、万盒

	录音制品		教育		语言		文学艺术		科技	
	种数	出版数量	种数	出版数量	种数	出版数量	种数	出版数量	种数	出版数量
全国总计	**5964**	**7286.97**	**1753**	**3689.44**	**828**	**2667.75**	**3016**	**685.87**		
中　　央	**1525**	**3504.97**	**580**	**1050.73**	**406**	**2258.28**	**426**	**118.92**		
地　　方	**4439**	**3782.00**	**1173**	**2638.71**	**422**	**409.47**	**2590**	**566.96**		
北　　京	107	100.60			25	33.80	56	19.50		
天　　津	13	3.82	1	0.30	5	1.02	5	1.90		
河　　北	23	50.69	21	49.69						
山　　西	93	147.05	77	145.45			6	0.60		
内 蒙 古	43	14.27					43	14.27		
辽　　宁	184	26.06	15	6.82	158	14.89				
吉　　林	83	77.35	51	74.50			32	2.85		
黑 龙 江	28	1.70	25	1.65	2		1	0.05		
上　　海	2633	945.98	382	556.40	92	63.37	2146	325.91		
江　　苏	154	109.14	132	103.45	16	3.20	5	0.86		
浙　　江	39	244.00	21	165.42			3	0.30		
安　　徽	18	4.57	8	2.30			8	1.57		
福　　建	28	6.19	2	1.90			1	1.20		
江　　西	62	36.71	62	36.71						
山　　东	123	286.48	20	20.72	96	264.06	3	0.40		
河　　南	3	0.55	1	0.20			1	0.20		
湖　　北	41	11.67	36	11.17			4	0.40		
湖　　南	144	414.66	79	294.75			64	119.61		
广　　东	332	1189.83	69	1111.69	1	0.40	125	52.14		
广　　西	87	32.10	81	17.90	4	13.10	2	1.10		
海　　南	8	2.25					8	2.25		
重　　庆	43	19.95	39	19.04	1	0.65	2	0.20		
四　　川	13	4.65	1	0.30	1	0.40	11	3.95		
贵　　州										
云　　南	36	4.50	21	2.05			15	2.45		
西　　藏	26	13.40	15	5.20	2	0.55	9	7.65		
陕　　西	43	25.96	14	11.10	18	13.50	9	0.25		
甘　　肃	8	3.50					8	3.50		
青　　海										
宁　　夏	3	1.00					3	1.00		
新　　疆	21	3.38			1	0.53	20	2.85		
兵　　团										

按内容分类全国各地区录音制品出版品种、数量（续表3）
（CD）

单位：种、万盒

	经济		体育		军事		文学		综合		其他	
	种数	出版数量	种数	出版数量	种数	出版数量	种数	出版数量	种数	出版数量	种数	出版数量
全国总计	**9**	**3.83**	**7**	**2.40**			**5**	**1.70**	**81**	**139.01**	**265**	**96.96**
中　　央	**9**	**3.83**	**7**	**2.40**			**1**	**0.50**	**38**	**16.64**	**58**	**53.68**
地　　方							**4**	**1.20**	**43**	**122.38**	**207**	**43.28**
北　　京									21	46.35	5	0.95
天　　津											2	0.60
河　　北											2	1.00
山　　西											10	1.00
内 蒙 古												
辽　　宁									2	0.65	9	3.70
吉　　林												
黑 龙 江												
上　　海									11	0.19	2	0.12
江　　苏								0.30			1	1.32
浙　　江									7	74.99	8	3.30
安　　徽											2	0.70
福　　建									1	0.10	24	2.99
江　　西												
山　　东							1	0.10			3	1.20
河　　南											1	0.15
湖　　北											1	0.10
湖　　南											1	0.30
广　　东							3	0.80	1	0.10	133	24.70
广　　西												
海　　南												
重　　庆											1	0.05
四　　川												
贵　　州												
云　　南												
西　　藏												
陕　　西											2	1.11
甘　　肃												
青　　海												
宁　　夏												
新　　疆												
兵　　团												

按内容分类全国各地区录音制品出版品种、数量（续表4）
（DVD－A）

单位：种、万张

	录音制品		教育		语言		文学艺术		科技	
	种数	出版数量	种数	出版数量	种数	出版数量	种数	出版数量	种数	出版数量
全　国	**246**	**92.68**	**49**	**23.03**	**52**	**20.46**	**68**	**10.44**		
中　央	**70**	**20.44**	**23**	**14.95**	**9**	**3.50**	**36**	**0.90**		
地　方	**176**	**72.24**	**26**	**8.08**	**43**	**16.96**	**32**	**9.54**		
北　京	5	1.40	2	0.70			1	0.20		
天　津	7	1.80	3	0.90	2	0.30				
河　北										
山　西										
内蒙古	1	0.20					1	0.20		
辽　宁	8	0.00			8	0.00				
吉　林	6	1.20	6	1.20						
黑龙江										
上　海	32	20.04	3	3.47	15	9.58	12	6.74		
江　苏	2	0.20	2	0.20						
浙　江	52	31.60			3	0.40				
安　徽										
福　建										
江　西										
山　东	6	0.60	6	0.60						
河　南										
湖　北	1	0.30	1	0.30						
湖　南										
广　东	37	6.30	1	0.50			17	1.90		
广　西										
海　南										
重　庆	1	1.22								
四　川										
贵　州										
云　南	13	0.49	2	0.21	11	0.28				
西　藏	1	0.50					1	0.50		
陕　西	1	0.10			1	0.10				
甘　肃										
青　海										
宁　夏										
新　疆	3	6.30			3	6.30				
兵　团										

按内容分类全国各地区录音制品出版品种、数量（续表5）
（DVD－A）

单位：种、万张

	经济		体育		军事		文学		综合		其他	
	种数	出版数量	种数	出版数量	种数	出版数量	种数	出版数量	种数	出版数量	种数	出版数量
全　　国							**49**	**31.20**	**19**	**5.52**	**9**	**2.04**
中　　央									**1**	**1.00**	**1**	**0.09**
地　　方							**49**	**31.20**	**18**	**4.52**	**8**	**1.95**
北　　京											2	0.50
天　　津											2	0.60
河　　北												
山　　西												
内 蒙 古												
辽　　宁												
吉　　林												
黑 龙 江												
上　　海											2	0.25
江　　苏												
浙　　江							49	31.20				
安　　徽												
福　　建												
江　　西												
山　　东												
河　　南												
湖　　北												
湖　　南												
广　　东									17	3.30	2	0.60
广　　西												
海　　南												
重　　庆									1	1.22		
四　　川												
贵　　州												
云　　南												
西　　藏												
陕　　西												
甘　　肃												
青　　海												
宁　　夏												
新　　疆												
兵　　团												

按内容分类全国各地区录音制品出版品种、数量（续表6）
（其他）

单位：种、万张

	录音制品		教育		语言		文学艺术		科技	
	种数	出版数量	种数	出版数量	种数	出版数量	种数	出版数量	种数	出版数量
全　国	**1975**	**2233.63**	**281**	**652.27**	**1227**	**1385.64**	**360**	**156.86**		
中　央	**1056**	**1400.21**	**61**	**206.68**	**966**	**1134.67**	**7**	**21.40**		
地　方	**919**	**833.42**	**220**	**445.60**	**261**	**250.97**	**353**	**135.46**		
北　京										
天　津										
河　北										
山　西										
内蒙古	1	0.02					1	0.02		
辽　宁										
吉　林	1	0.05					1	0.05		
黑龙江										
上　海	837	567.71	190	275.41	243	244.27	322	47.34		
江　苏										
浙　江										
安　徽										
福　建										
江　西										
山　东										
河　南										
湖　北	3	0.92	1	0.84	2	0.08				
湖　南	22	88.64			2	2.30	20	86.34		
广　东	26	167.23	18	165.73			8	1.50		
广　西										
海　南										
重　庆	10	3.57	10	3.57						
四　川										
贵　州										
云　南	1	0.20					1	0.20		
西　藏										
陕　西	18	5.08	1	0.05	14	4.33				
甘　肃										
青　海										
宁　夏										
新　疆										
兵　团										

按内容分类全国各地区录音制品出版品种、数量（续表7）
（其他）

单位：种、万张

	经济		体育		军事		文学		综合		其他	
	种数	出版数量	种数	出版数量	种数	出版数量	种数	出版数量	种数	出版数量	种数	出版数量
全　国							**4**	**0.80**	**56**	**14.33**	**47**	**23.73**
中　央							**1**	**0.10**	**14**	**14.00**	**7**	**23.37**
地　方							**3**	**0.70**	**42**	**0.33**	**40**	**0.36**
北　京												
天　津												
河　北												
山　西												
内蒙古												
辽　宁												
吉　林												
黑龙江												
上　海									42	0.33	40	0.36
江　苏												
浙　江												
安　徽												
福　建												
江　西												
山　东												
河　南												
湖　北												
湖　南												
广　东												
广　西												
海　南												
重　庆												
四　川												
贵　州												
云　南												
西　藏												
陕　西							3	0.70				
甘　肃												
青　海												
宁　夏												
新　疆												
兵　团												

按载体形式分类全国各地区录像制品出版品种、数量及发行数量

单位：种、万盒（张）

	录像制品合计					录像带（VT）			
	合计		其中：新版		发行数量	合计		其中：新版	
	种数	数量	种数	数量		种数	数量	种数	数量
全国总计	**5512**	**6034.75**	**3325**	**3799.01**	**6075.08**				
中　　央	**2501**	**3990.76**	**1260**	**2155.12**	**4225.85**				
地　　方	**3011**	**2043.99**	**2065**	**1643.89**	**1849.23**				
北　　京	53	25.20	52	25.00	0.70				
天　　津	5	1.90	5	1.90	1.90				
河　　北	18	11.22	18	11.22	13.55				
山　　西	45	7.84	45	7.84	42.49				
内 蒙 古	20	4.62	15	4.12	2.46				
辽　　宁	137	119.31	137	119.31	35.28				
吉　　林	109	21.26	105	19.96	17.55				
黑 龙 江	20	2.06	20	2.06	1.66				
上　　海	874	880.72	296	692.58	840.72				
江　　苏	114	50.73	74	33.35	35.64				
浙　　江	96	36.14	70	20.31	42.45				
安　　徽	55	10.39	53	9.55	9.75				
福　　建	28	16.72	26	7.22	18.20				
江　　西	60	21.65	57	19.55	17.00				
山　　东	190	109.63	159	64.56	61.30				
河　　南	137	43.79	101	37.43	39.03				
湖　　北	65	36.72	64	36.62	74.02				
湖　　南	219	180.68	69	130.22	187.68				
广　　东	165	109.44	117	61.63	70.02				
广　　西	41	22.83	40	21.33	4.01				
海　　南	3	0.40	3	0.40	0.25				
重　　庆	47	12.86	38	9.36	21.70				
四　　川	46	67.45	45	63.45	73.17				
贵　　州									
云　　南	143	34.36	143	34.36	21.41				
西　　藏	41	18.25	41	18.25	17.75				
陕　　西	62	25.82	54	20.32	35.30				
甘　　肃	23	4.24	23	4.24	8.64				
青　　海	30	13.55	30	13.55	12.05				
宁　　夏	6	1.60	6	1.60					
新　　疆	159	152.61	159	152.61	143.55				
兵　　团									

按载体形式分类全国各地区录像制品出版品种、数量及发行数量（续表）

单位：种、万盒（张）

	数码激光视盘（VCD）				高密度激光视盘（DVD－V）				其他载体形式			
	合计		其中：新版		合计		其中：新版		合计		其中：新版	
	种数	数量	种数	数量	种数	数量	种数	数量	种数	数量	种数	数量
全国总计	**1297**	**1418.54**	**320**	**428.95**	**4110**	**4556.27**	**2910**	**3314.16**	**105**	**59.94**	**95**	**55.90**
中　央	**578**	**1082.13**	**34**	**256.02**	**1859**	**2890.63**	**1168**	**1884.15**	**64**	**18.00**	**58**	**14.94**
地　方	**719**	**336.41**	**286**	**172.93**	**2251**	**1665.64**	**1742**	**1430.01**	**41**	**41.94**	**37**	**40.96**
北　京					53	25.20	52	25.00				
天　津					5	1.90	5	1.90				
河　北	11	7.22	11	7.22	7	4.00	7	4.00				
山　西					43	7.74	43	7.74	2	0.10	2	0.10
内蒙古					20	4.62	15	4.12				
辽　宁	8	4.50	8	4.50	115	114.06	115	114.06	14	0.75	14	0.75
吉　林	25	2.08	24	1.98	83	18.88	80	17.68	1	0.30	1	0.30
黑龙江					20	2.06	20	2.06				
上　海	477	127.65	101	40.08	393	752.08	195	652.50	4	0.98		
江　苏	15	3.82			99	46.91	74	33.35				
浙　江	23	14.16	8	1.95	73	21.98	62	18.36				
安　徽					55	10.39	53	9.55				
福　建					28	16.72	26	7.22				
江　西	46	11.20	44	9.20	14	10.45	13	10.35				
山　东	12	7.20	12	7.20	177	102.38	146	57.31	1	0.05	1	0.05
河　南					137	43.79	101	37.43				
湖　北	20	8.80	20	8.80	45	27.92	44	27.82				
湖　南	48	89.97	38	80.43	170	89.41	30	48.49	1	1.30	1	1.30
广　东	5	41.24			157	61.11	114	54.53	3	7.10	3	7.10
广　西	5	7.98	5	7.98	36	14.85	35	13.35				
海　南					3	0.40	3	0.40				
重　庆	3	2.60			44	10.26	38	9.36				
四　川	2	0.30	2	0.30	44	67.15	43	63.15				
贵　州												
云　南					143	34.36	143	34.36				
西　藏					41	18.25	41	18.25				
陕　西	7	5.30	1	0.90	55	20.52	53	19.42				
甘　肃	12	2.40	12	2.40	11	1.84	11	1.84				
青　海					30	13.55	30	13.55				
宁　夏					6	1.60	6	1.60				
新　疆					144	121.26	144	121.26	15	31.35	15	31.35
兵　团												

按内容分类全国录像制品出版品种、数量

单位：种、万盒（张）

	VT				VCD			
	合计		其中：新版		合计		其中：新版	
	种数	数量	种数	数量	种数	数量	种数	数量
全国合计					**1297**	**1418.54**	**320**	**428.95**
其中：少儿出版					64	272.21	51	264.40
教育					610	1264.96	193	372.74
影视作品					1	1.68	1	1.68
音乐舞蹈					402	74.79	73	35.16
社会科学					3	0.92	2	0.40
语言					8	15.50		0.00
体育					8	2.20	1	0.50
文学					7	0.28	7	0.28
医药卫生					14	6.10	8	5.25
农业科学					159	21.37	30	8.15
综合								
其他					85	30.74	5	4.79

续表1

	DVD－V				其他			
	合计		其中：新版		合计		其中：新版	
	种数	数量	种数	数量	种数	数量	种数	数量
全国合计	**4110**	**4556.27**	**2910**	**3314.16**	**105**	**59.94**	**95**	**55.90**
其中：少儿出版	379	403.03	271	249.02	3	0.15	3	0.15
教育	1413	2199.60	758	1211.89	17	4.27	14	3.25
影视作品	367	526.39	319	503.64	37	14.90	37	14.90
音乐舞蹈	567	227.25	436	179.49	2	0.12	1	0.10
社会科学	452	299.95	379	274.22	9	0.45	9	0.45
语言	85	51.61	44	23.27	5	4.21	1	1.30
体育	128	36.14	106	26.88				
文学	117	55.30	88	24.65	12	3.12	12	3.12
医药卫生	449	880.72	355	865.18	19	31.55	17	31.45
农业科学	115	63.29	96	56.74				
综合								
其他	417	216.04	329	148.22	4	1.32	4	1.32

按内容分类全国各地区录像制品出版品种、数量（DVD－V）

单位：种、万盒（张）

	录像制品		教育		影视作品		音乐舞蹈		社会科学		语言	
	种数	出版数量	种数	出版数量	种数	出版数量	种数	出版数量	种数	出版数量	种数	出版数量
全国总计	**4110**	**4556.27**	**1413**	**2199.60**	**367**	**526.39**	**567**	**227.25**	**452**	**299.95**	**85**	**51.61**
中　央	**1859**	**2890.63**	**711**	**1267.86**	**117**	**340.84**	**130**	**107.44**	**270**	**219.11**	**64**	**43.56**
地　方	**2251**	**1665.64**	**702**	**931.74**	**250**	**185.55**	**437**	**119.80**	**182**	**80.84**	**21**	**8.06**
北　京	53	25.20	10	5.45			1	0.20	2	6.00	2	1.00
天　津	5	1.90	3	0.90	1	0.90						
河　北	7	4.00										
山　西	43	7.74	9	2.90	10	1.88	4	0.40	14	1.96		
内蒙古	20	4.62			6	2.06	7	1.89				
辽　宁	115	114.06	2	3.41	55	79.60	5	5.00	5	2.80	6	3.00
吉　林	83	18.88	34	12.81	4	1.20	2	0.50				
黑龙江	20	2.06	17	1.76			2	0.10				
上　海	393	752.08	189	676.38			134	39.07				
江　苏	99	46.91	54	29.98	7	4.80	10	1.10	2	3.51	7	0.80
浙　江	73	21.98	19	7.66	8	2.31	3	0.70	2	1.40		
安　徽	55	10.39	19	3.88	2	1.10	3	0.90	4	1.72		
福　建	28	16.72	5	1.08	10	10.40	1	0.30	3	0.25		
江　西	14	10.45	6	1.95								
山　东	177	102.38	30	15.29	16	20.60	52	8.95	14	4.75	2	1.90
河　南	137	43.79	17	1.80	5	1.20	6	0.80	20	3.13		
湖　北	45	27.92	23	22.62	3	0.90	3	0.25	8	2.40		
湖　南	170	89.41	125	32.06	9	22.42				3.00		
广　东	157	61.11	33	21.64	90	22.51	8	1.30	2	1.05		
广　西	36	14.85	19	8.80	2	0.35	11	4.70				
海　南	3	0.40			1	0.20	1	0.05				
重　庆	44	10.26	17	5.71			8	1.43	18	2.13		
四　川	44	67.15	20	54.22			14	7.06	1	0.60		
贵　州												
云　南	143	34.36	15	4.50	1	0.20	101	25.36	9	2.60		
西　藏	41	18.25	1	0.30	2	2.10	4	1.95	31	12.40	1	0.40
陕　西	55	20.52	18	6.70	1		16	3.11	6	6.20	1	0.40
甘　肃	11	1.84	7	0.39	1	0.90	1	0.20	1	0.20		
青　海	30	13.55	2	0.60	7	3.50	15	7.40				
宁　夏	6	1.60			1	0.60	4	0.80				
新　疆	144	121.26	8	8.96	8	5.82	21	6.29	40	24.73	2	0.56
兵　团												

按内容分类全国各地区录像制品出版品种、数量（续表1）（DVD－V）

单位：种、万盒（张）

	体育		文学		医药卫生		农业科学		综合		其他	
	种数	出版数量	种数	出版数量	种数	出版数量	种数	出版数量	种数	出版数量	种数	出版数量
全国总计	**128**	**36.14**	**117**	**55.30**	**449**	**880.72**	**115**	**63.29**			**617**	**339.90**
中　央	**72**	**27.63**	**10**	**4.57**	**185**	**728.11**	**84**	**59.39**			**216**	**92.13**
地　方	**56**	**8.51**	**107**	**50.72**	**264**	**152.61**	**31**	**3.90**			**201**	**123.91**
北　京	14	1.40	7	1.40	4	4.15					13	5.60
天　津					1	0.10						
河　北					4	2.30					3	1.70
山　西					5	0.50	1	0.10				
内蒙古			1	0.10							6	0.57
辽　宁	2	1.40	1	0.05	13	3.50					26	15.30
吉　林			41	4.37			2					
黑龙江											1	0.20
上　海					24	7.64					46	28.99
江　苏	2	0.25	4	1.72	4	2.30					9	2.45
浙　江					23	8.31	12	1.10			6	0.50
安　徽	20	1.90			5	0.88					2	0.01
福　建											9	4.69
江　西					1	1.50					7	7.00
山　东	8	1.25	1	0.10	14	8.22					40	41.32
河　南	1	0.10			83	34.06					5	2.70
湖　北					2	0.45					6	1.30
湖　南			30	29.68	5	1.05	1	1.20				
广　东	7	2.11	11	9.80	2	1.40					4	1.30
广　西											4	1.01
海　南	1	0.10		0.05								
重　庆											1	1.00
四　川					1	0.15					8	5.12
贵　州												
云　南					2	0.20	15	1.50				
西　藏			2	1.10								
陕　西	1		2	1.30	8	1.30					2	1.51
甘　肃			1	0.15								
青　海			4	0.45							2	1.60
宁　夏					1	0.20						
新　疆			2	0.45	62	74.40					1	0.05
兵　团												

按内容分类全国各地区录像制品出版品种、数量（续表2）
（VCD）

单位：种、万盒（张）

	录像制品		教育		影视作品		音乐舞蹈		社会科学		语言	
	种数	出版数量	种数	出版数量	种数	出版数量	种数	出版数量	种数	出版数量	种数	出版数量
全国总计	**1297**	**1418.54**	**610**	**1264.96**	**1**	**1.68**	**402**	**74.79**	**3**	**0.92**	**8**	**15.50**
中　　央	**578**	**1082.13**	**336**	**1009.00**			**9**	**11.71**	**1**	**0.21**	**2**	**11.10**
地　　方	**719**	**336.41**	**274**	**255.96**	**1**	**1.68**	**393**	**63.08**	**2**	**0.71**	**6**	**4.40**
北　　京												
天　　津												
河　　北	11	7.22	11	7.22								
山　　西												
内 蒙 古												
辽　　宁	8	4.50	4	3.30								
吉　　林	25	2.08	17	1.70			1	0.10				
黑 龙 江												
上　　海	477	127.65	92	68.86			383	58.27				
江　　苏	15	3.82	15	3.51						0.31		
浙　　江	23	14.16	16	12.41			5	1.35	2	0.40		
安　　徽												
福　　建												
江　　西	46	11.20	22	8.00								
山　　东	12	7.20	12	7.20								
河　　南												
湖　　北	20	8.80	20	8.80								
湖　　南	48	89.97	48	89.97								
广　　东	5	41.24	2	40.00								
广　　西	5	7.98			1	1.68	2	3.06				
海　　南												
重　　庆	3	2.60	3	2.60								
四　　川	2	0.30					2	0.30				
贵　　州												
云　　南												
西　　藏												
陕　　西	7	5.30									6	4.40
甘　　肃	12	2.40	12	2.40								
青　　海												
宁　　夏												
新　　疆												
兵　　团												

按内容分类全国各地区录像制品出版品种、数量（续表3）
（VCD）

单位：种、万盒（张）

	体育		文学		医药卫生		农业科学		综合		其他	
	种数	出版数量	种数	出版数量	种数	出版数量	种数	出版数量	种数	出版数量	种数	出版数量
全国总计	**8**	**2.2**	**7**	**0.28**	**14**	**6.10**	**159**	**21.37**			**85**	**30.74**
中　　央	**8**	**2.2**			**9**	**4.69**	**135**	**18.17**			**78**	**25.05**
地　　方			**7**	**0.28**	**5**	**1.41**	**24**	**3.20**			**7**	**5.69**
北　　京												
天　　津												
河　　北												
山　　西												
内 蒙 古												
辽　　宁					4	1.20						
吉　　林			7	0.28								
黑 龙 江												
上　　海					1	0.21					1	0.31
江　　苏												
浙　　江												
安　　徽												
福　　建												
江　　西							24	3.20				
山　　东												
河　　南												
湖　　北												
湖　　南												
广　　东											3	1.24
广　　西											2	3.24
海　　南												
重　　庆												
四　　川												
贵　　州												
云　　南												
西　　藏												
陕　　西											1	0.90
甘　　肃												
青　　海												
宁　　夏												
新　　疆												
兵　　团												

按内容分类全国各地区录像制品出版品种、数量（续表4）
（其他）

单位：种、万盒（张）

	录像制品		教育		影视作品		音乐舞蹈		社会科学		语言	
	种数	出版数量	种数	出版数量	种数	出版数量	种数	出版数量	种数	出版数量	种数	出版数量
全国总计	**105**	**59.94**	**17**	**4.27**	**37**	**14.90**	**2**	**0.12**	**9**	**0.45**	**5**	**4.21**
中　　央	**64**	**18.00**	**7**	**2.65**	**36**	**10.90**					**4**	**2.91**
地　　方	**41**	**41.94**	**10**	**1.62**	**1**	**4.00**	**2**	**0.12**	**9**	**0.45**	**1**	**1.30**
北　　京												
天　　津												
河　　北												
山　　西	2	0.10	2	0.10								
内 蒙 古												
辽　　宁	14	0.75	3	0.15			1	0.10	9	0.45		
吉　　林	1	0.30	1	0.30								
黑 龙 江												
上　　海	4	0.98	3	0.97			1	0.02				
江　　苏												
浙　　江												
安　　徽												
福　　建												
江　　西												
山　　东	1	0.05										
河　　南												
湖　　北												
湖　　南	1	1.30									1	1.30
广　　东	3	7.10	1	0.10	1	4.00						
广　　西												
海　　南												
重　　庆												
四　　川												
贵　　州												
云　　南												
西　　藏												
陕　　西												
甘　　肃												
青　　海												
宁　　夏												
新　　疆	15	31.35										
兵　　团												

按内容分类全国各地区录像制品出版品种、数量（续表5）
（其他）

单位：种、万盒（张）

	体育		文学		医药卫生		农业科学		综合		其他	
	种数	出版数量	种数	出版数量	种数	出版数量	种数	出版数量	种数	出版数量	种数	出版数量
全国总计			**12**	**3.12**	**19**	**31.55**					**4**	**1.32**
中　　央			**11**	**0.12**	**2**	**0.10**					**4**	**1.32**
地　　方			**1**	**3.00**	**17**	**31.45**						
北　　京												
天　　津												
河　　北												
山　　西												
内 蒙 古												
辽　　宁					1	0.05						
吉　　林												
黑 龙 江												
上　　海												
江　　苏												
浙　　江												
安　　徽												
福　　建												
江　　西												
山　　东					1	0.05						
河　　南												
湖　　北												
湖　　南												
广　　东			1	3.00								
广　　西												
海　　南												
重　　庆												
四　　川												
贵　　州												
云　　南												
西　　藏												
陕　　西												
甘　　肃												
青　　海												
宁　　夏												
新　　疆					15	31.35						
兵　　团												

全国电子出版物出版品种、数量汇总表

单位：种、万张

	电子出版物					只读光盘（CD－ROM）			
	合计		其中：新版		发行数量	合计		其中：新版	
	种数	数量	种数	数量		种数	数量	种数	数量
全国总计	**10091**	**21438.38**	**5329**	**7918.79**	**24908.37**	**5692**	**17455.99**	**2826**	**5753.11**
中　　央	**6626**	**14790.07**	**3165**	**5521.18**	**18074.23**	**3504**	**11999.46**	**1495**	**4202.31**
地　　方	**3465**	**6648.31**	**2164**	**2397.62**	**6834.14**	**2188**	**5456.53**	**1331**	**1550.80**
北　　京	54	29.33	54	29.33	13.04	12	16.51	12	16.51
天　　津	42	13.63	41	11.83	12.74	23	5.63	23	5.63
河　　北									
山　　西	156	11.50	156	11.50	18.70	28	2.80	28	2.80
内 蒙 古	4	0.36	4	0.36	0.34	4	0.36	4	0.36
辽　　宁	222	311.89	134	153.87	234.32	200	303.64	125	152.52
吉　　林	104	43.32	104	43.32	40.15	53	38.01	53	38.01
黑 龙 江									
上　　海	754	1403.99	319	129.02	832.06	463	1218.71	157	64.95
江　　苏	472	2727.68	175	668.20	3042.44	315	2609.44	112	611.77
浙　　江	282	141.00	149	99.10	542.74	162	125.86	107	86.93
安　　徽	18	3.52	14	3.32	0.45	5	1.63	5	1.63
福　　建	41	24.58	32	20.46	19.05	18	8.66	18	8.66
江　　西	10	8.06	10	8.06	5.98	8	7.56	8	7.56
山　　东	246	233.29	224	213.66	274.10	145	207.43	135	196.07
河　　南	180	553.00	163	544.90	541.96	103	19.35	86	11.25
湖　　北	224	248.72	167	32.64	247.51	171	232.52	125	18.09
湖　　南	91	329.49	41	169.56	326.50	73	322.54	35	168.20
广　　东	82	93.91	47	63.59	209.44	80	93.31	45	62.99
广　　西	26	2.65	16	1.65	2.55	11	1.65	11	1.65
海　　南	3	1.36	2	1.31	1.31	1	0.11	1	0.11
重　　庆	154	200.43	78	129.33	155.50	107	103.96	56	51.68
四　　川	185	42.49	171	34.73	111.85	167	35.67	154	28.61
贵　　州									
云　　南	29	52.36	27	5.86	51.94	16	51.50	14	5.00
西　　藏									
陕　　西	33	44.34	25	3.84	46.68	15	41.48	10	1.73
甘　　肃	11	17.70	10	17.60	17.70	8	8.20	7	8.10
青　　海	1	0.60	1	0.60	0.60				
宁　　夏									
新　　疆	41	109.11			84.49				
兵　　团									

全国电子出版物出版品种、数量汇总表（续表）

单位：种、万张

	高密度只读光盘（DVD－ROM）				交互式光盘（CD－I）及其他			
	合计		其中：新版		合计		其中：新版	
	种数	数量	种数	数量	种数	数量	种数	数量
全国总计	**3296**	**2912.82**	**1952**	**1964.93**	**1103**	**1069.57**	**551**	**200.76**
中　央	**2276**	**1805.14**	**1334**	**1171.80**	**846**	**985.46**	**336**	**147.07**
地　方	**1020**	**1107.68**	**618**	**793.13**	**257**	**84.11**	**215**	**53.69**
北　京	28	11.82	28	11.82	14	1.00	14	1.00
天　津	10	4.40	9	2.60	9	3.60	9	3.60
河　北								
山　西	128	8.70	128	8.70				
内蒙古								
辽　宁	22	8.25	9	1.35				
吉　林	51	5.31	51	5.31				
黑龙江								
上　海	131	119.04	39	27.01	160	66.24	123	37.06
江　苏	147	118.10	53	56.30	10	0.14	10	0.14
浙　江	114	12.60	36	9.62	6	2.55	6	2.55
安　徽	11	1.85	7	1.65	2	0.04	2	0.04
福　建	23	15.92	14	11.79				
江　西	2	0.50	2	0.50				
山　东	92	23.81	80	15.54	9	2.05	9	2.05
河　南	77	533.65	77	533.65				
湖　北	26	10.95	15	9.30	27	5.25	27	5.25
湖　南	16	6.46	6	1.36	2	0.48		
广　东	2	0.60	2	0.60				
广　西	10	1.00			5	0.00	5	0.00
海　南	2	1.25	1	1.20				
重　庆	47	96.47	22	77.65				
四　川	8	4.82	7	4.12	10	2.00	10	2.00
贵　州								
云　南	13	0.86	13	0.86				
西　藏								
陕　西	15	2.11	15	2.11	3	0.76		
甘　肃	3	9.50	3	9.50				
青　海	1	0.60	1	0.60				
宁　夏								
新　疆	41	109.11						
兵　团								

五、出版物发行

全国新华书店系统、出版社自办发行单位出版物发行进、销、存情况

单位：万册（张、份、盒）、万元

	购进		销售		库存	
	数量	金额	数量	金额	数量	金额
全国总计	**2030884**	**26693829**	**1994465**	**25637427**	**678329**	**10824358**
中　　央	**246105**	**5795403**	**234921**	**5387497**	**150233**	**4280135**
地　　方	**1784779**	**20898426**	**1759544**	**20249930**	**528096**	**6544223**
北　　京	13684	377704	13274	350715	7923	254464
天　　津	12231	174817	12231	173352	4542	97800
河　　北	92373	1085232	88085	1080093	59153	168454
山　　西	50655	672081	46525	606278	16839	220086
内 蒙 古	15395	192011	15995	190283	3825	32884
辽　　宁	24511	303949	23767	296244	10693	234543
吉　　林	20760	298424	21426	308944	6318	112274
黑 龙 江	23013	302813	22517	294692	6051	88398
上　　海	45790	919378	50392	912633	19760	536201
江　　苏	185162	1940447	181156	1819529	59607	794081
浙　　江	116109	1651847	112101	1608716	60946	887712
安　　徽	102592	1206060	113692	1181938	19794	247675
福　　建	35555	379989	35782	381172	7636	82061
江　　西	76160	910192	77536	895639	9110	130546
山　　东	156019	1540030	153095	1492763	64830	526816
河　　南	147068	1195294	143758	1173325	15145	184029
湖　　北	70815	856061	75572	850365	8434	194505
湖　　南	145320	1839950	133260	1734327	42034	444916
广　　东	68463	778006	66055	725294	29173	289303
广　　西	55853	450870	54992	446431	5519	62026
海　　南	13900	161399	13774	152991	1639	22171
重　　庆	29915	452210	30791	446617	10849	182707
四　　川	67344	839150	64959	806323	13828	260075
贵　　州	36675	320979	35881	315926	3263	27512
云　　南	42341	520609	41653	512590	6775	105882
西　　藏	2647	31204	2814	32693	2231	7478
陕　　西	64129	641089	60303	614213	18747	197355
甘　　肃	34964	341619	34905	344113	3402	41907
青　　海	3356	36101	2755	32878	1415	12700
宁　　夏	4377	92946	4448	93761	610	12855
新　　疆	27605	385964	26052	375092	8004	84806

注：本表中购进、销售为总购进、总销售（按国家商品流通企业统计口径，包括新华书店系统内购销）。

全国新华书店系统、出版社自办发行单位出版物纯销售情况

单位：万元

	总计	零售			批给县以下单位或个人	出口
		合计	市、县	县以下		
全国总计	**7798865**	**7515938**	**6339127**	**1176811**	**261064**	**21863**
中　　央	**443168**	**405700**	**405099**	**601**	**20726**	**16743**
地　　方	**7355697**	**7110238**	**5934028**	**1176210**	**240338**	**5121**
北　　京	125100	124465	122945	1520		635
天　　津	48131	48084	47871	213		47
河　　北	354708	354283	259023	95259	426	
山　　西	273830	264129	203762	60367	9701	
内 蒙 古	16028	15952	15907	45	76	
辽　　宁	105935	105828	104666	1163	48	59
吉　　林	96241	94169	93865	304	2072	
黑 龙 江	166651	166651	165316	1335		
上　　海	212184	189665	189156	509	20387	2131
江　　苏	584753	541919	359471	182449	42816	17
浙　　江	592286	588814	570368	18446	3426	47
安　　徽	460951	459769	378775	80994	318	864
福　　建	169550	161340	130775	30565	7401	809
江　　西	304395	292605	275454	17152	11719	70
山　　东	533484	533484	439857	93627		
河　　南	432027	429784	235981	193803	2243	
湖　　北	87247	86522	74617	11905	505	220
湖　　南	691400	691075	564232	126843	325	
广　　东	248551	207305	191982	15323	41025	221
广　　西	163454	93317	66920	26397	70137	
海　　南	17412	17412	17412			
重　　庆	164947	164947	143230	21717		
四　　川	515604	514757	514561	197	846	
贵　　州	151134	141991	105938	36053	9143	
云　　南	231006	231006	160366	70640		
西　　藏	10595	10595	10488	107		
陕　　西	245028	227305	186962	40343	17723	
甘　　肃	146251	146251	99273	46979		
青　　海	9700	9700	9700			
宁　　夏	4573	4573	3174	1399		
新　　疆	192539	192539	191981	558		

注：纯销售额：指向读者实际销售的出版物以及直接向国外出口的出版物。

全国新华书店系统、出版社自办发行单位出版物销售分类情况

单位：万（册、张、份、盒）、万元

	2014年		2015年		增减（%）		2014年各类所占百分比		2015年各类所占百分比	
	数量	金额	数量	金额	数量	金额	数量	金额	数量	金额
销售总计	**1990456**	**24155210**	**1994465**	**25637427**	**0**	**6**	—	—	—	—
零售合计	**649818**	**7178775**	**647501**	**7515938**	**0**	**5**	**100.00**	**100.00**	**100.00**	**100.00**
图书	639268	6844800	637124	7144584	0	4	98.38	95.35	98.40	95.06
哲学、社会科学	24383	443147	25476	485048	4	9	3.75	6.17	3.93	6.45
文化、教育	532245	5162382	516316	5182394	-3	0	81.91	71.91	79.74	68.95
其中：中小学课本及教参	286329	2274008	251691	2175500	-12	-4	44.06	31.68	38.87	28.95
教辅读物	163364	1665623	184758	1991438	13	20	25.14	23.20	28.53	26.50
文学、艺术	23333	403083	24561	448550	5	11	3.59	5.61	3.79	5.97
自然科学、技术	15119	279560	15243	347864	1	24	2.33	3.89	2.35	4.63
综合	44188	556627	55528	680728	26	22	6.80	7.75	8.58	9.06
少年儿童读物	19020	241627	19441	268748	2	11	2.93	3.37	3.00	3.58
大中专教材、业余教育及教参	9702	203790	12231	243867	26	20	1.49	2.84	1.89	3.24
期刊	1827	100658	2842	119955	56	19	0.28	1.40	0.44	1.60
报纸	2068	21515	1165	12590	-44	-41	0.32	0.30	0.18	0.17
音像制品	5508	91510	4813	94416	-13	3	0.85	1.27	0.74	1.26
电子出版物	1147	83595	1557	95176	36	14	0.18	1.16	0.24	1.27
数字出版物	—	36697	—	49216	—	34	—	0.51	—	0.65
非出版物商品	—	1787163	—	2426386	—	36	—	—	—	—

注：非出版物商品销售额不含在销售总额中。

全国出版发行网点数量和人数

单位：处、人

	发行网点							新华书店系统出版社自办发行从业人数	
	合计	新华书店及其发行网点	供销社	出版社	邮政系统	新华书店系统外批发网点	集个体零售	全部职工	其中：新华书店及发行网点
全国总计	**163650**	**8918**	**537**	**425**	**37586**	**8368**	**107816**	**140667**	**130179**
中　　央	**83**	**3**		**80**				**1867**	**1032**
地　　方	**163567**	**8915**	**537**	**345**	**37586**	**8368**	**107816**	**138800**	**129147**
北　　京	8953	124		18	2347	1960	4504	5146	4634
天　　津	2383	68		13		189	2113	1343	1237
河　　北	7002	462		9	1455	194	4882	7292	6377
山　　西	3053	408		7	329	133	2176	6172	5500
内 蒙 古	1242	96		7		59	1080	2030	1901
辽　　宁	5885	136		33	1003	403	4310	4557	3777
吉　　林	2226	103		14	960	162	987	4702	3102
黑 龙 江	2186	173	53	5	350	129	1476	3057	2955
上　　海	5486	104		76	1723	341	3242	1868	1246
江　　苏	14018	875		18	2180	303	10642	8823	8684
浙　　江	11444	697		10	2481	302	7954	7739	7637
安　　徽	7975	607		11	3457	302	3598	5073	5008
福　　建	4038	110		18	1168	148	2594	3148	3080
江　　西	3820	538		7	21	192	3062	3655	3532
山　　东	8838	485		4	690	244	7415	7659	7639
河　　南	10430	1089		12	3167	319	5843	14009	12698
湖　　北	4858	109		14	600	520	3615	4260	3939
湖　　南	9533	353		13	4742	186	4239	8277	6945
广　　东	8583	410	484	2		639	7048	7870	7854
广　　西	3595	250		3	1670	142	1530	3410	3357
海　　南	763	27		5	426	49	256	1239	1200
重　　庆	4888	267		3	612	178	3828	3150	3150
四　　川	9532	151			3148	233	6000	7852	7852
贵　　州	3430	220		3	869	126	2212	1480	1438
云　　南	7280	234		8	1828	115	5095	3722	3708
西　　藏	178	93		2	12		71	475	465
陕　　西	4353	204		24	1577	268	2280	4811	4500
甘　　肃	2339	272		1	82	194	1790	2419	2357
青　　海	967	58			189	30	690	611	611
宁　　夏	1151	31		1	390	47	682	410	385
新　　疆	3138	161		4	110	261	2602	2541	2379

六、出版物印刷

全国出版物印刷生产情况

指标名称	企业家数	印刷产量		装订产量	用纸量
		黑白	彩色		
计量单位	个	万令	万对开色令	万令	万令
全国总计	**8910**	**30944.92**	**219634.12**	**31629.67**	**60698.24**
北　京	817	2100.01	15393.20	3158.66	4239.72
天　津	120	2702.77	65371.53	240.36	3855.48
河　北	731	1463.85	2720.37	2746.34	2474.86
山　西	166	298.00	2076.14	314.71	637.60
内蒙古	134	123.72	529.95	116.92	299.47
辽　宁	220	1928.26	2910.32	1071.55	645.43
吉　林	210	996.21	2709.80	445.16	1249.86
黑龙江	169	332.77	2174.14	378.01	608.91
上　海	244	492.52	11537.16	521.81	1128.30
江　苏	408	1249.80	5821.72	1281.83	3186.12
浙　江	683	1690.28	22001.80	1920.79	5325.12
安　徽	293	858.99	3876.95	999.02	1737.36
福　建	320	571.99	1612.95	447.01	852.46
江　西	140	980.63	1384.10	802.86	893.40
山　东	512	3333.94	28607.48	4206.21	8148.80
河　南	433	905.20	3964.43	1182.98	2383.50
湖　北	379	1317.64	3205.67	1592.40	2586.74
湖　南	404	1048.00	5506.45	1294.56	3805.62
广　东	874	3422.13	19987.41	4320.14	7256.12
广　西	175	1608.43	5376.65	1102.95	3421.66
海　南	26	71.10	493.18	55.04	144.80
重　庆	186	462.46	1133.29	413.10	684.33
四　川	235	1352.16	3528.18	1137.45	1607.09
贵　州	186	158.19	1591.54	145.15	369.66
云　南	152	367.13	1379.68	371.27	775.74
西　藏	27	35.28	78.37	29.05	76.70
陕　西	232	661.29	3078.83	775.33	1357.79
甘　肃	104	208.64	438.90	215.25	338.86
青　海	63	29.73	161.07	29.84	86.64
宁　夏	70	55.01	138.19	55.24	120.89
新　疆	197	118.79	844.67	258.68	399.21

全国出版物印刷企业财务情况

地区	单位数（家）	资产年末合计（万元）	负债年末合计（万元）	所有者权益年末合计（万元）	主营业务收入（万元）	营业利润（万元）	利润总额（万元）	年末平均人数（人）	增加值（万元）
全国总计	**8910**	**24016537**	**12028850**	**11969093**	**15079215**	**1103604**	**1297668**	**482937**	**5201213**
北　京	817	2787365	1418383	1368983	1395765	69405	88232	36986	514372
天　津	120	322708	189891	132816	147200	-3612	6557	5881	45097
河　北	731	1338965	533010	805955	752543	101624	115877	31767	291391
山　西	166	323992	158688	164966	165050	2593	2767	10515	55276
内蒙古	134	97230	52450	44781	63551	-813	2473	3101	21189
辽　宁	220	325475	194798	130398	192060	4515	9063	8159	70869
吉　林	210	847326	334160	513793	210800	107062	79288	7565	164953
黑龙江	169	183678	105318	78158	108276	-587	366	5321	37734
上　海	244	1858064	903899	954166	1115676	11880	88730	19208	310292
江　苏	408	1310740	671672	638943	838205	44880	49820	25091	290501
浙　江	683	2000102	1138461	860173	1330450	59204	66440	32628	354667
安　徽	293	702981	297795	405186	487845	50384	52982	12493	147028
福　建	320	690543	309108	381435	620101	45270	51507	16688	172128
江　西	140	519375	237214	282161	339242	20341	21751	9740	98740
山　东	512	1941424	865831	1062344	1688414	236140	240755	41507	538040
河　南	433	871665	501267	370397	527230	23903	37183	25087	167243
湖　北	379	710261	406327	303847	431374	10921	14578	18317	147672
湖　南	404	1081247	474821	604522	875448	120894	125628	19514	308656
广　东	874	2784539	1471498	1312740	1868385	85593	95691	73738	651779
广　西	175	545320	277439	267591	322484	22198	23837	10554	107225
海　南	26	51952	25260	26692	38528	2023	2124	1411	12890
重　庆	186	588968	312080	276888	362656	30418	33708	14170	210943
四　川	235	442657	288149	154508	223196	13657	20579	8639	81351
贵　州	186	144399	76815	66608	84150	6153	6345	4448	36382
云　南	152	410291	197196	213096	230265	14939	21410	8498	98128
西　藏	27	48353	18511	29842	20722	736	1613	1035	10962
陕　西	232	573751	296268	277483	374179	28464	28885	16939	121655
甘　肃	104	160493	87923	72570	97925	2751	3297	5417	39028
青　海	63	48094	23632	24462	31074	139	1231	2000	13654
宁　夏	70	51205	29670	21535	24697	730	1289	1177	10796
新　疆	197	253374	131319	122055	111720	-8200	3661	5342	70571

七、出版物进出口

全国图书、期刊、报纸进出口情况

		出口		进口	
		数量（万册、份）	金额（万美元）	数量（万册、份）	金额（万美元）
总 计		**1552.63**	**5726.74**	**2811.75**	**30557.53**
图书	合 计	1278.75	5221.67	1418.78	14499.25
	哲学、社会科学	129.06	1589.45	52.20	1849.17
	文化、教育	172.72	798.88	229.66	3017.71
	文学、艺术	162.81	939.98	180.92	2147.42
	自然、科学技术	48.85	317.32	47.47	2238.68
	少儿读物	556.11	482.41	487.48	1614.04
	综合性图书	209.20	1093.63	421.05	3632.23
期 刊		240.35	461.64	357.66	14323.10
报 纸		33.53	43.43	1035.31	1735.18

注：以上数据为全国有出版物进口经营许可证的出版物进出口经营单位数据。

全国音像、电子出版物进出口情况

		出口		进口	
		数量（盒、张）	金额（万美元）	数量（盒、张）	金额（万美元）
总 计		**9409.00**	**136.76**	**116213.00**	**24207.67**
录音	合 计	5403.00	7.53	108666.00	99.54
	录音带（AT）	77.00	0.05		
	激光唱片（CD）	1057.00	0.64	108666.00	99.54
	数码激光唱盘（DVD－A）	4269.00	6.84		
录像	合 计	3722.00	2.36	7547.00	9.19
	录像带（VT）	11.00	0.02		
	数码激光视盘（DVD－V）	3711.00	2.34	7547.00	9.19
	数码激光视盘（VCD）				
电子出版物		284.00	14.77		
数字出版物		—	112.10	—	24098.94

注：以上数据为全国有出版物进口经营许可证的出版物进出口经营单位数据。

八、版权管理及贸易

全国版权合同登记情况统计

单位：份

	合　计	图　书	期　刊	音像制品	电子出版物	软　件	电　影	电视节目	其　他
合　　计	**19030**	**15964**	**121**	**1688**	**190**	**762**	**2**	**4**	**299**
中国版权保护中心	**1718**			1590	19	109			
北　京	**8945**	8686	120		111	28			
天　津	**300**	278		4	18				
河　北	**130**	130							
山　西	**43**	43							
内蒙古									
辽　宁	**185**	181				4			
吉　林	**182**	182							
黑龙江	**64**	64							
上　海	**1277**	1083		92	35				67
江　苏	**1087**	658			7	422			
浙　江	**551**	368				183			
安　徽	**318**	318							
福　建	**75**	74	1						
江　西	**334**	334							
山　东	**403**	403							
河　南	**529**	529							
湖　北	**389**	389							
湖　南	**209**	205		2			2		
广　东	**442**	205				1		4	232
广　西	**282**	282							
海　南	**110**	110							
重　庆	**360**	360							
四　川	**306**	306							
贵　州	**17**	17							
云　南	**109**	109							
西　藏									
陕　西	**634**	619				15			
甘　肃									
青　海									
宁　夏	**5**	5							
新　疆	**26**	26							

全国作品自愿登记情况统计

单位：份

	合计	文字	口述	音乐	曲艺	舞蹈	杂技	美术	摄影	建筑	影视	设计图	地图	模型	其他
合　计	**1349552**	**485539**	**4**	**2839**	**90**	**119**	**5**	**279884**	**540722**	**163**	**13820**	**4003**	**309**	**144**	**21911**
中国版权保护中心	**236080**	19991		392	43	75		83779	121734	1	4471	762		1	4831
北　京	**601014**	228199		265		5	1	4605	357914		79	697	6	26	9217
天　津	**137**	71		1				59	2		3		1		
河　北	**259**	128		8				120							3
山　西	**124**	36		16				31	1		5	1		32	2
内蒙古	**199**	31		19		2		103	8	19			1		16
辽　宁	**10337**	5983		92				1012	1		1	1	20		3227
吉　林	**1186**	278		368				367	4						169
黑龙江	**1396**	986		99		1	1	230	73		4				2
上　海	**199148**	181001		142				9607	3193		4581	41	72	13	498
江　苏	**109377**	15367		203	1	20	2	49057	39463	5	2125	1178	105	4	1847
浙　江	**15354**	391		130	2			14179	478		57	9			108
安　徽	**1440**	939		12				399	47		41				2
福　建	**38447**	439		92	6			37482	21	77	100	140	1	2	87
江　西	**3372**	221		282				2148	54		657			3	7
山　东	**50200**	23525	3	32	18	1		15665	10360	3	51	323	10	42	167
河　南	**643**	222		40	5	1		344	1		16	2			12
湖　北	**10129**	1853		30	1	2	1	7171	868	2	83	107	10	1	
湖　南	**2698**	540		26				1544	206	50	293	7	20	1	11
广　东	**20347**	942		138		1		14017	2964	6	128	659	26	18	1448
广　西	**241**	93		66	2	1		70			1	1			7
海　南	**113**	31		15				53			13				1
重　庆	**40667**	1258		74				34986	3138		979	46	10	1	175
四　川	**3002**	1575		47		9		1281	37		23	25	1		4
贵　州	**220**	7						204	4		4				1
云　南	**299**	65		42				89	103						
西　藏															
陕　西	**1808**	1158		24	8			508			103				7
甘　肃	**156**	35		3	4			103	3			3			5
青　海	**54**	15						30					4		5
宁　夏	**178**	64	1	53				58			2				
新　疆	**927**	95		128		1		583	45			1	22		52

引进版权汇总表

	合　计	图　书	录音制品	录像制品	电子出版物	软　件	电　影	电视节目	其　他
引进版权总数（项）	**16467**	**15458**	**133**	**90**	**292**	**34**	**324**	**136**	
原版权所在国家或地区名称									
美国	5251	4840	34	68	120	13	157	19	
英国	2802	2677	7	17	55	5	1	40	
德国	815	783	9	1	15	6		1	
法国	999	959	2		30	3		5	
俄罗斯	87	86				1			
加拿大	153	151			1			1	
新加坡	242	240						2	
日本	1771	1724	13		31	1		2	
韩国	883	826	2	1	6			48	
香港地区	333	159	13		5		154	2	
澳门地区	1	1							
台湾地区	1117	1052	43	1	7	1	10	3	
其他	2013	1960	10	2	22	4	2	13	

输出版权汇总表

	合　计	图　书	录音制品	录像制品	电子出版物	软　件	电　影	电视节目	其　他
输出版权总数（项）	**10471**	**7998**	**217**		**650**	**2**		**1511**	**93**
版权购买者所在国家或地区名称									
美国	1185	887			168			124	6
英国	708	546			36			60	66
德国	467	380			27			60	
法国	199	138				1		60	
俄罗斯	135	135							
加拿大	144	81						63	
新加坡	555	262	63		87			123	20
日本	313	285	11		16			1	
韩国	654	619	25		8			2	
香港地区	499	311			60	1		127	
澳门地区	99	31						68	
台湾地区	1857	1643			144			70	
其他	3656	2680	118		104			753	1

全国版权执法情况表

单位：件，个，条，元，%

案件查处情况				收缴盗版品情况			
项　目	上年度数量	本年度数量	同比增减	项　目	上年度数量	本年度数量	同比增减
行政处罚数量	4728	3477	－26.46	合 计	16665890	11420929	－31.47
案件移送数量	366	160	－56.28	书 刊	6117975	5396752	－11.79
检查经营单位数量	1063061	846140	－20.41	软 件	673163	368499	－45.26
取缔违法经营单位数量	8686	9340	7.53	音像制品	9224736	3734808	－59.51
查获地下窝点数量	482	392	－18.67	电子出版物	333876	177506	－46.83
其中：地下光盘生产线	4	0	－100.00	其 他	316140	669196	111.68
违法经营网站服务器	794	475	－40.18	未分类项		1074168	
罚款金额	13499937	9746538	－27.80				

九、出版机构、人员及单位名录

各地区图书、音像、出版物印刷、物资机构数及职工人数

单位：处、人

	图书出版社		出版物印刷厂	印刷物资公司		音像出版单位	
	机构数	职工人数	机构数	机构数	职工人数	机构数	职工人数
全国总计	**584**	**67103**	**8910**	**17**	**821**	**368**	**4159**
中　　央	**219**	**29298**				**138**	
地　　方	**365**	**37805**	**8910**	**17**	**821**	**230**	**897**
北　　京	19	911	817			10	85
天　　津	12	882	120	1	36	7	60
河　　北	8	915	731			5	44
山　　西	8	672	166	2	150	3	82
内 蒙 古	7	546	134			1	14
辽　　宁	18	1583	220			17	85
吉　　林	15	1920	210			9	63
黑 龙 江	13	834	169	1		6	21
上　　海	40	3558	244	1		27	484
江　　苏	18	3090	408	1		7	134
浙　　江	14	1154	683			7	71
安　　徽	11	1091	293			7	175
福　　建	11	730	320	1	26	5	233
江　　西	7	1138	140	1	53	5	122
山　　东	17	1638	512	1	253	14	110
河　　南	12	2248	433	1		5	312
湖　　北	14	1907	379	1	121	6	123
湖　　南	13	1379	404	1	154	12	121
广　　东	19	1406	874	1		22	278
广　　西	8	1098	175			5	48
海　　南	4	366	26			2	
重　　庆	3	1850	186			6	36
四　　川	16	1472	235	1		10	232
贵　　州	6	304	186	2	28	2	2
云　　南	8	788	152			8	53
西　　藏	2	125	27			2	17
陕　　西	17	1764	232			11	43
甘　　肃	9	324	104			3	60
青　　海	2	165	63			2	14
宁　　夏	3	925	70			1	10
新　　疆	11	1022	197	1		3	130

注：全国图书出版社584家，其中含副牌社33家，新疆包含新疆生产建设兵团数据。

全国图书出版单位名录

中央出版单位

单位名称	单位名称	单位名称
人民出版社	光明日报出版社	人民邮电出版社
东方出版社（副牌）	国际文化出版公司	社会科学文献出版社
生活·读书·新知三联书店	国家行政学院出版社	石油工业出版社
人民文学出版社	海洋出版社	时事出版社
天天出版社	航空工业出版社	世界知识出版社
商务印书馆	红旗出版社	台海出版社
中华书局	华龄出版社	团结出版社
人民美术出版社	华文出版社	外文出版社
人民音乐出版社	华夏出版社	华语教学出版社
华乐出版社（副牌）	化学工业出版社	海豚出版社
中国大百科全书出版社	机械工业出版社	万国学术出版社
知识出版社（副牌）	教育科学出版社	世界图书出版公司
中译出版社	金城出版社	文化艺术出版社
文化发展出版社	经济管理出版社	文物出版社
现代出版社	经济科学出版社	五洲传播出版社
荣宝斋出版社	经济日报出版社	西苑出版社
连环画出版社（副牌）	九州出版社	线装书局
中国书籍出版社	开明出版社	新华出版社
中国盲文出版社	科学出版社	新世界出版社
求真出版社（副牌）	龙门书局（副牌）	新星出版社
中国 ISBN 中心	科学技术文献出版社	学习出版社
商务印书馆国际有限公司	科学普及出版社	学苑出版社
国家图书馆出版社	中国科学技术出版社（副牌）	冶金工业出版社
兵器工业出版社	煤炭工业出版社	中国宇航出版社
朝华出版社	民主与建设出版社	语文出版社
书法出版社	民族出版社	原子能出版社
当代世界出版社	企业管理出版社	中共党史出版社
当代中国出版社	气象出版社	中共中央党校出版社
党建读物出版社	群言出版社	中国质检出版社
地震出版社	群众出版社	中国财政经济出版社
地质出版社	人民法院出版社	中国藏学出版社
电子工业出版社	人民交通出版社	中国城市出版社
法律出版社	人民教育出版社	中国大地出版社
方志出版社	人民日报出版社	中国地图出版社
高等教育出版社	人民体育出版社	测绘出版社（副牌）
中国工商出版社	人民卫生出版社	中国电力出版社

全国图书出版单位名录（续表1）

中央出版单位

单位名称	单位名称	单位名称
中国海关出版社	中国摄影出版社	对外经济贸易大学出版社
中国电影出版社	中国社会出版社	清华大学出版社
中国商务出版社	中国社会科学出版社	外语教学与研究出版社
中国发展出版社	中国时代经济出版社	中国农业大学出版社
中国法制出版社	中国石化出版社	中国人民大学出版社
中国方正出版社	中国水利水电出版社	中国人民公安大学出版社
中国纺织出版社	中国税务出版社	中国政法大学出版社
中国妇女出版社	中国铁道出版社	中央广播电视大学出版社
中国工人出版社	中国统计出版社	中央民族大学出版社
中国广播影视出版社	中国文联出版社	解放军出版社
中国国际广播出版社	中国文史出版社	长虹出版公司（副牌）
中国和平出版社	中国市场出版社	解放军文艺出版社
中国华侨出版社	中国物资出版社	昆仑出版社（副牌）
中国画报出版社	中国戏剧出版社	金盾出版社
中国环境出版社	中国协和医科大学出版社	军事科学出版社
中国计划出版社	中国言实出版社	军事医学出版社
中国质检出版社	中国医药科技出版社	军事谊文出版社
中国检察出版社	中国友谊出版公司	蓝天出版社
中国建材工业出版社	中国致公出版社	人民军医出版社
中国建筑工业出版社	中国中医药出版社	星球地图出版社
中国金融出版社	中华工商联合出版社	长城出版社
中国经济出版社	中信出版社	长征出版社
中国劳动社会保障出版社	中央编译出版社	国防大学出版社
中国林业出版社	中央文献出版社	国防工业出版社
中国旅游出版社	中医古籍出版社	新时代出版社（副牌）
中国民航出版社	知识产权出版社	海潮出版社
中国民主法制出版社	故宫出版社	中国航海图书出版社（副牌）
中国民族摄影艺术出版社	宗教文化出版社	华艺出版社
中国农业出版社	作家出版社	研究出版社
农村读物出版社（副牌）	北京大学出版社	北京交通大学出版社
中国农业科学技术出版社	中国传媒大学出版社	人民武警出版社
中国青年出版社	北京航空航天大学出版社	中国长安出版社
中国轻工业出版社	北京理工大学出版社	中央音乐学院出版社
中国人口出版社	北京师范大学出版社	现代教育出版社
中国人事出版社	北京体育大学出版社	生活书店出版公司
中国三峡出版社	北京邮电大学出版社	
中国商业出版社	北京语言大学出版社	
中国少年儿童出版社	北京大学医学出版社	

全国图书出版单位名录（续表2）

地方出版单位

单位名称	单位名称	单位名称
北京	**河北**	辽宁美术出版社
北京出版社	河北人民出版社	辽宁民族出版社
北京人民出版社（副牌）	河北教育出版社	辽宁少年儿童出版社
北京教育出版社（副牌）	河北科学技术出版社	大连出版社
北京美术摄影出版社（副牌）	河北美术出版社	沈阳出版社
北京少年儿童出版社（副牌）	河北少年儿童出版社	大连海事大学出版社
北京十月文艺出版社（副牌）	花山文艺出版社	大连理工大学出版社
文津出版社（副牌）	河北大学出版社	东北财经大学出版社
北京日报出版社	燕山大学出版社	东北大学出版社
北京科学技术出版社	**山西**	辽宁大学出版社
北京工艺美术出版社	山西人民出版社	辽宁师范大学出版社
北京燕山出版社	书海出版社（副牌）	白山出版社
北京联合出版公司	北岳文艺出版社	**吉林**
中国书店	三晋出版社	吉林出版集团
北京工业大学出版社	山西教育出版社	吉林人民出版社
首都经济贸易大学出版社	山西经济出版社	北方妇女儿童出版社
首都师范大学出版社	山西科学技术出版社	吉林教育出版社
旅游教育出版社	希望出版社	吉林科学技术出版社
北京时代华文书局	**内蒙古**	吉林美术出版社
北京华语联合出版公司	内蒙古人民出版社	吉林摄影出版社
天津	内蒙古科学技术出版社	吉林文史出版社
天津人民出版社	内蒙古少年儿童出版社	时代文艺出版社
百花文艺出版社	内蒙古文化出版社	长春出版社
天津古籍出版社	远方出版社	延边人民出版社
天津教育出版社	内蒙古大学出版社	延边教育出版社
新蕾出版社	内蒙古教育出版社	东北师范大学出版社
天津科学技术出版社	**辽宁**	吉林大学出版社
天津人民美术出版社	辽宁人民出版社	延边大学出版社
天津社会科学院出版社	春风文艺出版社（副牌）	**黑龙江**
天津杨柳青画社	辽海出版社	黑龙江人民出版社
天津科技翻译出版公司	万卷出版公司	北方文艺出版社
南开大学出版社	辽宁教育出版社	黑龙江朝鲜民族出版社
天津大学出版社	辽宁科学技术出版社	黑龙江教育出版社

全国图书出版单位名录（续表3）

地方出版单位

单位名称	单位名称	单位名称
黑龙江美术出版社	上海财经大学出版社	苏州大学出版社
黑龙江少年儿童出版社	上海社会科学院出版社	中国矿业大学出版社
哈尔滨出版社	文汇出版社	广陵书社
哈尔滨地图出版社	复旦大学出版社	**浙江**
黑龙江科学技术出版社	华东理工大学出版社	浙江人民出版社
东北林业大学出版社	华东师范大学出版社	杭州出版社
黑龙江大学出版社	上海交通大学出版社	宁波出版社
哈尔滨工程大学出版社	上海外语教育出版社	浙江古籍出版社
哈尔滨工业大学出版社	同济大学出版社	浙江教育出版社
上海	上海大学出版社	浙江科学技术出版社
上海人民出版社	上海浦江教育出版社	浙江人民美术出版社
上海中西书局	东华大学出版社	浙江少年儿童出版社
格致出版社	第二军医大学出版社	浙江摄影出版社
上海人民美术出版社	上海音乐学院出版社	浙江文艺出版社
上海三联书店	中国福利会出版社	西泠印社出版社
上海辞书出版社	东方出版中心	浙江大学出版社
上海古籍出版社	中华地图学社	中国美术学院出版社
上海锦绣文章出版社	**江苏**	浙江工商大学出版社
上海教育出版社	江苏人民出版社	**安徽**
上海科技教育出版社	凤凰出版社	安徽人民出版社
上海科学技术出版社	江苏教育出版社	安徽教育出版社
上海书店	江苏科学技术出版社	安徽科学技术出版社
上海书画出版社	江苏美术出版社	安徽美术出版社
上海文艺出版社	江苏少年儿童出版社	安徽少年儿童出版社
上海文化出版社	江苏文艺出版社	安徽文艺出版社
上海音乐出版社	译林出版社	黄山书社
上海译文出版社	南京出版社	安徽大学出版社
上海远东出版社	古吴轩出版社	中国科学技术大学出版社
少年儿童出版社	东南大学出版社	合肥工业大学出版社
学林出版社	河海大学出版社	安徽师范大学出版社
上海科学技术文献出版社	江苏大学出版社	**福建**
上海科学普及出版社	南京大学出版社	福建人民出版社
立信会计出版社	南京师范大学出版社	鹭江出版社（副牌）

全国图书出版单位名录（续表4）

地方出版单位

单位名称	单位名称	单位名称
福建科学技术出版社	中国石油大学出版社	湖南教育出版社
福建美术出版社	黄河出版社	湖南科学技术出版社
福建少年儿童出版社	**河南**	湖南美术出版社
海峡书局出版社	河南人民出版社	湖南少年儿童出版社
海峡文艺出版社	文心出版社（副牌）	湖南文艺出版社
福建教育出版社	大象出版社	岳麓书社
福建地图出版社	海燕出版社	湖南大学出版社
厦门大学出版社	河南科学技术出版社	湖南师范大学出版社
海风出版社	河南美术出版社	中南大学出版社
江西	河南文艺出版社	国防科技大学出版社
江西人民出版社	中原农民出版社	湘潭大学出版社
百花洲文艺出版社	中州古籍出版社	**广东**
二十一世纪出版社	河南大学出版社	广东人民出版社
江西教育出版社	郑州大学出版社	广东教育出版社
江西科学技术出版社	黄河水利出版社	广东经济出版社
江西美术出版社	**湖北**	广东科技出版社
江西高校出版社	湖北人民出版社	花城出版社
山东	崇文书局	岭南美术出版社
山东人民出版社	长江文艺出版社	广东新世纪出版社
齐鲁书社	湖北教育出版社	广东高等教育出版社
明天出版社	湖北科学技术出版社	广东旅游出版社
山东画报出版社	湖北美术出版社	广东地图出版社
山东教育出版社	长江少年儿童出版社	广州出版社
山东科学技术出版社	武汉出版社	海天出版社
山东美术出版社	中国地质大学出版社	汕头大学出版社
山东文艺出版社	华中科技大学出版社	中山大学出版社
山东友谊出版社	华中师范大学出版社	华南理工大学出版社
泰山出版社	武汉大学出版社	暨南大学出版社
济南出版社	武汉理工大学出版社	羊城晚报出版社
青岛出版社	长江出版社	南方日报出版社
山东地图出版社	**湖南**	深圳报业集团出版社
中国海洋大学出版社	湖南人民出版社	**广西**
山东大学出版社	湖南地图出版社	广西人民出版社

全国图书出版单位名录（续表5）

地方出版单位

单位名称	单位名称	单位名称
漓江出版社	**贵州**	西北大学出版社
广西教育出版社	贵州人民出版社	西北工业大学出版社
广西科学技术出版社	贵州教育出版社	第四军医大学出版社
广西美术出版社	贵州科学技术出版社	西北农林科技大学出版社
接力出版社	贵州民族出版社	**甘肃**
广西民族出版社	贵州大学出版社	甘肃人民出版社
广西师范大学出版社	孔学堂书局	甘肃少年儿童出版社（副牌）
海南	**云南**	甘肃教育出版社（副牌）
海南出版社	云南人民出版社	甘肃科学技术出版社（副牌）
三环出版社（副牌）	晨光出版社	甘肃民族出版社（副牌）
南方出版社	云南教育出版社	甘肃人民美术出版社（副牌）
南海出版公司	云南科学技术出版社	敦煌文艺出版社（副牌）
重庆	云南美术出版社	甘肃文化出版社
重庆出版社	德宏民族出版社	兰州大学出版社
重庆大学出版社	云南民族出版社	**青海**
西南师范大学出版社	云南大学出版社	青海人民出版社
四川	**西藏**	青海民族出版社（副牌）
四川人民出版社	西藏人民出版社	**宁夏**
巴蜀书社	藏文古籍出版社	宁夏人民出版社
成都地图出版社	**陕西**	阳光出版社（副牌）
成都时代出版社	陕西人民出版社	宁夏人民教育出版社（副牌）
四川辞书出版社	三秦出版社	**新疆**
四川教育出版社	陕西科学技术出版社	新疆人民出版社
四川科学技术出版社	陕西人民教育出版社	喀什维吾尔文出版社
四川美术出版社	陕西人民美术出版社	新疆人民卫生出版社
四川民族出版社	太白文艺出版社	新疆科学技术出版社
四川少年儿童出版社	未来出版社	新疆美术摄影出版社
四川文艺出版社	西安出版社	克孜勒苏柯尔克孜文出版社
天地出版社	陕西旅游出版社	新疆教育出版社
电子科技大学出版社	西安地图出版社	新疆青少年出版社
四川大学出版社	陕西师范大学出版社	伊犁人民出版社
西南财经大学出版社	西安电子科技大学出版社	新疆大学出版社
西南交通大学出版社	西安交通大学出版社	新疆生产建设兵团出版社

全国音像出版单位名录

中央出版单位

单位名称	单位名称	单位名称
《环球时报》社	农业教育声像出版社	中国录音录像出版总社
北京财经电子音像出版社	清华大学出版社	中国农业大学出版社
北京交通大学电子音像出版社	人民法院电子音像出版社	中国青少年音像出版社
北京社科智库电子音像出版社	人民教育电子音像出版社	中国少年儿童音像电子出版社
北京师范大学音像电子出版社	人民卫生电子音像出版社	中国数字文化集团有限公司
北京世界知识音像电子出版社	人民音乐电子音像出版社	中国文采声像出版公司
北京体育大学音像电子出版社	人民邮电出版社	中国言实出版社
北京伟地电子音像出版社	三辰影库音像电子出版社	中华书局
北京协和医学音像电子出版社	生活·读书·新知三联书店	中华医学电子音像出版社
北京新华音像电子出版社	世图音像电子出版社	中信出版集团股份有限公司
北京中电电子出版社	现代教育出版社	中央广播电视大学音像出版社
北京中新联科技股份有限公司金版电子出版社	学习出版社	纵横电子音像出版社
奔流电子音像出版社	英华电子音像出版社	商务印书馆国际有限公司音像电子出版部
大恒电子音像出版社	中纺音像出版社	国土资源电子音像出版社
当代中国音像出版社	中国唱片总公司	北京大学音像出版社
东方音像电子出版社	中国大百科全书电子音像出版社	北京对外经济贸易大学出版社
高等教育电子音像出版社	中国电力音像电子出版社	北京科海电子出版社
光明日报出版社	中国法制出版社	北京理工大学出版社
国家行政学院音像出版社	中国海关出版社	北京语言大学出版社
红旗音像电子出版社	中国华侨出版社	电化教育电子音像出版社
华录出版传媒有限公司	中国计划出版社	中国国际传播音像出版社
金报电子音像出版中心	中国检察出版社	华语教学出版社
金城音像出版社	中国金融出版社	人民交通出版社
煤炭工业出版社	中国科学文化音像出版社	石油工业出版社

全国音像出版单位名录（续表1）

中央出版单位

单位名称	单位名称	单位名称
五洲传播音像出版社	北京中科新世纪音像出版社	中国广播影视音像出版中心
中国传媒大学电子音像出版社	北京中轻生活音像出版社	中国国际电视总公司
中国电子音像出版社	国防工业音像出版社	中国盲文出版社有声读物部
中国和平音像电子出版社	国际文化交流传媒有限责任公司	中国农影音像出版社
中国劳动社会保障出版社	海豚出版社	中国人口出版社
中国汽车报社	华盛音像出版社	中国石化出版社
中国人民大学音像出版社	解放军音像出版社	中国卫生科教音像出版社
同方光盘电子出版社	九洲音像出版公司	中国文联音像出版公司
商务印书馆有限公司	开明文教音像出版社	中国医药科技音像出版社
中国学术期刊（光盘版）电子杂志社	科学普及出版社	中国音乐家音像出版社
中央教育科学研究所音像出版社	隆兴音像出版社	中国原子能出版传媒有限公司
华信音像出版社	人民体育出版社	中国职工音像出版社
中国方正出版社	外文出版社音像部	中航出版传媒有限责任公司
北京电影学院音像出版社	先行音像出版社	中经录音录像中心
北京电子音像出版社	新世界出版社	中央文献出版社
北京东方影音公司	语文音像出版社	中央新影音像出版社
北京国际音像出版社	中电报（北京）音像出版社	中译出版社
北京环球音像出版社	中共中央党校求索音像出版社	中影音像出版有限责任公司
北京科影音像出版社	中国标准出版社	宗教文化出版社
北京南海音像出版社	中国电影音像出版社	民族出版社
北京天盛科学技术音像出版社	中国妇女音像出版社	中国民族音像出版社
北京外语音像出版社	中国广播音像出版社	法制音像出版社

全国音像出版单位名录（续表 2）

地方出版单位

单位名称	单位名称	单位名称
北京	**内蒙古**	吉林民族音像出版社
北京科学技术出版社	内蒙古文化音像出版社	**黑龙江**
中国书店	**辽宁**	哈尔滨出版社
北京电视艺术中心音像出版社	大连东软电子出版社	黑龙江教育出版社
北京联合出版有限责任公司	大连理工大学电子音像出版社	哈尔滨工业大学出版社
北京旅游教育出版社	辽宁教育出版社	哈尔滨商业大学音像教材出版社
北京音像公司	辽宁教育电子音像出版社	黑龙江广播电视音像出版社
北京文化艺术音像出版有限责任公司	辽宁音像出版社	黑龙江省教育音像出版社
北京高教电子音像出版社	沈阳电子出版社	**上海**
北京市青少年音像出版社	辽宁辽沈音像电子出版社	上海浦东电子出版社
北京电子音像出版社	辽宁科学技术出版社	上海译文出版社
天津	辽宁师范大学出版社	上海同济大学电子音像出版社
天津大学出版社	辽宁美术出版社	上海音像出版社
天津外语电子音像出版社	万卷出版有限责任公司	上海文艺音像电子出版社
南开大学电子音像出版社	辽宁七星音像出版传媒有限公司	上海交通大学电子音像出版社
天津北洋音像出版社	大连音像出版社	中国唱片上海公司
天津市文化艺术音像出版社	东北大学音像出版社	上海复旦大学电子音像出版社
天津音像公司	辽宁文化艺术音像出版社	华东理工大学电子音像出版社
新蕾音像出版社	实用医学音像出版社	华东师范大学电子音像出版社
河北	辽宁广播电视音像出版社	上海高教电子音像出版社
方圆电子音像出版社	**吉林**	上海教育音像出版社
河北教育音像电子出版社	吉林教育出版社	少年儿童电子音像出版社
河北音像出版社	吉林银声音像出版社	上海世纪出版股份有限公司教育声像出版社
河北文化音像出版社	东北师范大学音像出版社	上海科学技术文献出版社
河北百灵音像出版社	长春音像电子出版社	上海音像有限公司
山西	吉林音像出版社	上海声像出版社
山西教育音像出版社	吉林教育音像出版社	上海外语音像出版社
山西春秋电子音像出版社	吉林文化音像出版社	东方出版中心有限公司
山西广电音像出版有限责任公司	吉林大学音像出版社	上海海文音像出版社

全国音像出版单位名录（续表3）

地方出版单位

单位名称	单位名称	单位名称
上海科技音像出版社（上海世纪出版股份有限公司科技音像出版社）	中国科学技术大学音像出版社	**河南**
上海电影音像出版社	合肥工业大学出版社	河南科学技术出版社
上海科学普及出版社	**福建**	河南电子音像出版社
上海城市动漫出版传媒有限公司	海峡世纪（福建）影视文化有限公司	河南教育电子音像出版社
上海音乐学院出版社	福建电子音像出版社	河南省文化艺术音像出版社
上海尚世影业有限公司	福建教育音像出版社	黄河音像出版社
中国中福会出版社	厦门文广影音有限公司	**湖北**
江苏	福建省文艺音像出版社	三峡电子音像出版社
东南大学电子音像出版社	**江西**	湖北九通电子音像出版社
南京音像出版社	江西高校出版社	华中科技大学电子音像出版社
江苏凤凰电子音像出版社	红星电子音像出版社	武汉大学音像出版社
南京大学电子音像出版社	二十一世纪音像电子出版社	湖北省扬子江影音有限责任公司
苏州江南电子音像出版社	江西教育音像电子出版社	武汉影视艺术传媒有限公司
江苏音像出版社	江西音像出版社	**湖南**
江苏文化音像出版社	**山东**	湖南美术电子音像出版社
浙江	山东鲁商数字出版有限公司	湖南国风电子音像出版社
浙江大学电子音像出版社	山东科学技术出版社	湖南电子音像出版社
浙江音像出版社	中国石油大学出版社	湖南大学出版社
浙江电子音像出版社	明天出版社有限公司	湖南科学技术电子音像出版社
浙江文艺音像出版社	齐鲁电子音像出版社	湖南教育音像电子出版社
嘉兴吴越电子音像出版有限公司	山东电子音像出版社	湖南潇影音像出版社（原潇湘电影制片厂音像出版社）
杭州汉书数字出版传播有限公司	山东教育电子音像出版社	湖南师范大学出版社
宁波东海岸电子音像出版社	青岛电子音像出版社	湖南文化音像出版社
安徽	黄海数字出版社	湖南少年儿童音像出版社
安徽教育电子音像出版社	山东数字出版传媒有限公司	中南大学音像出版社
安徽新华电子音像出版社	济南出版有限责任公司	湖南金蜂音像出版社
时代新媒体出版社	山东文化音像出版社	**广东**
安徽科学技术出版社	大众音像出版社	广东海燕电子音像出版社
安徽音像出版社	山东大学音像出版社	广东新世纪音像电子出版社

全国音像出版单位名录（续表4）

地方出版单位

单位名称	单位名称	单位名称
广东音像教材出版社有限公司	**重庆**	云南民族文化音像出版社
广东省语言音像电子出版社	西南师范大学电子音像出版社	**西藏自治区**
广东珠江音像出版社	重庆音像出版社	雪域音像电子出版社
深圳市书城电子出版有限责任公司	天健电子音像出版社	西藏音像出版社
珠海百年电子音像出版社	重庆中电电子音像出版有限责任公司	**陕西**
广东岭南美术出版社	重庆大学电子音像出版社	陕西电子音像出版社
华南理工大学出版社	重庆电子音像出版社	西北工业大学音像电子出版社
广东音像出版社	**四川**	陕西师范大学出版总社
广东大音音像出版社	成都音像出版社	陕西科学技术出版社
广东教育出版社	华科音像出版社	陕西三秦出版社
广州出版社	四川数字出版传媒有限公司	西安交通大学音像出版社
太平洋影音公司	四川省教育电子音像出版社	陕西音像出版社
广州外语音像出版社	峨眉电影制片厂音像出版社	陕西文化音像出版社
中国唱片广州公司	西南交大音像出版社	西安电影制片厂录音录像出版社
中山大学音像出版社	四川大学出版社有限责任公司	西安外语音像教材出版社
深圳音像公司	四川党建音像出版社	西安出版社
深圳市激光节目出版发行公司	四川音像出版社	**甘肃**
中国唱片深圳公司	四川文艺音像出版社	飞天电子音像出版社
广东惠州音像出版社	**贵州**	甘肃省声像教材出版社
广东嘉应音像出版社	贵州东方音像出版社	甘肃省音像出版社
广西	贵州文化音像出版	**青海**
广西科技大学音像电子出版社	**云南**	西海民族音像出版社
桂林贝贝特音像电子出版社	云南科技出版社	青海昆仑音像出版社
广西金海湾电子音像出版社	云南人民电子音像出版社	**宁夏自治区**
接力音像电子出版社	云南教育音像电子出版社	宁夏黄河电子音像出版社
广西音像教材出版社	云南大学电子音像出版社	**新疆自治区**
海南	晨光音像电子出版社	新疆青少年出版社
海南省电子音像出版社	德宏民族出版社	新疆电子音像出版社
南方音像出版社	云南音像出版社	新疆音像出版社

图书在版编目（CIP）数据

2016 中国新闻出版统计资料汇编/国家新闻出版广电总局规划发展司编 . —北京：中国书籍出版社，2016. 9
ISBN 978-7-5068-5838-0

Ⅰ. ①2… Ⅱ. ①国… Ⅲ. ①出版社 – 出版物 – 统计资料 – 汇编 – 中国 – 2016 Ⅳ. ①G239. 21

中国版本图书馆 CIP 数据核字（2016）第 225662 号

2016 中国新闻出版统计资料汇编

国家新闻出版广电总局规划发展司　编

责任编辑　杨铠瑞
责任印制　孙马飞　马　芝
封面设计　楠竹文化
出版发行　中国书籍出版社
地　　址　北京市丰台区三路居路 97 号（邮编：100073）
电　　话　（010）52257143（总编室）　（010）52257140（发行部）
电子邮箱　eo@ chinabp. com. cn
经　　销　全国新华书店
印　　刷　河北高碑店鑫宏源印刷有限公司
开　　本　787 毫米 ×1092 毫米　1/16
印　　张　17
字　　数　398 千字
版　　次　2016 年 10 月第 1 版　2016 年 10 月第 1 次印刷
书　　号　ISBN 978-7-5068-5838-0
定　　价　136. 00 元